dumont taschenbücher

Till Förster, geboren 1955, studierte in Mainz und Bonn Ethnologie und Kunstgeschichte; 1985 Promotion in Berlin. Seit 1979 führte er wiederholt Feldforschungen in Westafrika durch. Ein mehrjähriger Aufenthalt bei den Senufo der nördlichen Elfenbeinküste führte zur Veröffentlichung verschiedener Bücher sowie der Mitwirkung an etlichen Ausstellungen. Von 1985 bis 1986 arbeitete er als wissenschaftlicher Assistent am Museum für Völkerkunde in Berlin und leitet ab 1986 ein Forschungsprojekt über die Folgen der Entwicklungshilfe im ländlichen Westafrika; seit 1988 Akademischer Rat zur Habilitation am Sonderforschungsbereich ›Afrika‹ der Universität Bayreuth.

Till Förster

Kunst in Afrika

DuMont Buchverlag Köln

Titelbild: Tänzer des *aka*-Bundes vor dem Haus des Fon; Bamiléké, Kamerun
Frontispiz S. 2: Bekrönter Kopf eines Oni von Ife. Messing, H 36,8 cm; The British Museum, London

CIP-Kurztitelaufnahme der Deutschen Bibliothek

Förster, Till:
Kunst in Afrika / Till Förster. - Erstveröff. -
Köln: DuMont, 1988
(DuMont-Taschenbücher; 219)
ISBN 3-7701-1899-5
NE: GT

Erstveröffentlichung

Satz, Druck und buchbinderische Verarbeitung: Boss-Druck, Kleve

Printed in Germany ISBN 3-7701-1899-5

Inhalt

Vorwort

Die Beschäftigung mit afrikanischer Kunst wird immer populärer. In den letzten Jahren haben bedeutende Ausstellungen Werke afrikanischer Künstler gezeigt, zahlreiche Bücher geben einen Überblick über Schöpfungen aus den verschiedensten Teilen des Kontinentes, doch im Mittelpunkt steht dort fast immer das Objekt: der in die Museen und Sammlungen gelangte Gegenstand.

Dagegen erhalten die vielfältigen künstlerischen Ausdrucksformen für die meisten Afrikaner selbst ihren eigentlichen Wert und ihre Bedeutung erst durch Gebrauch und Funktion. So lag es nahe, hier nicht dem Muster der vielen anderen Bücher über afrikanische Kunst zu folgen. Es war nicht mein Ziel, vom Senegal bis nach Madagaskar die Stile afrikanischer Plastik zu beschreiben. Vielmehr möchte ich den kulturellen und sozialen Zusammenhängen in der Vergangenheit wie in der Gegenwart nachgehen. Dazu ist es unumgänglich, sich mit den fremden Lebenswelten afrikanischer Gesellschaften zu beschäftigen, denn schließlich läßt sich auch nur durch sie die persönliche Identität afrikanischer Künstler verstehen.

Das Buch geht daher diesen Fragen in ausgewählten Einzeldarstellungen nach. Dabei haben manche Ansätze noch programmatischen Charakter, doch läßt sich an den gewählten Beispielen zeigen, welche Möglichkeiten eine Auseinandersetzung mit den künstlerischen Ausdrucksformen dieses Kontinentes bietet.

Von den vielen Freunden und Kollegen, die meine Arbeit gefördert haben, möchte ich Eberhard Fischer, Lorenz Homberger, Klaus Keuthmann und Hans-Joachim Koloß besonders erwähnen, die mich in einzigartiger Weise an den Ergebnissen ihrer Feldforschungen teilhaben ließen. Doch dieses Buch wäre auch nicht ohne die Hilfe von Karin Brandmüller und die Geduld und Nachsicht meiner Frau Petra Förster zustande gekommen. Ihnen allen möchte ich an dieser Stelle meinen Dank aussprechen.

Berlin, im September 1988 Till Förster

Einleitung

Es war ekelhaft ... Ich wollte sofort wieder hinaus. Ich ging nicht. Ich blieb.

Pablo Picasso über einen Besuch im Musée d'Ethnographie des Trocadero im Juni 1907[1]

Es mag merkwürdig erscheinen, ein Buch über afrikanische Kunst mit dem Zitat eines europäischen Künstlers beginnen zu lassen. Doch die Einstellungen, die sich Anfang des 20. Jh. gegenüber den künstlerischen Ausdrucksformen afrikanischer Völker bildeten, erzeugten einige nicht unbedeutende Mißverständnisse, die zum Teil bis heute die Sichtweise afrikanischer Kunst verzerren. Faszination und Ablehnung zugleich, die zu ausufernden Spekulationen führten, spiegeln sich in Picassos Worten wider. Wenn daher im folgenden davon gesprochen werden soll, was afrikanische Kunst eigentlich ist, welches ihre Ursprünge und ihre Funktionen sind, so müssen dem einige einleitende Bemerkungen über den Begriff ›afrikanische Kunst‹, über seine Geschichte und über die verschiedenen Möglichkeiten der Auseinandersetzung mit seinen Inhalten vorangestellt werden. Zu leicht werden scheinbar selbstverständliche Sehgewohnheiten mit der Wirklichkeit verwechselt, zu leicht vergißt man sonst, daß unser Bild der afrikanischen Kunst nicht unabhängig von der europäischen Kultur gewachsen ist.

Picassos Äußerung ist in zweierlei Hinsicht charakteristisch für den Umgang der Europäer mit Kunst aus Afrika. Da ist einmal die Anziehungskraft dieser Objekte, die trotz des unvollkommenen, ›ekelhaften‹ Gesamteindrucks in den Schauräumen des Museums erhalten bleibt. Zwei Aspekte rücken für ihn dabei in den Vordergrund, die auch das Verständnis der meisten späteren Betrachter afrikanischer Kunst prägen: Zum einen werden afrikanische Kunstformen durchweg als religiös motiviert angesehen. Es sind, in den Worten Picassos, »magische Dinge, Medien, drohende Geister«, die sich der westlichen Vernunft entgegenstellen, ihr letztlich unbegreifbar bleiben. Anderer-

1 Figur der Anyang, Kamerun. Holz, H 45 cm. Museum für Völkerkunde, Berlin

seits nannte er die beiden Objekte »raisonnables«: eben vernünftig, überlegt in ihrer Gestaltung. Während durch die religiöse Bindung Aufgabe und psychische Wirkung erfaßt werden sollten, stand ihre formal schlüssige Darstellungsweise für die ideographische Logik der Objekte, die nicht zufällige Ansichten eines Körpers wiedergibt, sondern sie zu allgemein gültigen Chiffren reduziert (Abb. 1).[2]

Im europäischen Kontext sind diese Aussagen nicht widersprüchlich. Sie haben ihre Bedeutung für die Wertschätzung afrikanischer Kunst, vor allem für deren ›Entdeckung‹ zu Beginn des 20. Jh. Insofern sind sie ein wichtiger Baustein gewesen. Erst nach 1907, erst nachdem europäische Künstler auf sie aufmerksam wurden, begann eine systematischere Sichtung und Aufarbeitung der Bestände, nicht mehr nur unter den Stichworten ›Kuriosa‹ oder ›Ethnographica‹, als die sie bis dahin gehandelt wurden, sondern nunmehr als ästhetische Objekte, als Kunstgegenstände.

Man muß sich in diesem Zusammenhang vergegenwärtigen, daß die ›Entdeckung‹ und die nachfolgende Beschäftigung mit der afrikanischen Kunst nicht auf ein Interesse an ihr selbst oder gar der Lebenswelt afrikanischer Völker zurückzuführen war. Sie entsprach vielmehr einer Notwendigkeit, die sich aus der europäischen Kunstgeschichte ergab. Ihre Gestaltung, ihre ideographische Logik, von der hier zuerst gesprochen werden soll, bot Antworten auf formale Fragen, mit denen sich die europäischen Künstler zu jener Zeit gerade auseinandersetzten. Dies gilt sowohl für die Situation in Frankreich wie für die in Deutschland, wo etwa die Künstler der 1905 in Dresden gegründeten, expressionistisch orientierten ›Brücke‹ afrikanische Kunst für sich erschlossen. So wie Picasso afrikanische – und ozeanische – Objekte nicht als Vorbild, sondern »eher als Zeugen« für seine eigenen Werke ansah, kann auch ihre Rolle in Sammlungen und in der Literatur eher als Zeugnis für eigene, europäische Vorstellungen beschrieben werden. Schon die Trennung rein formaler Gestaltungskriterien von denen des Gebrauchs und der Funktion ist genuin europäisch. Letzt-

2 Reliquiarfigur der Kota, Gabun. Holz mit Messing und Kupfer, H 63 cm. Vorderansicht. Museum Rietberg, Zürich

lich wurde nicht die afrikanische Kunst ›entdeckt‹, sondern ein Bild, das man von ihr hatte. Es war eine europäische Selbstentdeckung, der die künstlerischen Ausdrucksformen Afrikas als Anlaß, Katalysator oder Legitimation für das eigene künstlerische Schaffen dienten. Nur dadurch wird auch verständlich, warum diese ›Entdeckung‹ erst zu Beginn des 20. Jh. stattfand und nicht 20 oder 30 Jahre früher, als die wichtigsten ethnographischen Museen ihre Tore öffneten.

Bis heute hat sich jedoch weithin das Mißverständnis gehalten, daß man sich in dieser Zeit auch erstmalig mit afrikanischer Kunst um ihrer selbst willen beschäftigte. Eher das Gegenteil ist der Fall. Wenn man bedenkt, daß die damals zugrunde gelegte Betrachtungsweise heute mehr denn je den Umgang mit Objekten afrikanischer Kunst bestimmt, so muß man fragen: Wo lag der entscheidende Irrtum, und wie äußerte er sich? Hauptsächlich bestand er darin, daß man den in Afrika vorgefundenen Wirklichkeiten ohne Umstände den europäischen Kunstbegriff überstülpte. Den Künstlern, die sich Anfang des Jahrhunderts der afrikanischen Kunst zuwandten, war das wohl kaum bewußt.

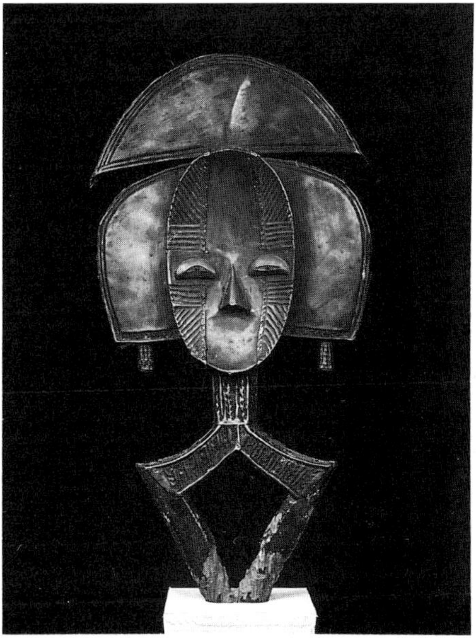

3 Rückseite der Reliquiarfigur der Kota

Sie verfügten in der Regel über keine Kenntnisse von den Kulturen, die die von ihnen gesammelten Stücke hervorbrachten. Zudem hatten sie, das wird im folgenden noch wichtig sein, gar nicht die Möglichkeit, die Objekte so zu sehen, zu erfahren und aufzunehmen, wie es in Afrika geschehen wäre. Der Unterschied zwischen der europäischen Rezeption und der in afrikanischen Gesellschaften war und ist unüberbrückbar. Was ein französischer oder amerikanischer Sammler, was der Kustos eines Museums sieht, ist nicht das gleiche, was ein Afrikaner als künstlerische Ausdrucksform seines Volkes sieht.

Ich will diesen Punkt verdeutlichen. Als Beispiel soll eine der bekannten, meist ›Reliquiarfigur‹ genannten Skulpturen der Kota in Gabun dienen (Abb. 2, 3). Solche Figuren kamen bereits in den achtziger Jahren des 19. Jh. nach der zweiten Expedition von Jacques und Pierre de Brazzas nach Paris,[3] und es spricht einiges dafür, daß Picasso sie während seines Besuches im Trocadero gesehen hat.

Diese Figuren sind aus mit Messingblech beschlagenem Holz gefertigt. Einige tragen zusätzliche Blechstreifen aus Kupfer, manchmal aus Eisen; auch fanden Nägel Verwendung. Das Gesicht ist als aufrecht stehende Ellipse oder Oval gestaltet, seine Oberfläche kann erhaben oder konkav gebildet sein. Daneben gibt es janusköpfige Figuren, die beide Varianten zeigen (Abb. 3). Die Augen werden meist als schmale, in der Mitte geschlitzte Erhebungen dargestellt,[4] die Nase ist kegelförmig. Charakteristisch sind die geometrischen Muster, die je nach Substil sehr unterschiedlich sein können. Sie werden in das den Holzkörper überziehende Messing- oder Kupferblech getrieben. Über dem Gesicht liegt ein halbkreis- oder halbmondförmiger Bogen. Seitlich an das Gesichtsoval schließen zwei ähnliche Scheiben an, die jedoch unten stumpf enden. Häufig findet sich an ihren Unterkanten noch je ein Zapfen. Der gesamte Kopf sitzt auf einem schmalen Hals, der sich dann teilt und die Form einer Raute annimmt. Alle Teile sind mit Ausnahme der unteren Hälfte der Raute mit Blech bedeckt.

Schon in dieser kurzen Beschreibung wird deutlich, daß eine Deutung der Figur ohne ihre kontextuellen Bezüge nicht möglich ist. Eine Ausnahme bildet allein das mehr oder weniger auf seine wichtigsten Merkmale reduzierte menschliche Gesicht. Weder die scheibenartigen Fortsätze oben und an den Seiten noch die Raute unterhalb des Halses lassen sich im Rahmen der an der europäischen Kunst gebildeten Sehgewohnheiten deuten. Entsprechend divergierten daher die Interpretationen dieser Merkmale: Lange Zeit wurden solche Figuren als ›Kopffüßer‹ bezeichnet, weil man annahm, daß die Raute Beine und Füße darstellte. Ähnliche, oft widersprüchliche Aussagen lassen sich zu den scheibenartigen Fortsätzen finden, und es entwickelte sich eine ausgedehnte Debatte über die ›Bedeutung‹ dieser Elemente.

Ein Teil dieser Probleme läßt sich lösen, wenn man sich der ursprünglichen Aufgabe und Funktion der Figuren zuwendet: Sie wurden, je nach Region, *mboy* oder *bwete* genannt und waren Teil der Ahnenverehrung, die in der Kultur afrikanischer Völker eine hohe, wenngleich ebenso häufig überschätzte Bedeutung hat. Sie waren auf Behältern aus geschlagener Baumrinde oder auf Körben befestigt, die Gegenstände enthielten, die auf die Identität der eigenen Gruppe, insbesondere der Lineage, verwiesen.

Da die eine Lineage konstituierende Deszendenz[5] kein natürliches, sondern ein soziales Phänomen ist, sind dementsprechend die Aufgaben einer Lineage hauptsächlich gesellschaftlicher Art: Dazu gehört die Bildung wirtschaftlicher Einheiten sowie der wichtigsten sozialen Gruppierungen im Dorf. Ehen werden nicht zwischen Individuen geschlossen, sondern zwischen den Lineages. Einem solchen Verband stellt sich naturgemäß die Aufgabe, seine Grenzen gegenüber anderen, Fremden, zu bestimmen. Gemeinsame Abstammung ist ein Mittel dazu, und die Verehrung des Ahnen dient der Erneuerung und Aufrechterhaltung der eigenen Identität. Ein solcher Akt ist wie jede Handlung, die sich auf allgemein anerkannte Grundüberzeugungen beruft und diese bestätigt, kulturell gebunden. Es geht hier um einen Kernbestand kulturellen Wissens, das als scheinbar natürliches Vorverständnis die Wahrnehmung jedes Einzelnen prägt, der in dieser Gesellschaft lebt und in ihr aufgewachsen ist.

Die Figuren waren also als ›Wächter‹ auf Behälter gebunden, die Zeichen eben dieser Identität enthielten. Das waren die sterblichen Überreste vorangegangener Mitglieder der Lineage wie – teilweise dekoriert – Schädel. Es gehörten aber auch Glasperlen, Bronze- und Eisenschmuck, Zaubermittel und andere Gegenstände dazu, die durch ihre Geschichte eine Identifikation mit dem Verwandtschaftsverband ermöglichten. Die Figur selber steckte etwa bis zur Mitte der Raute in diesem Behälter, der also ihren Körper bildete. Die oberen beiden

4 Reliquiarfigur der Kota, Gabun. Holz mit Messing und Kupfer, H 52 cm. Museum Rietberg, Zürich

Teile der Raute stellten den Schulteransatz dar und nicht, wie vermutet, Beine. Die beiden unteren Abschnitte waren nicht zu sehen und sind durch ihren Kontakt mit den häufig organischen Materialien in dem Behälter oft schlecht erhalten oder verfault. Das Ganze galt, zunächst ›Figur‹ und ›Behälter‹, der Repräsentation des Ahnen.

In der Regel wurden mehrere solcher Darstellungen gemeinsam in einem Unterstand aufbewahrt. Die größte und beeindruckendste unter ihnen stand meist für den Gründer der Lineage, kleinere stellten andere wichtige verstorbene Mitglieder dar. Jede war anhand bestimmter dekorativer Merkmale und Accessoires eindeutig zu erkennen und trug einen Namen.

Es handelte sich hierbei jedoch nicht um Portraits. Das ergibt sich aus der sozialen Funktion der Figuren. Die Ahnen sollten schließlich nicht als Individuen mit menschlichen Fehlern und Schwächen wiedergegeben werden, sondern als Vorbilder, an denen man sich immer und zu allen Zeiten ein ›Beispiel‹ nehmen konnte. Diese gesellschaftliche Funktion ist der Grund für jene ideographische Reduktion in der Gestaltung solcher Werke, die die Pariser Künstler Anfang unseres Jahrhunderts so anzog. Von den Hintergründen wußten sie genausowenig wie die damaligen Sammler. Es war für sie auch nicht nötig, denn dieselben Formen ließen und lassen sich in andere Funktionen einbinden, hier vornehmlich der ästhetischen: Kunst um der Kunst willen.

Genau darin liegt die eigentliche Entfremdung durch den bürgerlich-europäischen Kunstbegriff. Schon die Objekte als solche mußten entsprechend kategorisierbar sein: als Skulptur, Plastik, Gemälde, Tanz oder anderes. Was sich nicht umstandslos einordnen ließ, wurde verändert: Der ›Behälter‹, eigentlicher Körper der Figur, galt nicht als ›Kunst‹; was sich darin fand, war ohne Bedeutung. Die ›Wächterfiguren‹ – man sollte besser sagen, die hölzernen, mit Blech beschlagenen Aufsätze, die Kopfplastiken – finden sich heute in allen wichtigen ethnographischen Museen, die vollständigen Ensembles sind hingegen äußerst selten ausgestellt. Sicher spielen auch konservatorische Probleme eine Rolle – vor allem bei den organischen Materialien –, aber erklären können sie das Vorgehen nicht. Schließlich wurden auch haltbarere Teile wie Maskenkostüme aus Stoff von ihren Holzkörpern getrennt, sofern diese nur unter der Rubrik ›Skulptur‹ zu subsumieren

5 *tyiwara*-Tanzaufsatz der Bambara, Mali. Holz mit Schneckengehäusen und Glasperlen, H 51 cm. Museum für Völkerkunde, Berlin

waren. Es wird gelegentlich argumentiert, daß es sich dabei nur um eine Konzentration auf das Wesentliche, den künstlerisch bedeutenden Teil handle. Doch gerade diese Behauptung zeigt, daß hier die afrikanischen Objekte eine ganz andere Funktion erfüllen, nämlich die der europäischen Ästhetik des ›l'art pour l'art‹. Auch sie ist ein gesellschaftliches Faktum: eine Norm, über die man sich in Begriffen verabredet. Durch sie wird heute der Rahmen bestimmt, in dem, aus ihrem Zusammenhang gelöst, Objekte afrikanischer Kunst sowohl in Museen wie in Privatsammlungen präsentiert werden. Sie bestimmt nicht nur den Gegenstand, sondern sie bildet ihn geradezu.

Nun sind solche Normen natürlich ein Teil der Kultur und unterliegen gesellschaftlichen Entwicklungen. Die skizzierte Veränderung der Ausstellungspraxis in den Museen ist ein beredtes Beispiel dafür. Es ließe sich anführen, daß Verkürzungen bei der Deutung afrikanischer Kunstformen vermieden würden, wenn die Betrachter Kenntnisse von den kulturellen Zusammenhängen hätten. Das scheint auf den ersten Blick plausibel, führt aber leider nicht sehr weit. Wenden wir uns noch einmal unserem Beispiel zu.

Aus den Aufgaben der Ensembles, zu denen die ›Wächterfiguren‹ gehörten, ergibt sich bereits, daß der wesentliche Teil nicht die von Europäern gesammelte Kopfplastik war, sondern der Inhalt ihres Körpers, also die Erinnerungsstücke an das verstorbene Mitglied der Lineage, die in dem Korb oder Rindenbehälter aufbewahrt wurden. Es ist daher nur folgerichtig, daß diese mehr Aufmerksamkeit erfahren als die Kopfplastik. Von den *bieri*-Figuren der Fang, denen dort eine den *mboy* der Kota analoge Rolle zukam, berichtete Günter Tessmann als einer der ersten Ethnologen, die das Gebiet bereisten, daß sie häufig regelrecht vernachlässigt waren – ganz im Gegensatz zu den eigentlichen Objekten der Verehrung.[6] Im Vordergrund standen also gerade jene Knochenreste, Glasperlen und Schmuckstücke, die den europäischen Sammlern unwichtig erschienen. Die kulturellen Werte und Überzeugungen bestimmen die Wahrnehmung der Afrikaner und der Europäer oder Amerikaner in so unterschiedlicher Weise, daß eine Übertragung von dem einen in den anderen Kulturkreis unmöglich wird.

Noch deutlicher wird dies, wenn darüber hinaus der Gebrauch der Stücke erfaßt wird. Die *mboy*-Ensembles wurden vornehmlich im Rahmen traditioneller Zeremonien oder Rituale eingesetzt. Das konnte die Initiation Jugendlicher sein, bei der sie die Ensembles zum ersten Mal in einer psychischen Ausnahmesituation sahen, oder auch verschiedene Opferhandlungen. Bei Unglücksfällen oder sozialen Auseinandersetzungen, früher auch Kriegen, wurden die Ahnen zu Rate gezogen. Alltäglichere Anlässe hingegen waren die Jagd und die Bitte um fruchtbaren Ackerboden oder auch solche um Nachkommenschaft. Allein die Tatsache, daß man erst nach einer speziellen Schulung und strengen Prüfung an diesen Handlungen teilnehmen konnte, macht deutlich, wie stark die Wahrnehmung der Dinge an ihre Gesellschaft gekoppelt ist, d. h., daß sich die Kunstformen nicht losgelöst von ihrem gesellschaftlichen Umfeld betrachten lassen, wenn man ihren komplexen Bedeutungsgehalt nicht reduzieren will.

Was aber, so ließe sich fragen, wenn ein Fremder an einem solchen Ritual teilnähme? Könnte nicht zumindest er sagen, wie diese künstlerischen Ausdrucksformen wahrgenommen werden? In der Tat gingen viele Ethnologen jahrzehntelang von der Annahme aus, daß sich Fragen wie diese um so genauer und besser beantworten ließen, je länger sie in der fremden Gesellschaft gelebt hätten. Als Methode dazu diente ihnen die ›teilnehmende Beobachtung‹. Doch auch dieser Ausdruck offenbart einen Irrtum. In jeder langfristigen Feldforschung gibt es Situationen, in denen man die Rolle eines Beobachters nicht mehr aufrecht erhalten kann. Gerade die Zusammenhänge, in denen künstlerische Ausdrucksformen stehen, sind häufig mit einem derartigen Anspruch unvereinbar, man denke nur an die erwähnten Initiationsrituale. Aber setzen wir einmal voraus, daß dies dem Ethnographen möglich ist, daß er die fremde Sprache vollkommen beherrscht, daß er mit der Kultur der anderen Gesellschaft auf das Engste vertraut ist – so, als sei er dort aufgewachsen –, dann wird seine Erfahrung und Wahrnehmung der künstlerischen Ausdrucksformen dennoch nie die gleiche wie die der afrikanischen Teilnehmer an einem solchen Ritual sein. Denn alle rituellen Handlungen sind allein auf ihre Kultur, ihre Weltanschauung ausgerichtet: Sie sollen in psychische Desorientierung versetzt werden, ihnen soll ein spezielles Wissen offenbar werden. Diese Dramatisierung kann aber nur greifen, wenn sich der Teilnehmer nicht emotional aus ihr zurückziehen kann. Genau dies ist aber einem Fremden möglich. Er kann sich in seinem aufgeklärten Weltverständnis, durch sein kulturelles Wissen immer sagen, daß diese oder jene Handlung tatsächlich ohne Bedeutung für ihn ist und bleiben wird, und sich so im Gegensatz zu den in die Vorgänge involvierten Afrikanern dem psychischen Streß stets entziehen und Distanz schaffen.

Dennoch ist ein langjähriger Feldaufenthalt grundsätzlich eine unerläßliche Voraussetzung für jedes Verstehen afrikanischer Kunst. Da uns der direkte Zugang verwehrt ist, kann das Ziel nur eine rationale Rekonstruktion des fremden Verständnisses und der fremden Wahrnehmung sein. Die Möglichkeiten dazu vorzuführen, ist Thema dieses Buches.

Das Spannungsfeld, in dem sich diese Argumentation bewegt – einerseits die Unzugänglichkeit der fremden Erfahrung, andererseits deren Rekonstruktion –, ist eine unvermeidliche Folge der Entfremdung afrikanischer Objekte aus ihrem ursprünglichen Kontext. Jede ernsthafte Beschäftigung mit afrikanischer Kunst muß sich, neben anderen, auch mit diesem Problem theoretisch wie praktisch auseinandersetzen.

Einen anderen Aspekt möchte ich zunächst kurz anhand der Ausstellungskonzeptionen von Museen und Privatsammlungen veranschaulichen, die in Europa wie Amerika den Umgang mit afrikanischer Kunst zweifellos am stärksten prägen. Es gibt heute im wesentlichen zwei Tendenzen, afrikanische Kunst zu präsentieren. Die erste wurde bereits angesprochen. Sie unterwirft das, was sie als Kunstwerk ansieht, radikal den Vorstellungen des bürgerlichen Kunstbegriffs. Die Stücke verlieren, aus ihren Zusammenhängen gerissen, ihren Gebrauchswert und ihre Geschichte, während allein ihr ästhetischer Wert vermittelt wird.[7] Beispiele für eine solche Präsentation finden sich in ihrer reinsten Form vor allem in den Vereinigten Staaten. Die Objekte stehen großzügig angeordnet in ›idealen‹ Räumen. Jedes kann für sich einen großen Freiraum beanspruchen; Wände, Sockel und Hilfsmittel sind weiß oder in einem anderen neutralen Farbton gestrichen. »Die klaren Raumkuben, die Helligkeit des Lichts und der Wände, das Zurückhaltende des Mobiliars, das alles scheint vor dem einen und obersten Zweck zurückzutreten, daß die Kunstwerke ungestört wahrgenommen werden können. Tatsächlich aber strahlen solche Räume mindestens ebensoviel Atmosphäre aus wie andere Raumkreationen, die in hohem Maße ideologisch besetzt sind.«[8] Natürlich wird auch die europäische Tradition derart vereinnahmt, wie es bei der Aufstellung sakraler Kunst des Mittelalters geschieht. Nur tritt hier eine zusätzliche Fremdbestimmung hinzu, die von vielen Afrikanern als koloniale Attitüde empfunden wird.

Die zweite Form, afrikanische Kunst zu präsentieren, ist neuer und integriert meist Elemente der ersten. Ihr Ziel ist es, die Zusammenhänge, in denen sich die Objekte ursprünglich befanden, so weit wie möglich wiederherzustellen. Ein Beispiel für dieses Konzept war die Rekonstruktion eines Teiles des Königshofes der Asante im heutigen Ghana, der Anfang der achtziger Jahre auf einer Ausstellung in London zu sehen war. In der gleichen Art wurden auch kleinere Ensembles nachgebaut, etwa Wohnhütten aus Madagaskar, Marktstände aus dem Sahel, Wahrsagehütten aus dem Sudan. Das Inventar ist mehr oder weniger vollständig originalgetreu aufgestellt. Gelegentlich hat man den Eindruck, als könnten die Bewohner jeden Moment zur Tür hereinkommen. Das Innere solcher Bauten ist für das Publikum nicht immer zu betreten, gelegentlich versucht man jedoch, einen umfassenden Eindruck zu ermöglichen, indem etwa die Marktstände in großen, mit Sand ausgestreuten Räumen aufgebaut werden. Ein solcher Illusionismus hat sicherlich den Vorzug, die Zusammenhänge anschaulicher zu machen. Andererseits läßt sich auch so nicht das notwendige Hintergrundwissen über die fremde Kultur vermitteln. Leicht wird vermeintliches Wissen auf die pittoresken Szenen projiziert. Man sieht die Zusammenhänge eben so, wie man sie sich vorstellt, und hält dies für authentisch.

Besonders bei Maskengestalten, die ja einen großen Teil der künstlerischen Ausdrucksformen afrikanischer Völker bilden, werden aber noch andere Grenzen einer solchen Präsentation offensichtlich. In Museen und Sammlungen ist meist nur der hölzerne Maskenkörper vertreten, der an sich noch keinen Sinn macht. Aber selbst, wenn die gesamte Maskengestalt mit Körper, Kostüm und Accessoires vorhanden ist, fehlen noch die wichtigsten Elemente: Tanz und Musik. Darüber hinaus treten viele Masken nur in großen Ensembles auf weiten Plätzen auf, was schon aus praktischen Gründen in einem Museum kaum reproduzierbar ist.

Werfen wir einmal einen Blick auf das *dye*-Maskenensemble der südlichen und westlichen Guro in der Elfenbeinküste.[9] Es besteht in der Regel aus mindestens 7 Masken, die anthropomorphe oder tierische Gesichter haben (Farbabb. 19). Diese sind aus leichtem Holz geschnitzt und farbig, meist rot, braun, weiß, schwarz oder blaugrün bemalt, während ein mehrteiliges Kostüm aus ockerfarbigen langen Palmblattstreifen den Träger ganz verhüllt. Jede Maske hat einen festgelegten Status im Ensemble und spielt eine dementsprechende Rolle während des Auftritts. Nicht nur an ihrem Aussehen, sondern auch an ihren Bewegungen läßt sich erkennen, welche Bedeutung jeder einzelnen Maske zukommt. Fischer und Homberger beschreiben das folgendermaßen: »Einzeln traten die Maskengestalten nun an, tanzten über den Platz zum Klang der Trommeln. In der Mitte hielten sie, zeigten ihr tänzerisches Können, mit den Füßen meist sehr rasch auf den Grund stampfend, mit dem Körper hin und her schwankend oder mit dem Kopf um sich schlagend. Jede Maskengestalt erhielt von den Musikanten eine besondere musikalische Einlage. Die Antilopen

6 Tanzende *fula*-Maske des *dye*-Ensembles; Guro, Elfenbeinküste

sprangen hoch oder ließen ihr Kostüm heftig wehen. Dann rannte der Elefant wild vorwärts, stoppte plötzlich. *Zä̆wi* (die stärkste Maskengestalt) selbst tanzte imposant, ja fast anmutig. Dem Büffel, der hopsend vorwärtssprang, folgten weitere Antilopen. [...] Plötzlich aber hörte man eine Hornfanfare und alle Masken reihten sich auf, um am Weg, der aus dem heiligen Hain auf den Tanzplatz stieß, ein Spalier zu bilden. *Kyä̆sä̆* (die an der Spitze des Ensembles steht) hatte sein Kommen angekündigt.«[10]

Deutlich bilden alle Elemente eine Einheit. Was in der westlichen Kultur in Musik, darstellende und bildende Kunst geteilt ist, gehört hier zusammen. Eine Trennung des Teiles ›Skulptur‹ aus dieser Einheit und seine Präsentation in einem Museum ist somit letztlich unsinnig. Mit anderen Worten: Afrikanische Kunst läßt sich nicht ausstellen.[11] Versuchte man es, indem man auch noch Musik und Bewegung imitieren wollte, gäbe man das Ganze der Lächerlichkeit preis.

Das eben Gesagte muß strenggenommen methodologische und theoretische Konsequenzen nach sich ziehen. Wenn in den künstlerischen Ausdrucksformen afrikanischer Völker die verschiedenen, in der europäischen Tradition getrennten Gattungen vereint sind, stellt sich die Frage, ob die an der Kunstgeschichte des Abendlandes gebildeten Kategorien zur Untersuchung anderer Kulturen überhaupt geeignet sind. Ein Verständnis der afrikanischen Kunst kann sich nicht entwickeln, solange ihm nicht die eigenen Kategorien oder solche, deren Geltung sich über kulturelle und gesellschaftliche Grenzen hinweg begründen läßt, zugrunde liegen.

Das bedeutet zunächst, daß die Aufteilung in verschiedene künstlerische Gattungen nicht aufrecht erhalten werden kann. Allerdings haben nur sehr wenige europäische Schulen diese Trennung in Gattungen methodologisch überwunden. So lassen sich die abendländisch geprägten Disziplinen Ikonographie und Ikonologie nur schwer auf künstlerische Ausdrucksformen afrikanischer Gesellschaften übertragen. Beide Methoden setzen letztlich einen abgrenzbaren Begriff des Werkes und seiner Bedeutung voraus, was aber dem Charakter der kontinuierlichen Transformationen unterlegenen afrikanischen Kunst entgegensteht.

Ein zweiter und schließlich entscheidender Punkt ist aber die den bürgerlichen Kunstbegriff mit konstituierende Vorstellung von der Autonomie der Kunst. Gemeint ist das Ideal der in Europa historisch gewachsenen Emanzipation der Kunst von tradierten Bindungen an eine religiöse, gesellschaftliche oder politische Praxis, d.h. Kunst ohne Aufgabe oder Zweck. Diese Vorstellung – um eine solche handelt es sich – ist fast allen afrikanischen Gesellschaften fremd. Es bleibt die Frage, ob es dann überhaupt sinnvoll ist, von ›afrikanischer Kunst‹ zu sprechen. Angesichts der vielen Verzerrungen, die unseren Blick eher behindern und verstellen statt ihn zu befreien und von denen auf den letzten Seiten nur einige benannt wurden, muß die Antwort sicher ›Nein‹ lauten. Nach diesem europäisch definierten Kunstverständnis bringen die meisten afrikanischen Gesellschaften keine Kunst hervor.

Das heißt keineswegs, daß afrikanische Kulturen keine Ästhetik kennen. Wahrscheinlich gibt es weder in Afrika noch in anderen Kontinenten ein Volk, dem ästhetisches Empfinden fremd ist. Als Ästhetik sei hier zunächst jede Beurteilung der über die Sinnesorgane vermittelten (Gesamt-)Wirkung künstlerischer Ausdrucksformen bezeichnet. Wie diese Beurteilung ausfällt, an welchen Werten sie sich orientiert, bleibt dahingestellt, da diese kulturell gebunden sind und erst im einzelnen zu erfassen wären. Dieser noch mit Inhalt zu füllende Rahmen erlaubt, anders als der bürgerliche Kunstbegriff, eine weniger vorbelastete Annäherung an fremde Erfahrungswelten. Als künstlerische Ausdrucksform kann jedes von Menschen vorgefundene oder gestaltete Objekt, jeder Tanz usw., aber auch deren Gesamtheit, etwa im Maskenauftritt, aufgefaßt werden. Die Grenzen der Ästhetik werden dabei nicht mehr von europäischen Begriffen, etwa dem ›schönen Kunstwerk‹, vorgegeben, sondern richten sich danach, ob eine Bewertung entsprechender Ausdrucksformen durch Mitglieder der anderen Gesellschaft vorgenommen wird. Es wäre daher fraglos angebrachter, von ›künstlerischen Ausdrucksformen afrikanischer Völker‹ als von ›afrikanischer Kunst‹ zu sprechen. Daß auch im folgenden der Begriff ›afrikanische Kunst‹ beibehalten wird, hat seinen Grund darin, daß ein Verzicht darauf leicht zu der Annahme führen kann, man wolle diesen Schöpfungen jeden Wert aberkennen.

Durch diese Verlagerung des Interesses sieht man sich aber mit einer ungleich schwierigeren Aufgabe konfrontiert. Es müssen nunmehr alle Gesellschaften, deren Ausdrucksformen oftmals ein ›künstlerischer Wert‹ abgesprochen wurde, in unsere Betrachtungen einbezogen werden. Man kann in diesem Zusammenhang an die nomadisierenden Viehzüchter des Sahel denken, die zwar keine figürliche Plastik kennen, aber reich gestaltete Hausratsgegenstände, die bisher meist unter der Rubrik ›Handwerk‹ in den Schriften über afrikanische Kunst nur am Rande erwähnt wurden. Hier besteht ein großer Nachholbedarf, da sich die Untersuchungen zu solchen Objekten in der Regel auf Herstellung und Gebrauch beschränken.

Neben der Abgrenzung zum handwerklichen Bereich wird auch die zu anderen Richtungen, insbesondere den Sozialwissenschaften, unhaltbar. Beschäftigung mit afrikanischer Kunst verlangt notwendig nach der Integration verschiedener Methoden, deren Ziel es sein muß, die Lebenswelt afrikanischer Gesellschaften für unsere Zwecke hinreichend verständlich zu machen. Zu einem nicht geringen Teil werden diese Methoden sich erst am Gegenstand der Untersuchung, den künstlerischen Ausdrucksformen afrikanischer Völker, bilden. Dieser Prozeß hat vor einigen Jahren eingesetzt, wird aber lange noch nicht abgeschlossen sein. Ein kurzer Rückblick auf die Forschungsgeschichte verdeutlicht den Anteil einiger Wissenschaftler an der Vorbereitung zu diesem Wandel.

Als erstes Problem stellte sich bald nach der vollständigen Kolonialisierung des Kontinents gegen Ende des 19. Jh. die Frage nach einer sinnvollen Klassifikation der immer zahlreicher nach Europa kommenden Stücke. Den damaligen Museumsmitarbeitern und Wissenschaftlern war vor allem das europäische Modell einer chronologischen Ordnung geläufig, einer mehr oder weniger geradlinig oder in Zyklen verlaufenden Entwicklung, eben der Kunstgeschichte. Also versuchte man auch die aus Afrika stammenden Objekte entsprechend einzuordnen. Als Vorlage diente das Schema einer evolutionistischen Universalgeschichte, in der den afrikanischen Völkern der Platz eines sehr frühen ›Kulturzeitalters‹ zukam, vergleichbar etwa den prähistorischen Völkern in Europa. Infolgedessen setzte man auch die künstlerischen Schöpfungen beider gleich. Ziel der damaligen Überlegungen war es, den Ursprung aller Kunst zu bestimmen. Man sah ihre Anfänge in der Ornamentik, die sich aus der ›Zierkunst‹ entwickelt haben sollte: »Vom Körperschmuck gelangte das künstlerische Schaffen zum Geräteschmuck, endlich zur Herstellung selbständiger Erzeugnisse der Bildhauerei und Malerei.«[12] In einigen Werken wird überhaupt die Existenz von Plastiken in Afrika nicht erwähnt. Die Autoren hatten die Dinge, über die sie trefflich spekulierten, nie mit eigenen Augen gesehen, oft nicht einmal ihren Fuß auf afrikanischen Boden gesetzt. In der Tat verstanden sich viele eher als Vor- und Frühgeschichtler denn als Kunstwissenschaftler. Empirische Forschung schien ihnen keine notwendige Voraussetzung zum Verständnis afrikanischer Kunst zu sein.

Heute kann man allerdings als Ergebnis festhalten: Afrikanische Kunst stellt nicht ein früheres Stadium der Menschheitsentwicklung dar. Sie hat ihre eigene Geschichte, die sich nicht mit der prähistorischen Kunst in Europa vergleichen läßt, sondern einmalig ist wie jede künstlerische Entwicklung.[13]

Nachdem eine chronologische Klassifizierung anhand einer Universalgeschichte gescheitert war und eine an der tatsächlichen Entwicklung orientierte sich mangels zuverlässiger Daten als undurchführbar erwies, stellte sich die Frage nach anderen Kriterien. Unter diesen schien sich zunächst der Zusammenhang zwischen Kunst und Religion anzubieten. Damit versuchte man, die Ursprünge afrikanischer Kunst, insbesondere der Skulptur, zu erschließen. Nur bediente man sich jetzt eines anderen Paradigmas. Standen vorher formale Überlegungen im Vordergrund, so waren es nun Denken und Glaubensvorstellungen der Afrikaner, von denen man ebenfalls annahm, sie auf universelle, allgemeingültige Prinzipien zurückführen zu können. Auch hier ging man davon aus, Parallelen zwischen den Völkern der Vor- und Frühgeschichte und denen Afrikas ziehen zu können. Diese Arbeitsweise läßt sich vielleicht am besten durch ein Zitat verdeutlichen. So schrieb Ferdinand Herrmann, wie viele Vertreter dieser Richtung ursprünglich ein Religionswissenschaftler, noch 1958 über ›Die afrikanische Negerplastik als Forschungsgegenstand‹: »Für den urzeitlichen und naturvölkischen Menschen wird das eigentümliche Verhältnis zum stofflichen Material des plastischen Kunstwerkes zur Debatte gestellt, das sich etwa darin äußert, daß der Jungpaläolithiker [...] dem von ihm geformten Bären einen echten Bärenschädel anfügt oder daß [...] die Eingeborenen ihre holzgeschnitzten und bemalten Figuren mit Köpfen versehen, die aus mit einer Tonmasse überzogenen Menschenschädeln bestehen. Diese Fragestellung berührt insofern unmittelbar auch die afrikanische Plastik, als sie auf die von Frobenius aufgestellte, wenn auch sehr umstrittene Hypothese zurückgreift, daß der Pfahl mit dem oben aufgesteckten Schädel, der Schädelpfahl, das Zwischenglied zwischen dem Schädelkult und der holzgeschnitzten Ahnenfigur bilde, wofür besonders die an diese Stufe noch deutlich erinnernde ›Pfahlplastik‹, wie wir sie etwa von Ostafrika kennen, einen wichtigen Beleg abgibt und wozu die Annahme paßt, daß der Schädelkult zeitlich vor der in der Ahnenplastik sich manifestierenden Stufe des Totenkultes bestanden hat.«[14]

Dieser Ausschnitt offenbart bereits einige Fehlschlüsse dieser Schule: Jede Kultur erscheint bloß als ein Zusammenwirken von Objekten und Vorstellungselementen, zwischen denen man glaubte, direkte Reziprozitätsbeziehungen postulieren zu können. Geistige Vorstellungen wurden also in Analogie zum Materiellen gedacht.[15] Waren die Formen von Objekten aus verschiedenen Gesellschaften gleich und traten solche Entsprechungen in größerer Häufung auf, so schloß man daraus auf einen inneren Zusammenhang der Kulturen, die dann zu einem ›Kulturkreis‹ zusammengefaßt wurden; ob historische Verbindungen tatsächlich nachweisbar oder überhaupt wahrscheinlich waren, spielte nur eine untergeordnete Rolle. Eine ›naturwissenschaftliche Kulturlehre‹ sollte sich schließlich aus der ›anatomischen‹ Untersuchung ihrer Formen ergeben. Leo Frobenius, einer der Gründer der ›Kulturkreislehre‹ und ›Kulturmorphologie‹, war sich der entscheidenden Verwechslung in seiner Lehre nicht bewußt: Während er für sich ein deduktives naturwissenschaftliches Vorgehen in Anspruch nahm, erkannte er nicht, daß die Analogie von Form und Inhalt nicht aus beobachteten Tatsachen, sondern nur aus einer Vorstellung hergeleitet war. Ob eine bestimmte Skulptur ›Ahnenfigur‹ oder ›Zauberfigur‹ (die aus der ersten hervorgegangen sein sollte) war, richtete sich nach dem theoretischen Rahmen, weniger nach ethnographischen Tatsachen. Diese Bezeichnungen hafteten den Objekten schließlich wie Etiketten an. Bis auf den heutigen Tag gibt es immer wieder Veröffentlichungen, in denen Skulpturen pauschal als Ahnenfiguren beschrieben werden, obwohl sich heute vielfach das Gegenteil nachweisen läßt. Ahnenfiguren sind in Afrika sehr viel seltener zu finden, als gemeinhin angenommen wird.

Schließlich sei noch auf einen weiteren, letztlich schwerwiegenderen Irrtum hingewiesen. Die von den Vertretern dieser Schule verwendeten Termini sind keineswegs neutral, sondern ganz im Gegenteil ähnlich wie der Kunstbegriff eng am europäischen Denken orientiert. Nur projizierte man hier nicht so direkt wie beim Begriff ›Kunst‹ das eigene Denken auf andere Kulturen, sondern man entwarf vielmehr ein Bild von ›der Mentalität des Afrikaners‹, das diesem alle Fähigkeiten absprach, die – wie man glaubte – die eigene materielle Überlegenheit ermöglichten. So entstand die Unterstellung, daß Afrikaner im ›Schädelpfahl‹ zwischen dem tatsächlichen Schädel und der hölzernen Repräsentation nicht unterscheiden könnten, also eine kategorielle Verwechslung vorläge. Ob eine Skulptur nun ›Schädelpfahl‹, ›Ahnenfigur‹ oder ›Zauberfigur‹ genannt wird, ist letztlich willkürlich, da die Kategorien andere sind als die, die die afrikanischen Gesellschaften selbst verwenden. Sie sind damit einer Überprüfung an der Realität entzogen, und das gesamte Argument ist spekulativ.

7 Figur; Bambara, Mali. Holz, H 65 cm. Museum Rietberg, Zürich ▷

8 *gelede*-Maske; Yoruba, Nigeria. Holz, H 22 cm. Museum für Völkerkunde, Berlin

Alfred Radcliffe-Brown und später Edward Evans-Pritchard, die die moderne Sozialanthropologie mitbegründeten, haben dieses Vorgehen treffend durch den sehr bekannt gewordenen »Wenn-ich-ein-Pferd-wäre«-Vergleich charakterisiert: Danach handelten die Forscher dieser Schule wie ein Bauer, dessen Pferd aus einer Koppel ausgebrochen ist. Er geht in die leere Koppel, kaut ein bißchen Gras und überlegt sich: ›Wenn ich ein Pferd wäre, wo wäre ich dann hingelaufen?‹ Ähnlich der Gedankengang dieser Wissenschaftler: »Wenn ich nun ein Mensch wäre, der gerade erst ein Mensch würde, noch ohne Kultur, was würde ich unter diesen oder jenen Umständen denken?«[16] Auf diesem Vergleich beruht auch die Mehrzahl der auf dem Begriff ›Religion‹ aufgebauten Spekulationen über ›das afrikanische Denken‹. Denn schließlich ist dieser Begriff, der als Fundament so vieler Studien herangezogen wurde, nicht weniger als andere kulturell gebunden: Er geht einmal von einer grundsätzlichen Dichotomie sakral vs. profan aus und wird überdies durch christliche Inhalte belastet wie etwa der Idee von absoluter Macht, der man sich mehr oder weniger bedingungslos unterordnen muß.[17]

Das erste leidlich zuverlässige Kriterium zur Klassifizierung afrikanischer Kunst war das ihrer Herkunft. Während Spekulationen über geschichtliche oder religiöse Ursprünge noch lange nicht abgeschlossen waren, ließen sich anhand der nach Europa gelangten Stücke Stilprovinzen afrikanischer Plastik bestimmen. Grundlegend war hier das ab 1935 erschienene vierbändige Werk von Carl Kjersmeier über die ›Centres de style de la sculpture nègre africaine‹, das afrikanische Skulpturen nach formalen Kriterien Ethnien zuordnet und diese dann zu größeren geographischen Einheiten zusammenfaßt. Ausgangspunkt ist hierbei die Annahme, daß jede Ethnie mehr oder weniger einen Kosmos für sich darstellt, ihre eigene, traditionell gebundene Kultur besitzt und eine entsprechende Kunst entwickelt hat. Ihre Schöpfungen erscheinen wie aufgereihte Perlen, die es erlauben, ohne Schwierigkeiten die Verbreitung bestimmter formaler, stilistischer Merkmale zu erkennen. Darin liegt ein sicher nicht geringer Verdienst Kjersmeiers.

Es wurden zunächst zwei große ›Schulen‹ unterschieden, die man die ›sudanesische‹ (école soudanaise) und die ›atlantische‹ (école atlantique) nannte.[18] Beim sudanesischen Stil ließen sich zwei Hauptmerkmale feststellen: überhöhte Proportionen, die zu langen, gestreckten Darstellungen führen, und konkave, in den Körper der Skulptur eingezogene Formen (Abb. 5, 6). Beispiele für diese Schule stammen von den Dogon, Bambara oder Senufo. Als Charakteristika des atlantischen

9 Figur; Luba oder Hemba, Zaïre. Holz, H 78 cm. Museum Rietberg, Zürich

Stils galten konvexe Formen und gedrungenere Darstellungen (Abb. 8, 9, 10). Sie wurden durch Völker des Kameruner Graslandes sowie die Yoruba oder Luba repräsentiert. Diese grobe Einteilung ließ sich jedoch bald nicht mehr halten. Es mußten Substile und Ausnahmen eingeführt werden, die schließlich die ursprüngliche geographische Gliederung ad absurdum führten.

Dennoch blieb die von Kjersmeier entworfene Klassifikation Vorbild für die meisten Gesamtdarstellungen afrikanischer Kunst. Leider übersah man dabei die häufig sehr engen historischen Verflechtungen. Die Skulpturen erscheinen eben nur noch als Ausdruck der Kultur einer Ethnie ohne Geschichte: So beginnt man mit deren Beschreibung im Westen des Kontinents, an der Atlantikküste des heutigen Guiné Bissau oder Senegal, und läßt dann in einem großen Bogen die

10 Figur; Luba, Zaïre. Holz, H 39,5 cm. Museum für Völkerkunde, Berlin ▷

Ethnien aufeinander folgen, bis man etwa in Zambia oder Zimbabwe endet.[19]

Abgesehen von der geographischen Verteilung erfährt man über Kunst in Afrika allerdings wenig. Die Bücher sind oft hervorragend illustriert, während der Umfang des Textes eher bescheiden ausfällt. Den zahlreichen Publikationen dieser Art eine weitere hinzuzufügen, war nicht mein Ziel. Dieses Buch verfolgt nicht die Absicht, afrikanische Kunst in ihrer regionalen Verteilung darzustellen, sondern will zeigen, was man heute von ihr wissen kann, zu welchen Ergebnissen Wissenschaftler auf verschiedenen Feldern gekommen sind und wo die Grenzen ihres jetzigen Verständnisses liegen. Als Leitlinien dienen zwei Fragestellungen: zum einen die nach der Entwicklung künstlerischer Ausdrucksformen, die Thema des ersten, historischen Teils ist; zum anderen die Frage nach der Einbettung künstlerischer Ausdrucksformen in Kultur und Gesellschaft afrikanischer Völker sowie nach dem Verständnis zwischen Persönlichkeit und traditionellen Verpflichtungen, was Gegenstand des zweiten Teils sein wird.

Auf keinem der angesprochenen Felder läßt sich heute die Situation für den gesamten Kontinent hinreichend genau erfassen, so daß sich gegenwärtig weder eine Kunstgeschichte noch etwa eine Soziologie künstlerischer Ausdrucksformen afrikanischer Völker schreiben läßt. Was es gibt, sind exemplarische Einzelstudien, die zeigen, daß beides möglich ist oder doch sein wird. Jedes Kapitel wird sich deshalb mit einem ausgewählten Beispiel interessanter fruchtbarer Arbeiten zu einem thematischen Bereich beschäftigen. Freilich ist auch darauf hinzuweisen, daß vieles noch ungesichert ist. Methoden müssen teilweise erst noch entwickelt, Ergebnisse können revidiert werden. Aber auch oder gerade das macht die Auseinandersetzung mit Kunst in Afrika so interessant.

◁ 11 *bieri*-Reliquiarfigur; Fang, Kamerun. Holz und Messing, H 35 cm. Museum für Völkerkunde, Berlin

Kunst in der Zeit

Die bis weit in das 20. Jh. hinein verfolgten evolutionistischen und universalhistorischen Theorien über afrikanische Kunst hatten eine verhängnisvolle Wirkung auf die Erforschung ihrer tatsächlichen Geschichte. Als Reaktion auf die spekulativen Annahmen und Erklärungsversuche dieser Schulen wurden in vielen, wenn nicht den meisten Arbeiten seit dem zweiten Weltkrieg historische Fragestellungen vermieden. Zu den Hauptarbeitsgebieten gehörten Untersuchungen zur regionalen Verteilung und inhaltlichen Deutung einzelner Bereiche. Parallel zur weithin verbreiteten Auffassung von der Geschichtslosigkeit Afrikas fanden auch die historischen Entwicklungen der afrikanischen Kunst keine Berücksichtigung. »Was wir unter Afrika verstehen, das ist das Geschichtslose und Unaufgeschlossene, das noch ganz im natürlichen Geist befangen ist.« Diese Worte stammen von Georg Wilhelm Friedrich Hegel, der sie 1830 in seinen Vorlesungen über die Philosophie der Geschichte veröffentlichte. Aber man glaube nicht, daß solche Äußerungen nur aus dem 19. Jh. überliefert seien.[20] So wird, um nur ein Beispiel zu nennen, in einem Standardwerk über afrikanische Kunst noch 1972 von »dem in der Stammestradition verhafteten Afrikaner« gesprochen.[21] Die Identifizierung der Kunstobjekte nach Ethnien, die man als gesellschaftlichen Mikrokosmos mit einer mehr oder weniger homogenen, unveränderbaren Kultur ansah, ist an solchen Unsinnigkeiten nicht unschuldig. Alle Veränderung mußte somit als Folge der von außen kommenden – vor allem europäischen – Einflüsse gesehen werden. Die Kunst solcher Gesellschaften konnte daher genausowenig wie andere kulturelle Bereiche Ergebnis einer eigenen dynamischen Entwicklung sein. Man hat es mit einem Zirkelschluß zu tun, der hier nur erwähnt wird, weil er sich als hartnäckig erwiesen hat. Es ist ein letztlich banales Faktum, daß afrikanische Kunst genauso wie jede andere geschichtlich gewachsen ist und sich heute wie vordem ständig weiterentwickelt.

Daß es heute dennoch nicht möglich ist, eine Geschichte der Kunst in Afrika zu schreiben, liegt nicht in der Natur des Gegenstandes begründet, sondern in der immer noch unbefriedigenden Forschungssituation. Die einseitige Orientierung vieler Untersuchungen hat zahlreiche Aspekte unberücksichtigt gelassen. Gleichwohl gibt es inzwischen genügend Ansätze, die zeigen, wie eine solche Kunstgeschichtsschreibung in Afrika aussehen könnte. Doch einen Überblick, der für den gesamten Kontinent einen mehr oder weniger verläßlichen historischen Rahmen bieten könnte, erlauben sie nicht. Zwar gibt es Regionen, für die ein solches Gebäude für bestimmte Zeitabschnitte beschrieben werden kann, doch verglichen mit der Dichte der europäischen oder auch der indischen Kunstgeschichtsschreibung handelt es sich um Rohbauten, denen die Ausgestaltung im Detail noch fehlt. In vielen Fällen kann man davon ausgehen, daß eine intensivierte Forschung vielfältige Einzelheiten und ein umfassenderes Wissen als heute erbringen wird, in anderen Fällen wird jedoch durch zerstörerische Praktiken wie Raubgrabungen auch zukünftig nicht mehr viel zu rekonstruieren sein.

Kein Kunstwerk spricht für sich selbst, es steht immer im Zusammenhang mit dem geschichtlichen Augenblick, seinen Schöpfern, ihrer Kultur und ihrer Gesellschaft. Darin liegt die eigentliche Schwierigkeit einer Kunstgeschichtsschreibung in Afrika: Im Gegensatz zu den künstlerischen Ausdrucksformen, die heute existieren und, wenngleich unter Vorbehalten, beobachtet werden können, entzieht sich das Verhältnis eines historischen Kunstwerkes zu den Menschen seiner Epoche, also sein künstlerisches Erlebnis, vollends dem gegenwärtigen Betrachter. Natürlich gibt es Anhaltspunkte und Hilfsmittel, die eine Annäherung an die geschichtlichen Tatsachen erlauben, doch sei man sich der Probleme eines solchen Verfahrens bewußt: Es ist niemals eine neutrale Beschreibung, auch bei vermeintlich größter wissenschaftlicher Strenge nicht, da eine Interpretation immer auch vom Gegenwartsbezug des Interpreten bestimmt ist.

Ein anderes Problem stellen die methodischen Hilfsmittel einer historischen Rekonstruktion dar. In vielen Fällen erwiesen sich die

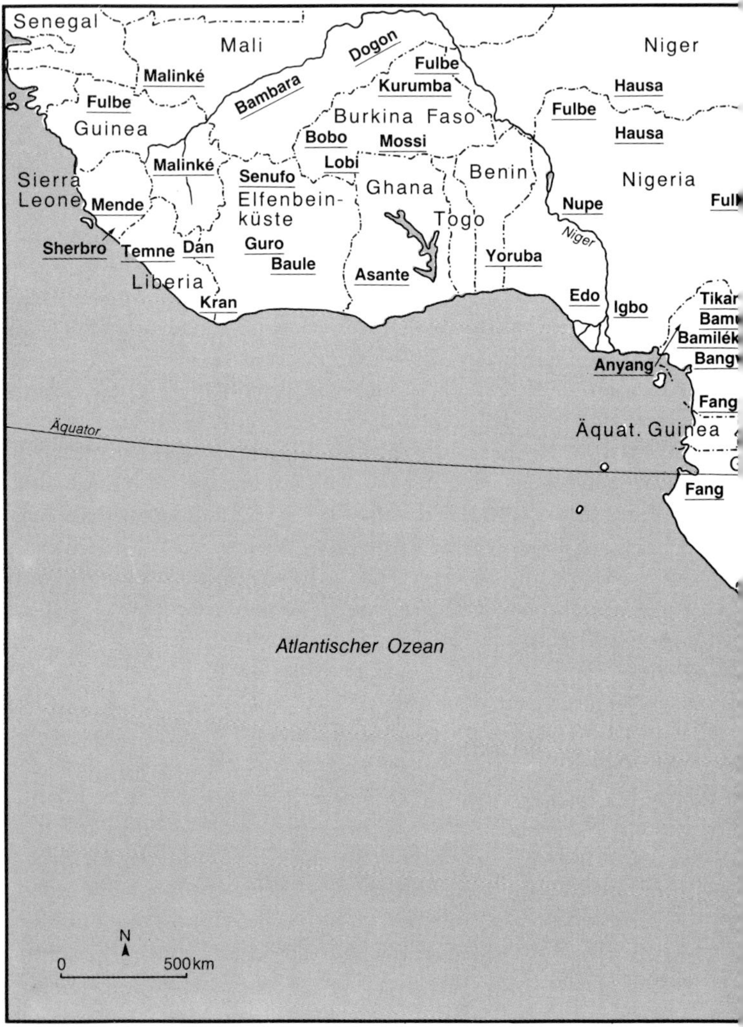

Ethnien in West- und Zentralafrika

Tchad
Sudan
Äthiopien
Musgum
Mundang
Zentralafrikanische
Republik
run
Zande
Mangbetu
Uganda
Kenya
Republik
Kongo
ota
Zaire
Kongo
Rwanda
Burundi
Kuba
Luluwa
Yombe
Dinga
Songye
Hadza
Sandawe
Kongo
Yaka
Pende
Hemba
Tanzania
Holo
Suku
Luba
Imbangala
Lunda
Angola
Malawi
Makonde
Moçambique
Zambia
Zimbabwe
Ovambo

aus der europäischen Kunstgeschichtsschreibung bekannten Verfahren als unbrauchbar. Ein Hinweis soll hier genügen: Die Exegese kanonischer Schriften oder historischer Berichte nimmt in Europa, aber auch in Indien oder Ostasien einen besonderen Platz in der kunsthistorischen Forschung ein. Schriftliche Quellen können in Afrika jedoch nur selten herangezogen werden wie in den islamisierten Teilen des Sudan oder in Äthiopien etwa oder später auch an Küsten, wo sich europäische Handelsniederlassungen bildeten. Der Großteil des afrikanischen Kontinents kennt hingegen nur mündliche Überlieferungen.[22] Sehr vieles, was heute über künstlerische Traditionen Afrikas bekannt ist, verdanken wir der ›oralen Literatur‹. Ein Problem bei der Auswertung der oralen Literatur liegt darin, daß sie im Gegensatz zu schriftlichen Quellen Veränderungen unterworfen ist, auch wenn einige Kernbestände erstaunliche Kontinuität besitzen und man nicht zu Unrecht von einem ›kollektiven Gedächtnis‹ gesprochen hat. Doch auch diese Metapher sollte warnen: Ein Gedächtnis ist immer selektiv, es wählt aus, was erinnerungswürdig ist und was nicht, und es gestaltet das Erinnerte nach eigenen Mustern. In vielen Fällen richtet es sich nach den gesellschaftlichen Notwendigkeiten der Gegenwart und weniger nach den Tatsachen der Vergangenheit. Ein geschriebener Text kann zwar uminterpretiert, auch vernichtet oder verstümmelt werden, bleibt er aber erhalten, so sind der Veränderung seines Inhalts sehr viel engere Grenzen gesetzt als bei oralen Tradierungen. Es braucht nicht viel, um sich vorzustellen, welche einschneidenden Veränderungen die heute sich vollziehende oder geplante Verschriftlichung vieler afrikanischer Kulturen mit sich bringen wird.

Für den größeren Teil der Kunstgeschichtsschreibung in Afrika gilt, daß sie nicht auf die traditionellen Methoden des Faches zurückgreifen kann. Neue Ansätze, die dem Gegenstand gerechter werden, entwickeln sich erst. Einige sollen nun im folgenden vorgestellt werden, wobei jedes Kapitel einem Beispiel aus einer bestimmten Zeit und den entsprechenden Untersuchungsverfahren gewidmet ist. Allen gemeinsam ist eine fächerübergreifende Orientierung. Die Ausrichtung an den herkömmlichen Disziplinen wie Archäologie, Ethnologie, Linguistik oder Kunstgeschichte hat sich in Afrika als wenig ergiebig erwiesen.

Wahrnehmung und Vergleich: Felsbilder des südlichen Afrika

Felsmalereien und Felsgravierungen gehören ohne Zweifel zu den ältesten Zeugnissen afrikanischer Kunst. Bereits die ersten Europäer, die sie im 18. und 19. Jh. sahen, waren von ihren ästhetischen Qualitäten begeistert, während Skulpturen und Plastiken noch als künstlerisch bedeutungsloser Ausdruck eines irrationalen Aberglaubens abgetan wurden. So berichtet Sir John Barrow von einer Reise, die er 1797–1798 in das weithin unbekannte Innere der späteren Kapprovinz unternahm, über die Rastplätze der damals noch nicht gemordeten ›Buschmänner‹: »In einem dieser Schlupfwinkel wurden ihre [noch] frischen Spuren entdeckt. Die Feuer waren kaum erloschen, und das Gras, auf dem sie geschlafen hatten, noch nicht welk. Auf den glatten Flächen der Höhle waren Zeichnungen verschiedener Tiere, die diese Wilden von Zeit zu Zeit anfertigten. Viele von ihnen waren Karikaturen, aber andere zu gut ausgeführt, als daß sie nicht Aufmerksamkeit erregt hätten.«[23] Ähnlich äußerte sich später Heinrich Barth, der im Jahre 1850 auf seiner Reise von Tripolis nach Timbuktu im Fezzan Felsgravierungen fand. Auch als 1956–57 Henri Lhote seine Expeditionen zu den Felsmalereien des Tassili-Gebirges in der Sahara unternahm, hatte diese Kunst nichts von ihrer Faszination verloren.[24] Doch zugleich wurde die Notwendigkeit eines verläßlichen historischen Rahmens zu ihrer Interpretation offensichtlich. Mangelhafte Kenntnisse darüber führten zu Spekulationen und Fehldeutungen.

Felsbilder sind in Afrika durchaus keine seltene Erscheinung. Neben den schon erwähnten Beispielen wurden sie in zahlreichen Gebieten des nördlichen, nordöstlichen und östlichen Afrikas gefunden. Im Atlas, Hoggar, Tibesti, Ennedi, Darfur und der nubischen Wüste wie im oberen Niltal, Äthiopien, Kenya, Uganda, Tanzania, der Provinz Shaba des Zaïre, Malawi, Zambia und Zimbabwe. Generell ausgenommen sind nur die Feuchtgebiete des tropischen Regenwaldes. Über 40 000 Malereien und Gravierungen sind heute aus dem Raum der Sahara bekannt, davon der bedeutendste Teil im Tassili-n'Ajjer. Sehr viel umfangreicher noch sind die Bestände im südlichen Afrika. 1981 waren in der Republik Südafrika bereits 3931 Orte erfaßt, die

12 Tanzende. Felsmalerei, Fulton's Rock, Giant's Cave

Zahl für den kleinen Staat Lesotho wird auf etwa 5000 geschätzt. Allein die östlichen Drakensberge umfassen über 29 800 einzelne Felsmalereien.[25]

Zwischen den Felsbildern Afrikas und der prähistorischen Kunst Europas, deren Bestände ungleich geringer sind, wurden oft Vergleiche gezogen, die sowohl europäische Einflüsse auf die afrikanische Kunst postulierten als auch ihnen gleiche Inhalte zuschrieben.[26] Viele dieser Deutungen müssen heute aufgegeben werden. Besonders die seit Anfang der sechziger Jahre durchgeführten Untersuchungen zu den Felsbildern des südlichen Afrika zeigen Ergebnisse, die ein anderes, eigenständiges Bild dieser Kunst entstehen lassen. Freilich sind dort die Bedingungen für eine solche Arbeit ungleich günstiger als in Europa oder der Sahara, denn im Gegensatz zu diesen Regionen wurden im südlichen Teil des Kontinents noch bis in das 19. Jh. hinein Felsmalereien ausgeführt. Es gibt umfangreiches ethnographisches Material aus dieser Zeit, und man hat die Möglichkeit, Vergleiche zu Bevölkerungsgruppen in Namibia oder Botswana zu ziehen, die heute noch sehr ähnlich leben. Darüber hinaus werfen diese Ergebnisse aber auch ein neues Licht auf Felsbilder in anderen Teilen des Kontinents.

Felsbilder werden nach Gravierungen und Malereien unterschieden. Gravierungen (Petroglyphe) bestehen aus gekratzten oder eingeschlagenen Linien oder Formen. In der Regel sind sie auf Steinplatten, die der Witterung ausgesetzt sind, nur wenige Millimeter tief angebracht. Sie waren offenbar nicht ausgemalt. Es gibt sie um die Kalahari herum, an der Ostseite der Namib-Wüste bis in das südliche Angola und besonders häufig an den Flüssen Vaal und Orange. In der Republik Südafrika sind Felsmalereien nie zusammen mit Gravierungen zu sehen, wie das in Namibia der Fall ist, wo z. T. beide Techniken auf derselben Wand nachgewiesen worden sind.

Felsmalereien können ein- oder mehrfarbig ausgeführt sein. Als Farbstoff wurden hauptsächlich Mineralien oder Holzkohle verwendet. Rot und alle Übergänge bis zu einem hellen Gelb wurden durch verschiedene Ockertöne wiedergegeben. Gips- und Kaolinerden wurden für Weiß verwendet, Ruß und Holzkohle für Schwarz. Grün und Blau fehlen. Die für Weiß und Schwarz verwendeten Pigmente scheinen weniger lichtecht gewesen zu sein als die roten, braunroten und gelben Töne, so daß heute oft nur noch Fragmente der ursprünglichen Malereien geblieben sind. Über die verwendeten Fluß- und Bindemittel ist wenig bekannt. Neben Eiweiß, Latex, Urin, Honig und dem Pflanzenschleim der Akazien (Gummi arabicum) scheinen jedoch Blut oder Blutserum und tierisches Fett eine besondere Rolle gespielt zu haben. Untersuchungen von Farbproben haben ergeben, daß sie fast durchweg Bestandteile tierischen Eiweißes als Bindemittel enthielten. Diese deuten auf Blut oder Blutserum hin.[27] Die Verwendung von Fett als Flußmittel wird dadurch nicht ausgeschlossen, obwohl es eher Körperfarben beigemengt worden sein wird. Die angerührte Farbe wurde mit verschiedenen Mitteln auf den Stein aufgebracht. Einige frühe Berichte erwähnen Pinsel: Haare eines Wildebeestschwanzes wurden um ein kleines Stöckchen gebunden. Spuren solcher Pinsel sind gelegentlich in den Malereien zu sehen, sie waren jedoch für die oft sehr feinen Linien ungeeignet. Eher wird die ebenfalls überlieferte Verwendung kleiner Hohlknochen dazu gedient haben.[28]

Geschicklichkeit und Sicherheit der Maler sind frappierend. Fehler, Korrekturen oder unvollendete Malereien sind äußerst selten. Wie die

Malereien ausgeführt wurden, ist durch einen alten Mann überliefert, der in seiner Jugend zusammen mit /Xam-Malern in deren Höhlen gemalt hatte.[29] Er wählte zunächst einen eher porösen Stein aus, damit die Farbe besser angenommen würde, stellte dann eine Reihe kleiner Pinsel aus Federn und Zweigen her. Für Schwarz verwendete er Steinkohle, für Weiß eine helle Tonerde. Rot sollte aus gebranntem Hämatit und dem Blut einer frisch getöteten Elenantilope hergestellt werden. Da aber letztere nicht zur Verfügung stand, nahm er Ochsenblut. Er begann daraufhin eine solche Antilope zu malen, setzte an der Brust des Tieres an und zog seinen Pinsel »ohne das geringste Zögern«.[30] Als Mapote, jener alte Mann, vor nun fast sechzig Jahren zwei Antilopen, einen Löwen, zwei /Xam-Männer und einen weiteren Mann gemalt hatte und seine Pinsel beiseite legte, ging eine mehrere tausend Jahre alte Tradition zu Ende.

Seitdem die ersten Felsmalereien bekannt wurden, gab es vielerlei Spekulationen über ihren Ursprung und ihr Alter. Einige Autoren gingen davon aus, daß sich diese Kunst von der Iberischen Halbinsel über das nördliche Afrika verbreitet hat, was jedoch zweifelhaft erscheinen muß. Die im östlichen Spanien vertretenen Felsmalereien werden heute gewöhnlich auf die ausgehende Altsteinzeit und die mittlere Steinzeit datiert, etwa 30 000–10 000 Jahre vor der Zeitenwende, während die frühesten Daten für die Sahara und das nördliche Afrika bei 8000–6500 Jahren vor der Zeitenwende liegen.[31] Zwar gibt es Ähnlichkeiten in der formalen Gestaltung, die aber als Beleg für eine Verbindung unbefriedigend bleiben.

Die Datierung von Felsmalereien und Gravierungen ist aus mehreren Gründen problematisch. Die sonst in der Archäologie so hilfreiche Methode der Bestimmung des Gehalts an radioaktivem Kohlenstoffisotop C-14 kann nicht angewendet werden, da die notwendige Menge zur Zerstörung der Malerei führen würde. Ein Ausweg stellt aber die Grabung in den Grotten oder vor den gemalten Felswänden dar. Dort finden sich in aller Regel Reste der Lager mit ausreichenden Mengen organischer Substanzen, die eine Bestimmung erlauben. Andererseits ist es schwierig und oft unmöglich, eine zuverlässige Identifizierung einzelner Schichten mit bestimmten Malereien durchzuführen. Selbst Farbreste in den Schichten erlauben eine solche Zuordnung kaum, wenn die entsprechenden Malereien vielfältig und komplex aufgebaut sind. Auch relative Chronologien, die anhand sich überlagernder Malereien zu erstellen wären, sind wenig gesichert. Sie bauen auf der Tatsache auf, daß eine über eine andere gemalte Figur jünger als diese sein muß, so daß sich eine zeitliche Abfolge ergibt. Doch über den Zeitunterschied ist damit natürlich nichts gesagt. Ob es sich um ein paar Tage oder ein paar hundert Jahre handelt, bleibt offen. Noch weitergehende Schwierigkeiten zeigen sich aber, wenn nicht Malereien einer einzelnen Grotte, sondern die einer ganzen Gegend untersucht werden. Dabei wurden oft scheinbar sich gegenseitig ausschließende Abfolgen festgestellt.[32] Formale Kriterien allein sind also nicht ausreichend, um eine relative Chronologie zu erstellen. Es lassen sich nur sehr allgemein vier Phasen unterscheiden, deren Gültigkeit sich zudem auf die südlichen Drakensberge beschränkt. Sie bauen auf einer quantitativen und nicht allein formalen Analyse auf,[33] und sie sind nicht als stilistische Perioden zu verstehen.

Die erste Phase ist nur fragmentarisch belegt. Der Zustand erlaubt es in der Regel nicht, Tiere oder Menschen näher zu bestimmen. An Farben sind nur ein dunkles Rot und Braun erhalten, Weiß und Schwarz nicht mehr vorhanden. Häufige Übermalungen erschweren die Identifizierung zusätzlich. In der zweiten Phase lassen sich Tiere und menschliche Figuren deutlich erkennen. Die Farbpalette ist erweitert, auch wenn die meisten Malereien monochrom sind. Weiß wird für menschliche Gesichter und die Bauchseite der Antilopen verwendet. In die dritte Phase fallen schattierte polychrome Malereien, für die die Felskunst des südlichen Afrika berühmt geworden ist. Tiere werden jetzt nicht mehr nur seitlich, sondern auch von vorn oder hinten dargestellt. Einzelne Merkmale, Augen, Ohren, Hufe usw., sind oft sehr genau nachgezeichnet. Es gibt große Gruppen anthropomorpher Figuren, die tanzen oder andere gemeinsame Handlungen ausführen. In der vierten und kürzesten Phase erscheinen fremde Inhalte. Weiße Siedler sind mit ihren Gewehren zu sehen, Hirten mit ihrem Vieh tauchen auf, sogar ein Segelschiff ist abgebildet.

Was diese Phasen nur zu groben Anhaltspunkten werden läßt, ist die Tatsache, daß den Malern die Beispiele aus früheren Zeiten immer unmittelbar vor Augen standen, wenn sie ihre Malereien über die älteren setzten. Für dieses Vorgehen gibt es kulturelle Gründe, die damit zusammenhängen, daß dem Platz rituelle Bedeutung zukam. Aus

Platzmangel läßt es sich nicht erklären, denn oft gibt es direkt neben den bemalten Flächen noch ganz freie, die ebensogut hätten genutzt werden können.

Wie nun diese vier Phasen zeitlich einzuordnen sind, kann nicht endgültig beantwortet werden. Mit einer anderen naturwissenschaftlichen Methode, die sich auf den Zerfall der aminosauren Bindemittel in den Farben stützt, lassen sich zumindest Anhaltspunkte gewinnen.[34] Diese Technik erlaubt nur eine Bestimmung bis zu 1800 Jahren vor der heutigen Zeit. Die früheste Datierung in den Drakensbergen, die sich auf eine zoomorphe Darstellung der Phase 1 bezieht, lautet auf 800 ± 200 Jahre vor der Gegenwart, die Mehrzahl der Daten schwankt jedoch zwischen 400 ± 100 und 100 Jahre vor der Gegenwart. In Namibia hat dieselbe Methode ergeben, daß 14% der untersuchten Malereien älter als 1800 Jahre sind und mit Hilfe dieser Technik nicht mehr bestimmt werden können. Nur 0,6% waren jedoch 100 Jahre alt (oder jünger).[35] Bemalte Grabsteine wurden in Namibia mit Hilfe der C-14 Methode auf etwa 5000–1900 Jahre vor der Gegenwart datiert. In der berühmten Apollo-11-Grotte im südlichen Namibia wurden schließlich sieben bemalte Steinfragmente gefunden, deren Alter 19 000 Jahre, wahrscheinlich aber 26 000 Jahre beträgt.[36] Grabungen in Lesotho haben ebenfalls datierbare Fragmente zutage gefördert.

Hier, also in unmittelbarer Nähe der Drakensberge, wo die beschriebenen Phasen untersucht wurden, konnte die Existenz von Malereien für die Mitte des ersten nachchristlichen Jahrtausends nachgewiesen werden. Damit ist freilich nicht gesagt, daß die der Witterung ausgesetzten Malereien unter den Felsüberhängen und in den Höhlen selbst genauso alt sind. Es ist eher davon auszugehen, daß sie jünger sind, und ein Alter wie das der Fundstücke aus der Apollo-11-Grotte scheint gänzlich unwahrscheinlich.[37] Ob es aber Vorläufer der heute dort sichtbaren Malereien gegeben hat, ist eine andere Frage, über die bis jetzt nur spekuliert werden kann.

Alle weiteren Überlegungen und besonders solche, die größere Zusammenhänge erfassen wollen, müssen sich mit dem Inhalt der Malereien auseinandersetzen, den ich bisher bewußt vernachlässigt habe. Es gibt dafür mehrere Gründe. In bezug auf die inhaltliche Deutung der Felsbilder des südlichen Afrika hat es eine Reihe weitgehender Mißverständnisse gegeben, die erst in den letzten Jahren durch die

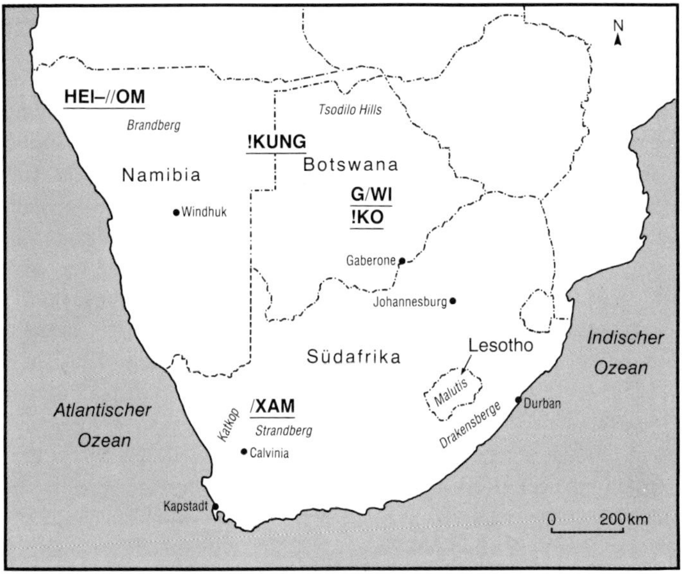

San-Gruppen im südlichen Afrika

Arbeiten von Patricia Vinnicombe und besonders David Lewis-Williams geklärt werden konnten. Daneben ist die überwiegende Mehrheit der Felsmalereien von Menschen geschaffen worden, die die gleichen Wirtschaftsformen und zumindest in Teilen gleiche kulturelle Grundlagen hatten. Das gilt letztlich nicht nur für den Bereich des südlichen Afrika, sondern auch für einige Gebiete Ostafrikas. Beide Punkte müssen kurz behandelt werden.

Die Felsbilder des südlichen Afrika wurden früher oft der Einfachheit halber unter dem Wort ›Buschmannzeichnungen‹ zusammengefaßt. ›Buschmänner‹ nannte man gewöhnlich alle jene Wildbeutergruppen, die früher nahezu das gesamte Gebiet der heutigen Staaten Botswana, Zimbabwe, Südafrika und Namibia sowie Teile Angolas, Moçambiques und Zambias bewohnten.[38] Durch Bantu sprechende, aus Norden und Nordosten kommende Gruppen verdrängt und von den weißen Siedlern bald nach deren Ankunft im Jahre 1652 verfolgt und gemordet, leben sie heute nurmehr in unwirtlichen Regionen wie der Kalahari-Wüste und angrenzenden Gebieten in Botswana, Namibia und Angola. Auch ihre abfällige Bezeichnung ›Buschmänner‹ ist mit der Siedlungsgeschichte der niederländischen Buren verknüpft, die sie nicht als gleichwertige Menschen sahen. Da die ›Buschmänner‹ keine eigene Bezeichnung für sich kennen, wird heute weithin der Ausdruck ›San‹ verwendet, mit dem die Khoikhoi-Viehhalter der Region sie benennen.[39] ›San‹ läßt sich am besten mit ›Wildbeuter‹ übersetzen, denn das Jagen und Sammeln ist in der Tat ihre Lebensgrundlage. Verschiedene San-Gruppen der Kalahari, besonders die sogenannten !Kung, sind von Ethnologen ausführlich beschrieben worden. Sie sind aber nicht die Nachfahren der /Xam, der südlichen San, über deren Felsmalereien ich im folgenden sprechen werde. Beide Gruppen hatten unterschiedliche Sprachen und konnten sich untereinander nicht verständigen. Die Lebensweise der !Kung ist überdies sehr fein auf die harten Bedingungen der Kalahari abgestimmt, und es wäre erstaunlich, wenn sie sie in der kurzen Zeit seit dem Ende der /Xam im ausgehenden 19. Jh. hätten entwickeln können. Eine Felsbildtradition besitzen die !Kung ebenfalls nicht, obwohl ihnen die Malereien der Tsodilo-Hügel in Botswana bekannt sind.

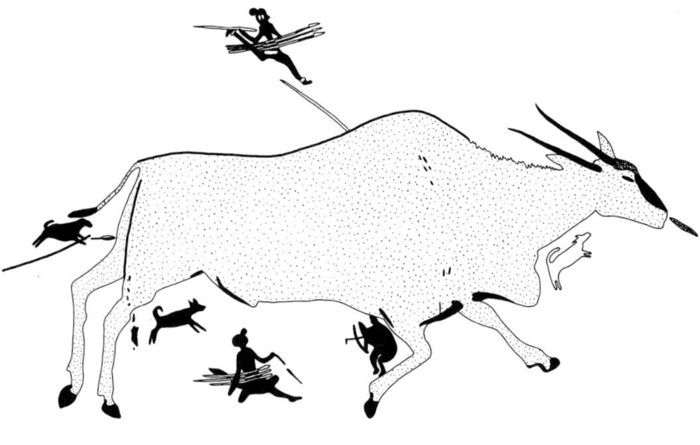

13 Sterbende Elenantilope. Felsmalerei, Martinsdale, Barkly East

Das Gebiet, in dem die /Xam lebten, ist halbtrocken. Um die natürlichen Ressourcen sinnvoll nutzen zu können, mußten sie sich in kleine Gruppen aufspalten, die nur wenige Verwandtschaftsgruppen umfaßten. Wahrscheinlich lebten zwischen 10 und 25 Personen zusammen. Einen Chef, der die Geschicke der Gruppe bestimmte, gab es nicht. Der Austausch zwischen einzelnen Gruppen war daher groß und verlieh ihrer Gesellschaft eine bemerkenswerte Flexibilität: Man konnte jederzeit frei entscheiden, bei einer anderen Gruppe zu bleiben, wenn sich eine auch noch so entfernte verwandtschaftliche Bindung konstruieren ließ.[40] Diese veränderliche Gruppengröße war in Gebieten mit ungünstigen Lebensbedingungen vorteilhaft, stellte aber auch ein Problem für den inneren Zusammenhalt dar. So war das Jagen und Sammeln als wirtschaftliche Grundlage der /Xam eng an die Jahreszeiten gebunden. Wahrscheinlich kam man im Sommer, von September bis Januar, in den höher gelegenen Teilen der Drakensberge zusammen. In dieser Zeit sproß dort junges, frisches Gras, das Herden umherziehender Antilopen angezogen haben wird. Dort sind auch die meisten bemalten Felsüberhänge gefunden worden. In den tiefer gelegenen Gebieten, wo man sich in kleineren Gruppen während der schwierigen Winterzeit wohl aufhielt, fanden sich dagegen weit weniger Felsmalereien. Die Frauen beschafften durch die Sammeltätigkeit mehr als die Hälfte der Nahrungsmittel, Männer jagten mit vergifteten, sehr geschickt gebauten Pfeilen verschiedene Antilopenarten, Wildebeest, Springbok, Gemsbok, Hartebeest, Duiker sowie einiges Geflügel und kleineres Getier.

Hier wird bereits deutlich, daß man es mit einer ganz anderen Situation als etwa in Europa zu tun hatte, wo über die Künstler des Paläolithikums kaum etwas bekannt war. Dennoch wurden bei der Deutung der Felsbilder des südlichen Afrika dieselben Grundideen und Konzepte wie in Spanien oder Frankreich zugrunde gelegt. Zwei Schulen lassen sich unterscheiden: Die eine nimmt an, die Maler der /Xam hätten aus reiner Lust an der Darstellung einfach das wiedergegeben, was sie sahen. Die andere sagt, die Malereien seien der sichtbare Ausdruck einer ›Jagdmagie‹, bei der die San durch die Wiedergabe der Tiere sich Macht über sie und damit Jagderfolg hätten sichern wollen.

Vertreter der ersten Schule projizieren letztlich ihre eigenen Vorstellungen auf die San: »Die Kunst hinterläßt deutlich den Eindruck, daß sie art pour l'art ist, ausgeführt zur Freude des Künstlers und [...] des Beschauers.«[41] Felsbilder lassen sich besser als andere künstlerische Ausdrucksformen zu Objekten solcher Projektionen machen, da niemand mehr direkt zu ihnen befragt werden kann. Es ist daher wenig erstaunlich, daß die Hypothese des ›l'art pour l'art‹ besonders lange verfolgt wurde und implizit als gesicherte Tatsache erschien.[42] Um das zu widerlegen, wäre es nicht einmal nötig gewesen, die zum Teil noch unveröffentlichten Aufzeichnungen über die /Xam aus dem 19. Jh. zu konsultieren; allein eine umfassende, die Malereien nicht von vornherein nach ästhetischen Qualitäten auswählende Untersuchung hätte gezeigt, daß die Darstellungen kein getreues Abbild der Wirklichkeit sein konnten. Letztlich gingen Vertreter dieser Richtung wie Sammler vor: Man war immer auf der Suche nach noch schöneren, noch faszinierenderen Malereien und verlor dabei den Hintergrund, vor dem sie entstanden waren, aus dem Auge. Die Maßstäbe lieferten die eigenen Vorstellungen von Schönheit. »Die Malereien erfreuen den Autor, und daher nimmt er an, daß sie nur gemacht wurden, um den Künstler und die ursprünglichen Betrachter zu erfreuen.«[43]

Natürlich kann nicht ausgeschlossen werden, daß einzelne Maler derart motiviert waren, doch haben kulturelle, soziale und wirtschaftliche Faktoren sicher eine größere Rolle gespielt. Alle bisher bekannten Beispiele zeigen eine Betonung menschlicher Figuren und sozialer Aktivitäten. So sind fast 54% der 2361 erfaßten Malereien in Barkly East, Drakensberge, anthropomorphe Darstellungen, die meisten in Gruppen. 1023 Malereien zeigen Tiere, 947 davon Antilopen (Abb. 13) und nur 76 andere Tiere wie Löwen, Wildschweine, Elefanten, Flußpferde, Vögel, Fische, Schlangen, Hunde, Kühe, Schafe und Pferde.[44] Ein solches Übergewicht einer einzelnen Gattung läßt sich durch eine individuelle Motivation der Maler und der Malereien als ›l'art pour l'art‹ nicht erklären. Denn ohne Zweifel hätten sie auch andere Tierarten wiedergeben können. Fest steht, daß sie bestimmte Arten bevorzugt abbildeten, während sie andere, die in ihrer Umgebung nicht weniger häufig vorkamen und die sie genauso wie jene jagten, offensichtlich vernachlässigten.

Durch quantitative Untersuchungen läßt sich auch das zweite Vorurteil über Felsbilder widerlegen. Ihm liegt die Annahme zugrunde, daß es sich bei den Malereien vornehmlich um ›sympathetische Magie‹

handelt, d. h., die /Xam hätten Tiere gemalt und an ihnen rituelle Handlungen vollzogen, damit diese sich später in der Wirklichkeit wiederholten. Danach wäre etwa auf einen gemalten Antilopenbock ein Pfeil geschossen worden, damit während der folgenden Jagd tatsächlich ein solches Tier getroffen würde.[45] Auch diese Fehldeutungen lassen sich nur aus der Unkenntnis der ethnographischen Hintergründe und vorgefaßten Meinungen über ›das Denken der Wildbeuter‹ erklären. Es gibt weder in den modernen noch in den historischen Aufzeichnungen aus dem 19. Jh. einen Hinweis auf solche Glaubensvorstellungen.[46] Auch werden Jagden sehr viel seltener dargestellt, als nach dieser Theorie zu erwarten wäre. Unter den 3909 Malereien der Ndedema Gorge, ebenfalls Drakensberge, sind es nur 29.[47] Und auch die Präferenz für bestimmte Tierarten wäre unerklärlich. Wieso entfallen 61% der Antilopen, die in Barkly East abgebildet sind, auf die Elenantilope, aber nur 26% auf Rhebok und gar nur 2% auf Hartebeest, die doch in der Ernährung keine geringere Rolle gespielt haben? Wieso wurden die Elenantilopen so viel sorgfältiger dargestellt als die anderen: 42% unter ihnen sind mehrfarbige Darstellungen, bei Rhebok und Hartebeest je nur etwa 15%. Warum finden sich bei Überlagerungen verschiedener Malereien die menschlichen Figuren zumeist unter den Tieren? Hinzu kommt, daß solche Muster über weite Gebiete hin konstant bleiben. Die Antwort darauf kann nur in einer gemeinsamen kulturellen und sozialen Grundlage zu suchen sein, einer Lebenswelt, in der eben bestimmten Tieren eine besondere Bedeutung zukam.

Daß wir heute die Lebenswelt der /Xam hinreichend genau rekonstruieren können, ist vor allem dem deutschen Linguisten Wilhelm Bleek zu verdanken, der Ende des 19. Jh. eine beispielhafte ethnographische Dokumentation dieses Volkes anlegte. Er erkannte auch, daß die Malereien eng mit der Kultur und einigen besonderen Ritualen zusammenhingen, deren Aufgabe es war, den inneren Zusammenhalt der Gruppen zu sichern. Er verstand die Felsbilder als »einen Versuch, wie unvollkommen auch immer, die Ideen, die den Geist der Buschmänner am tiefsten bewegten, in einer wahren künstlerischen Form«[48] zu fassen. Und genau diese Auffassung der Malereien als Abbildungen mit symbolischem Gehalt wird durch die neueren Forschungen weitgehend bestätigt.

Wenden wir uns zunächst der Elenantilope zu, die in einem so großen Teil der Malereien dominiert (Abb. 13). In einem von Bleek überlieferten Mythos der /Xam wird das Tier von einer halbgöttlichen Gestalt, /Kaggen, geschaffen. Diese hat einen etwas zwiespältigen Charakter, weiß um Ereignisse in der Zukunft und kann diese unter bestimmten Umständen auch beeinflussen, ist aber nicht allmächtig. /Kaggen teilt sein Wissen durch die Kopfbewegungen der Gottesanbeterin mit, weshalb beide gelegentlich gleichgesetzt werden.[49] Die von /Kaggen geschaffene Elenantilope wuchs an einer Wasserstelle heran, wo sie von ihm täglich mit Honig gefüttert wurde. Durch die verschiedenen Honigarten erhielt ihr Fell seine typischen Farben. /Kaggen liebte das Tier über alles und wollte es natürlich mit all seinem Wissen und seiner Macht vor den (menschlichen) Jägern schützen. Durch einen Trick gelingt es aber doch, die Elenantilope zu sehen und sie zu töten. In dem Mythos wird dieser Akt zunächst den Meerkatzen zugeschrieben. /Kaggen versucht, gegen sie zu kämpfen. Doch es gelingt ihm nicht, die Meerkatzen, die den Bullen bereits enthäutet hatten und sein Fleisch kochten, zu besiegen. Die Pfeile, die er auf sie richtet, kehren zu ihm zurück. Unverrichteter Dinge muß er umkehren.[50]

Zu ergänzen ist, daß für die /Xam diese Antilopenart nach Honig roch; selbst die Stellen, wo diese Tiere im Gras lagen, dufteten noch danach. Beide, Honig und Antilope, hatten den gleichen Geruch und daher auch die gleiche Bedeutung für die südlichen San. Durch Gerüche nämlich werden übernatürliche Kräfte vermittelt, und solche Kräfte machten sich Heilkundige der /Xam zu eigen, um Krankheiten zu bekämpfen. Diese übernatürliche Kraft wurde ›!gi‹[51] genannt und erlaubte den Heilkundigen nicht nur die Durchführung dieser Rituale, sondern auch außerkörperliche Geistreisen. Verschiedene Antilopenarten, vor allem Elenantilopen, besaßen ›!gi‹, aber auch pubertierende Mädchen oder Heuschrecken und Regen. Die heutigen !Kung der Kalahari kennen ein ganz ähnliches Konzept für die übernatürliche Kraft und schreiben sie weitgehend den gleichen Tieren und Dingen zu.[52]

Wird nun eine Elenantilope erlegt, gilt es, sich ihre Kraft zunutze zu machen. Dies ist der entscheidende Moment der Jagd: Wird das Tier von einem der vergifteten Pfeile getroffen, muß es oft noch lange verfolgt werden, bevor es verendet. Ein sterbender Bulle muß, wenn man

14 Tänzer in Trance. Felsmalerei, nordöstliche Kapprovinz

den Berichten Glauben schenken darf, eine außergewöhnlich beeindruckende Erscheinung sein: Der Körper des großen Tieres zittert, die Nüstern sind weit offen, seine Haare sträuben sich. Bricht er schließlich zusammen, fließen Fett und Blut aus seiner Nase.[53] Und genau diese Merkmale finden sich in den Malereien der San wieder (Abb. 13): Der hier wiedergegebene Bulle wird von Jägern und Hunden verfolgt, ist durch Speere und Pfeile verletzt, aus seinen Wunden fließt Blut. Seine Vorderläufe knicken ein, sein Kopf sinkt nach unten, wie es bei sterbenden Tieren der Fall ist. Einige gesträubte Haare sind gezeichnet, und aus der Nase schießen Blut und Fett hervor. Der verendende Bulle ist in der Tat ein häufiges Motiv in den Malereien, nur wurde der gesenkte Kopf früher von Europäern oft fehlgedeutet. Man nahm an, er grase.

Das Verhalten des sterbenden Tieres gleicht nun in seinen wesentlichen Zügen dem der sich in Trance tanzenden Heilkundigen, die sich so die Kräfte der Elenantilope anzueignen suchen. Eine erfolgreiche Jagd auf das Tier war mehr als nur eine für mehrere Tage gesicherte Versorgung mit Fleisch und Fett. Die !Kung der Kalahari tanzen heute direkt, nachdem sie eine solche Antilope getötet haben, neben dem Kadaver.[54] Die /Xam im Süden nahmen an, daß der Jäger, der mit seinen Pfeilen ein solches Tier getroffen hatte, sich dem Kadaver nicht nähern durfte, solange nicht andere das in Fett gebettete Herz herausgetrennt hatten. Er wäre sonst der Kraft des Tieres zu stark ausgesetzt.

Teilweise trugen die Tänzer eine Art Überwurf, der aus dem Fell eines Antilopenbullen hergestellt war. Die Ohren wurden so über den Kopf gezogen, daß sie wie bei dem Tier vom Schädel abstanden. Ein anderer Kopfschmuck bestand aus einer Kappe mit zwei langen Federn. Beides findet sich in Malereien, die Tanzszenen wiedergeben. Daneben sind häufig Tanzstäbe und Rasseln dargestellt. Wichtiger als diese Accessoires ist aber die Haltung der Tänzer selbst (Abb. 14, 15). Sie entsprechen weitgehend der Erscheinung tatsächlicher Trancetänzer. Die Informanten von Bleek berichteten, daß die Heilkundigen zu zittern begannen; sie fühlten entlang des Rückgrats etwas in sich aufsteigen. /Xam nannten diese Empfindungen ›Kochen‹, wie auch heute die !Kung der Kalahari.[55] Dort werden die Körper der Tänzer fast waagerecht gehalten, man stützt sich mit den Tanzstäben ab. Auch diese Kollapshaltung ist für Trancetänze üblich und leitet sich aus der Empfindung des ›Kochens‹ ab. Europäische Betrachter glaubten gelegentlich, daß es sich um Männer handle, die während der Jagd Tiere imitierten, aber es ist keine Jagdszene bekannt, in der Stäbe in dieser Form verwendet werden. Auf dem Höhepunkt, wenn der Zustand der Trance schließlich erreicht ist, beginnen die Tänzer aus der Nase zu bluten.

15 Zwei Tänzer in Trance. Felsmalerei, nordöstliche Kapprovinz

Und auch das wird in den Malereien wiedergegeben. Bei den /Xam wurde gerade dieses Blut, oder genauer sein Geruch, dazu benutzt, Krankheiten zu heilen. Für die heutigen !Kung scheint das Nasenbluten während der Trancetänze keine so prominente Rolle zu spielen, aber letztlich verwenden auch sie die gleiche Metapher. Ein Tänzer soll bei ihnen die übernatürliche Kraft anheizen, bis sie ›kocht‹ und auf seinem Körper als Schweiß erscheint.

Die Trance wurde, wie bei vielen Völkern, als ein Tod vorgestellt. Es ist die direkte Parallele zu der sterbenden Elenantilope. Und in diesem Zustand erlangen die Tänzer die Fähigkeit zu heilen. Sie haben sich jetzt die übernatürliche Kraft des Tieres angeeignet, bewegen sich um den Kranken herum, greifen ihm unter die Schultern und pressen ihre Hände auf ihn. So und ähnlich lesen sich nicht nur die Berichte über die /Xam aus dem 19. Jh., so findet man diese Tänze auch in den Felsmalereien dargestellt (Abb. 15). Aus den Nasen der Tänzer fließt Blut, wie bei der sterbenden Elenantilope, die Körper sind vorgebeugt, manche haben Antilopenköpfe, die nicht allein auf die schon erwähnten Kappen aus Fell hindeuten, sondern auch auf die Vorstellung, daß sich die Männer in Elenantilopen verwandeln. Auch Tänzer, die in tiefe Trance gefallen sind und sich gegenseitig helfen und stützen, sind dargestellt (Abb. 18). Denn die ›!gi‹, die übernatürliche Kraft, kann einen Mann auch überwältigen. Dann stürzt er zu Boden, und sein Geist verläßt den Körper. In diesem gefährlichen Zustand müssen die anderen Tänzer für ihn sorgen: Man reibt ihn mit Fett ein und hält ihm ein Kraut unter die Nase, das den Trancezustand abschwächen soll. Die Frauen, die zu den Tänzen singen und klatschen, wischen ihm den Schweiß vom Körper und springen um den Liegenden herum, bis er wieder erwacht.

Diese Schilderungen wie auch die Malereien lassen sich ohne weiteres den von Heilkundigen der !Kung heute aufgeführten Tänzen gegenüberstellen. Die Ähnlichkeiten sind so groß, daß sich Vergleiche geradezu aufdrängen. »Die !Kung und andere [San-Gruppen] glauben, daß Krankheit von kleinen, unsichtbaren Pfeilen verursacht wird [...]. Ist ein Heiler in Trance, geht er zu der kranken Person und legt [seine] zitternden Hände auf ihn, um die Pfeile in seinen Körper zu ziehen. Der Heiler arbeitet sich zu einem Höhepunkt der Erregung, in dem sein gesamter Körper eine ruckhafte Bewegung vollführt, um die

Pfeile durch seinen oberen Rücken auszutreiben. Im selben Moment stößt er einen charakteristischen, schrillen Schrei aus. In tiefer Trance, so glaubt man, verläßt der Geist des Heilers seinen Körper, um Kämpfe mit den Geistern der Toten [...] in der Dunkelheit jenseits des Kreises des Feuerscheins auszufechten. [...] Die Frauen singen und klatschen, um nicht nur die Unterstützung für die Trance zu gewährleisten, sondern auch, um die Heiler zu schützen, wenn ihre Geister außerhalb ihrer Körper reisen. Der Trancetanz ist also nicht nur eine Kunstform, an der alle teilhaben können, sondern eine gemeinsame Anstrengung der gesamten Gruppe, um Unglück zu bannen. [...] Der Tanz ist vielleicht die zentrale verbindende Kraft im Leben der Buschmänner.«[56]

Die Felsmalereien der /Xam sind also nicht nur irgendein willkürliches ›religiöses Symbol‹ oder gar ›Abbilder sympathetischer Magie‹, sie berühren vielmehr eines der Kernprobleme ihrer Gesellschaft: den Zusammenhalt kleiner Gruppen trotz größtmöglicher Flexibilität und mehr oder weniger ständiger Fluktuation einzelner Mitglieder von einer Gruppe zur anderen. Erst dadurch läßt sich verstehen, wieso gerade die Elenantilope so häufig dargestellt ist, wieso gerade sie über

16 Anthropomorphe Figuren, eine mit zoomorphem Kopf. Felsmalerei, nordöstliche Kapprovinz

17 Tänzer. Felsmalerei in Tanzania

Tanzszenen gemalt wurde: Diese Szenen verbanden sich für den Künstler mit dem Tier, es waren Assoziationen derselben kulturellen Deutungsschemata, von denen ich hier nur den kleinsten Teil anreißen konnte.

Daß Felsbilder auf solche spezifischen Deutungsschemata, hier die der /Xam, bezogen werden, ist ohne Zweifel eine Notwendigkeit, denn derartige Muster bestimmen immer auch die Wahrnehmung künstlerischer Ausdrucksformen. Eine Wahrnehmung vor der Kultur gibt es nicht, das gilt für paläolithische Felsbilder Europas genauso wie für die des südlichen Afrika. Daß sich Interpretationen, die diese Tatsache in der einen oder anderen Form unberücksichtigt ließen, hier solange halten konnten, ist letztlich nur daraus zu erklären, daß sich trefflich über eine Kunst spekulieren läßt, wenn man die Menschen, die sie schufen, nicht in die eigene Betrachtung einbezieht. Im südlichen Afrika ist eine solche fremde Aneignung aber doppelt fragwürdig, würde doch den /Xam, nachdem man sie selbst getötet hat, auch noch ihre Kunst genommen. Der Vergleich zwischen den Felsbildern der südlichen San und den künstlerischen Ausdrucksformen, vor allem den Trancetänzen ihrer nördlichen Nachbarn, den !Kung der Kalahari, ist unter den gegebenen Bedingungen sicher berechtigt. Beide gehören zu einer linguistischen Familie, wenn sie auch unterschiedliche Sprachen sprechen, beide haben dieselbe Wirtschaftsform und mannigfache kulturelle Gemeinsamkeiten, die sich durchaus nicht auf die beschriebenen Heilungsrituale beschränken. Fragwürdig wäre ein solches Vorgehen aber, wenn man nur einzelne Elemente der jeweiligen Kultur vergliche, sie also aus ihrem Gesamtzusammenhang risse und unberücksichtigt ließe, daß Kultur immer ein Ganzes ist und alle ihre Teile sich nur in diesem Rahmen hinreichend verstehen lassen. Solche Elemente müssen immer erst auf das kulturelle Ganze bezogen werden, bevor sie sich vergleichen lassen, oder, mit anderen Worten: Der Vergleich folgt der Verallgemeinerung, nicht umgekehrt.

Ich möchte dazu noch ein Beispiel geben: Es gibt neben den !Kung und ihren Nachbarn in der Kalahari eine ganze Reihe anderer Ethnien, die ebenfalls Wildbeuter sind. Zu ihnen zählen die kleinwüchsigen Mbuti und andere Gruppen in Zaïre, im Kongo und in Kamerun, die gemeinhin unter dem Namen ›Pygmäen‹ bekannt sind. Sie leben alle im tropischen Regenwald und haben keinerlei Felsbildtraditionen. Anders ist es mit den Wildbeutergruppen in der Savanne des heutigen Tanzania, den Hadza und Sandawe. Sie kennen Felsbilder, haben daneben aber noch weitere Gemeinsamkeiten mit den San des südlichen Afrika. Unter anderem gehören die von ihnen gesprochenen Sprachen der gleichen linguistischen Familie an, wenn auch zu einem anderen Zweig.[57] Außerdem wurden physische Ähnlichkeiten hervorgehoben,[58] wenngleich beides nicht sehr viel über mögliche kulturelle Verbindungen aussagt, schon gar nicht über eine ehemals gemeinsame Felsbildtradition. In der Literatur wird dieser Punkt dementsprechend vage behandelt. Stilistische Vergleiche allein helfen wenig, weil die vermeintlichen Ähnlichkeiten oder Unähnlichkeiten von einzelnen Autoren jeweils anders gesehen wurden, nie jedoch aus der Perspektive der ursprünglichen Betrachter. David Lewis-Williams kommt in seiner Untersuchung der bisherigen Vergleiche zu der provozierenden Schlußfolgerung: »In der Forschung über die Felskunst Tanzanias und des südlichen Afrikas hat sich [die Untersuchungskategorie] Stil als der schwächste Punkt erwiesen, seine Verfolgung als die größte Zeitverschwendung.«[59] Auch hier, so argumentiert er weiter, müsse zunächst die ›Bedeutung‹ der Elemente bekannt sein, da sonst die Ähnlichkeiten unerklärt blieben und nicht zu Vergleichen herangezogen werden könnten.[60]

Auffällig ist, daß es in der Felskunst Tanzanias eine ganze Reihe von anthropomorphen Figuren gibt, die in eben derselben vorgebeugten Kollapshaltung dargestellt sind wie die Trancetänzer der San im süd-

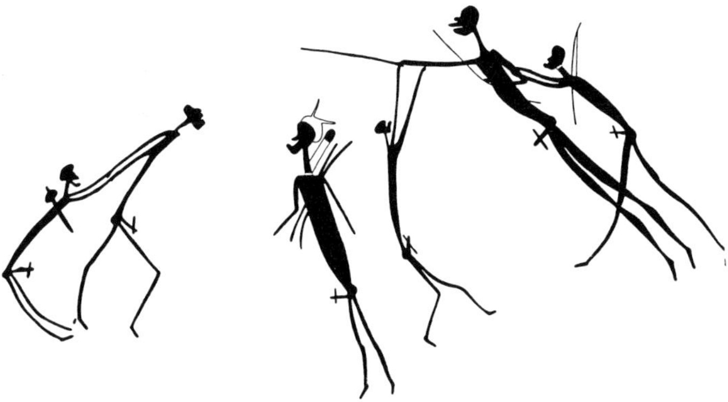

18 Tänzer in Trance. Felsmalerei im östlichen Orange-Freistaat

19 Figur, wahrscheinlich Heilkundiger in Trance.
Felsmalerei in Tanzania

lichen Afrika (Abb. 17). Auch gibt es Figuren mit zoomorphen Köpfen (Abb. 16) oder solche, die sich gegenseitig stützen. Und schließlich finden sich auch noch Darstellungen von Menschen, die aus der Nase zu bluten scheinen (Abb. 19). Welches aber sind die Hintergründe? Die Ethnographie Tanzanias ist leider nicht so gut aufgearbeitet wie die des südlichen Afrika, doch gibt es einige Details, die sehr bemerkenswert sind. Die Sandawe sagen heute, daß der größte Teil der Felsmalereien dort von einem kleinen, heute nicht mehr existierenden Volk ausgeführt worden sei. Zumindest einige Malereien scheinen jedoch von ihnen selbst zu stammen.[61] Die Sandawe kennen einen ›Besessenheitskult‹, der ›simbó‹ genannt wird und den Heilungsritualen der San sehr ähnlich ist. ›Simbó‹ ist eine Verkürzung des Ausdruckes ›simba-o‹, was soviel wie den ›Zustand, ein Löwe zu sein‹ bezeichnet und sich aus dem Bantu herleitet, wo ›simba‹ ›Löwe‹ heißt. Hier gibt es Entsprechungen zu Vorstellungen einiger San-Gruppen der Kalahari, die dem entsprechenden Wort ihrer Sprache ebenfalls diese Bedeutung beilegen. Auch von ›simbó‹-Tänzern wird berichtet,

20 Elefant. Felsmalerei in Tanzania

21 Sitzende Figur. Felsmalerei in Tanzania

daß sie gegen übelwollende Geistwesen kämpften, und die /Xam sprachen früher von Löwenhaar, das einem Mann während der Trance auf dem Rücken wachse. Zwischen beiden Ritualen gibt es weitere Gemeinsamkeiten: Da sind Schweiß und Zusammenbruch der Tänzer auf dem Höhepunkt der Trance zu nennen, offensichtlich gleiche Sprünge und Bewegungsformen und schließlich eben die Transformation in ein Tier (Abb. 20, 21). Die ›simbó‹-Tänzer werden, im Gegensatz zu den San, wenn sie gestürzt sind, mit einem Halluzinogen behandelt, und es ist mehr als nur wahrscheinlich, daß sich die kulturellen Deutungsmuster der Trance als einer Transformation mit entsprechenden Erfahrungen verbanden.[62]

Hier scheinen also gleiche konstituierende kulturelle Elemente vorzuliegen. Sie allein können eine Verwandtschaft oder gar einen gemeinsamen Ursprung beider Traditionen nicht belegen, sind aber ein sehr wichtiger Baustein, betrachtet man sie im Rahmen einer langfristigen historischen Entwicklung. Wenn es gute Gründe für die Annahme gibt, daß Wildbeutergesellschaften früher den gesamten Osten und Süden des afrikanischen Kontinents besiedelten, dann können vergleichende Untersuchungen künstlerischer Ausdrucksformen einen nicht unwesentlichen Beitrag zu solchen Rekonstruktionen liefern und umgekehrt von anderen Teilbereichen dieser Forschung befruchtet werden. Über eine Bedingung muß man sich gleichwohl im klaren sein: Die Möglichkeiten des Vergleichs müssen immer begründbar sein, sonst läuft man Gefahr, die Traditionen der einen Gesellschaft im Lichte der einer anderen zu interpretieren. Europäische Voreingenommenheit wäre dann nur durch eine afrikanische abgelöst worden.

Deutung und Rekonstruktion: Zimbabwe

Im südlichen Zentralafrika zwischen den Flüssen Zambezi und Limpopo erstreckt sich ein hoch gelegenes Plateau. Auf ihm finden sich Bauruinen, die zu den großartigsten und eindrucksvollsten des Kontinents zählen. Sie legen gleichermaßen Zeugnis ab von den handwerklichen Fähigkeiten ihrer Erbauer wie von der weit zurückreichenden Geschichte dieser Region, so daß sich 1980 das bis dahin unter weißer Vorherrschaft stehende Land den Namen dieses alten Reiches und seiner Kultur gab: Zimbabwe.

Ein direkter Zusammenhang zwischen dem modernen und dem alten Zimbabwe besteht nicht. Seitdem die ersten Europäer im 19. Jh. erstmals Groß-Zimbabwe, die frühere Hauptstadt des Reiches, sahen, haben seine Ruinen Anlaß zu den abenteuerlichsten Spekulationen gegeben. Sie alle nahmen für sich strenge Wissenschaftlichkeit in Anspruch, obwohl es offensichtlich war, daß sie letztlich politischen Zwecken dienten. Diese ›Forschung‹ hatte zum Ziel, die Grundannahmen kolonialistischer Ideologie zu bestätigen: Kein afrikanisches Volk, so glaubte man, könne solche Bauwerke errichtet haben. Unter dem Deckmantel archäologischer Untersuchungen wurde ein unabsehbarer Schaden angerichtet. Wichtige Teile Groß-Zimbabwes sind Ende des 19. Jh. zerstört worden und heute für jede wissenschaftliche Ausgrabung verloren. Die Vereinnahmung des alten Namens durch Politiker des heutigen unabhängigen Staates führt vor Augen, was historische ›Kulturen‹ und ihre künstlerischen Normen für die Gegenwart Afrikas bedeuten können. Gerade eindrucksvolle Bauwerke wie die von Zimbabwe haben häufig identitätsstiftende Wirkungen. Was über die Funde und Einfriedung dieser Ruinen gesagt wurde, zeigt sehr scharf den Unterschied zwischen einer von Wunschdenken geleiteten Deutung und einer Rekonstruktion der Geschichte.

Das Plateau, auf dem Groß-Zimbabwe und die meisten historischen Stätten liegen, erstreckt sich von der Kalahari im Westen nach Osten und Nordosten bis zum Tal des Zambezi. Etwa entlang der Grenze des heutigen Staates Moçambique fällt es steil zu einer Tiefebene hin ab, die bis zur Küste am Indischen Ozean reicht. Das Gebiet war trotzdem nicht isoliert, sondern hatte Kontakte mit Zambia, dem süd-

22 Luftaufnahme des elliptischen Bauwerks in Zimbabwe

lichen Zaïre und Transvaal. Über die Küstenstädte bestanden indirekte Verbindungen zur arabischen Halbinsel, später zu Westeuropa. Die Hochebene selbst hat ein günstiges Klima. Regen fällt recht regelmäßig, es ist kühler als in der Kalahari oder der Küstenregion im Osten, die Landschaft ist eine offene, mit lichtem Wald bedeckte Savanne, und es gibt kaum Tsetsefliegen. Das Plateau war daher hervorragend zur Viehzucht geeignet, bot aber auch andere landwirtschaftliche Vorzüge. Der Höhenunterschied zur Küstenebene hin erlaubte den Ausgleich jahreszeitlicher Schwankungen: Waren oben die Weiden trocken, konnte man die Tiere vorübergehend in die tiefere und feuchtere Ebene treiben. Schon portugiesische Berichte aus dem 17. Jh. erwähnen den außergewöhnlichen Reichtum an Vieh, Getreide, Gemüse und anderen landwirtschaftlichen Produkten. Für die europäischen Kaufleute hatten freilich die mineralischen Schätze des Landes größere Bedeutung, in erster Linie Gold, dessen Handel sie ganz zu beherrschen suchten. Daneben gab es aber auch Eisen, Kupfer und im Hinterland vor allem Zinn.[63]

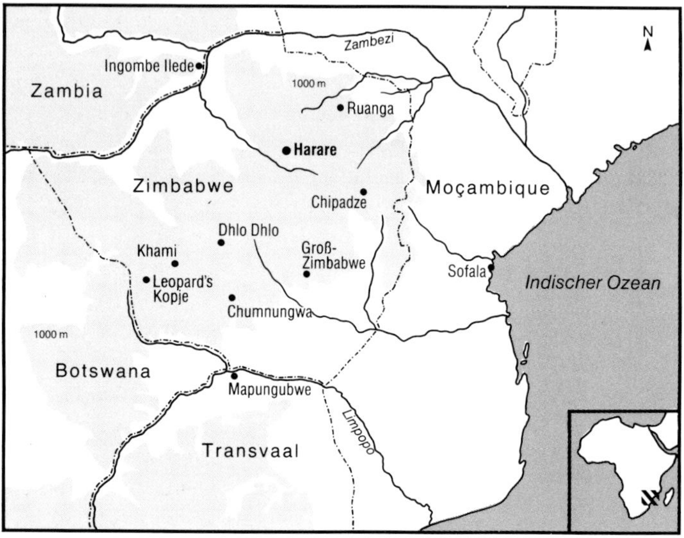

Südliches Zentralafrika: Zimbabwe

Ein anderer Reichtum des Landes sind die kahlen Inselberge aus Granit, wie sie sich rings um Groß-Zimbabwe finden, dem Zentrum des alten Reiches und bedeutendsten archäologischen Fundort nahe dem Südabbruch des Hochplateaus. Durch die starken Temperaturschwankungen brechen regelmäßig dünne Platten des Gesteins von den Felskuppen ab und sammeln sich an deren Fuße. Diese in großen Mengen vorhandenen Platten bilden ein ausgezeichnetes Baumaterial, das kaum mehr nachbearbeitet werden muß: Von Natur zeichnet es sich durch regelmäßige Quaderformen und eine Stärke von etwa 8–18 cm aus. Verlegte man damit horizontale Reihen, war der erste Schritt zum Mauerwerk bereits getan, und so begann man wohl auch in Groß-Zimbabwe und den kleineren Zentren dieser Kultur Mauern zu fügen. Im Laufe der Zeit entwickelten die Handwerker jedoch immer ausgefeiltere Techniken, die schließlich zu gewaltigem, ganz regelmäßigem und glattem, mörtellosem Mauerwerk führten. Diese Entwicklung ist in Groß-Zimbabwe zu beobachten, jedoch auch in kleineren Stätten dieser Kultur wie Dhlo-Dhlo oder Khami. Die kleineren Stätten in der näheren und ferneren Umgebung lassen nur Ausschnitte oder einzelne Typen erkennen. Im Zentrum entstanden schließlich jene Mauern, die an der Basis etwa 5 m messen und eine Höhe von nahezu 10 m erreichen und damit die größten Bauwerke Schwarzafrikas aus vorgeschichtlicher Zeit sind. Die Mauern wurden zunächst aus zwei Schalen enggefügter Blöcke aufgeführt und der Zwischenraum dann mit unbearbeiteten Bruchsteinen gefüllt. Der Mauerverband der äußeren Schalen war in der Regel minderwertig: Senkrechte Fugen laufen durch mehrere waagerechte Lagen (Abb. 29). Die Steine dieser äußeren Schalen sind leicht nach innen geneigt verlegt, so daß sich die Mauern nach oben verjüngen. Aneinanderstoßende Mauern sind nicht miteinander verbunden. Das erlaubt es, eine relative Chronologie der Mauerwerksstile zu erstellen: Da sich immer feststellen läßt, welche Mauer sich an die andere anlehnt, kann die jeweils ältere ohne Schwierigkeiten bestimmt werden. Insgesamt ergibt sich eine geradlinige Entwicklung der technischen Fähigkeiten. Mauern mit recht unregelmäßigen, nicht waagerechten, sondern wellenförmigen Steinlagen sind durchweg die ältesten. Die hoch aufgeschichteten Mauern aus sorgfältig behauenen und waagerecht verlegten Granitblöcken standen dagegen am Ende der Entwicklung (Abb. 28). Ihnen folgte nur noch aus rohen Bruchsteinen bestehendes Mauerwerk, das nicht mehr geschichtet war.[64] Diese Abfolge ist später durch archäologische Grabungen bestätigt worden. Die technisch vollkommensten Mauern sind im Gegensatz zu den älteren auf ebenem Gelände gebaut. Auch in der Ausgestaltung sind sie diesen überlegen: Es gibt mit Bedacht und sehr genau gebaute Torgänge, die Stufen sind einzeln wie Buchten in den Durchgang eingezogen und gehen an den Seiten in die Lagen des Mauerwerks über (Abb. 30). Dieses Detail wiederholt im Kleinen das wichtigste architektonische Charakteristikum der Ruinen im Großen. Nirgends sind die Mauern Groß-Zimbabwes geradlinig gezogen, immer werden Kurven angelegt, die langsam ihre Krümmung ändern und jeden abrupten Wechsel vermeiden.

Der ältere der Baustile Zimbabwes läßt sich am besten an der sogenannten Bergruine beschreiben (Abb. 23). Dieser hohe und kaum bewachsene Granitrücken überragt Groß-Zimbabwe im Norden und bricht steil zu den im Tal gelegenen Ruinen hin ab. Ursprünglich soll nur den hier oben gelegenen Bauten der Name ›Zimbabwe‹ bzw. ›Zimbabye‹ zugekommen sein.[65] Die Bezeichnung stammt aus der Sprache der Shona. Sie wird aus verschiedenen Ausdrücken hergeleitet. Der erste, ›dzimba dza mabwe‹, heißt ›Häuser aus Stein‹, mit dem zweiten, ›dzimba woye‹, bezeichnet man Häuser und Gräber von Mächtigen und Fürsten. Er läßt sich am besten mit ›ehrwürdige Häuser‹ übersetzen.[66] Im Shona steht allerdings auch das Wort ›dzimbahwe‹ selbst für den Hof, das Haus oder das Grab eines Fürsten.[67] Beide Ausdrücke sind aber mißverständlich, denn gedeckte Häuser im eigentlichen Sinne sind die Ruinen nie gewesen. Die Mauern sind nirgendwo so geführt, daß sie die doch mehr oder weniger regelmäßige Konstruktion eines Daches hätten tragen können. Die Bergruine zeigt das besonders deutlich: Oft füllen die Mauern dort nur die Räume zwischen den riesigen Granitblöcken oder setzen sich in sanften Kurven über sie hinweg, so daß eine Reihe unterschiedlich großer Einfriedungen entsteht. Der Boden in diesen Einfriedungen ist heute mit bis zu 4 m mächtigen Ablagerungen angefüllt, bei denen es sich um Reste von Hütten handelt, die aus *daga* errichtet waren, einem feinen, mit Sand versetzten Lehm, der im Tal unterhalb der Bergruine vorkommt. In der größten Einfriedung auf dem Bergrücken müssen etwa 14 Hütten aus diesem Material

23 Die Bergruine in Zimbabwe

gestanden haben, die, wenn es nötig war, durch neue Bauten ersetzt wurden. Auch die Unebenheiten des Bodens wurden mit *daga* ausgeglichen.

Die bedeutendste Einfriedung Groß-Zimbabwes steht aber im Tal südlich der Bergruine (Abb. 22). Sie wurde von den englischen Kolonialherren zunächst als ›Tempel‹ bezeichnet, später als ›runde Ruine‹, ›große Einfriedung‹ und schließlich als ›elliptisches Bauwerk‹. Die äußere Mauer dieses Baus ist mit etwa 244 m nicht nur die längste der gesamten Stätte, sondern auch die technisch vollendetste. Es lassen sich einzelne, ineinander übergehende Bauabschnitte unterscheiden, wobei die verfeinerte Technik der Handwerker leicht an der ständig verbesserten Bauweise abzulesen ist. Man begann im Nordwesten und folgte dann einer elliptischen Form nach Osten, wo die Mauern schließlich nicht nur die größte Höhe und Breite erreichten, sondern glatte Steinlagen aufwiesen. Die Außenseite ist mit einem zweireihigen Zickzackfries schräggestellter Steine verziert, während große, aufrecht stehende Monolithe in die Mauerkrone eingelassen wurden.

Innerhalb dieses äußeren Mauerzuges findet sich eine ähnliche Mauer, die jedoch älter und kleiner ist. Sie läuft weithin parallel zur Außenmauer und bildet mit dieser einen schmalen Gang, der als ›Parallel-Passage‹ bekannt ist. Am südlichen Ende dieser Passage steht ein massiver Rundturm, der die Form eines leicht bauchigen Kugelstumpfes hat (Abb. 25, 26). Er ist in derselben entwickelten Technik wie die Umfassungsmauer errichtet und trägt wie diese einen Fries. Daneben gibt es in dem elliptischen Bauwerk noch eine Reihe kleinerer Mauerreste und eine Einfriedung, die gewöhnlich als ›Nr. 1‹ bezeichnet wird. Der Boden war wie in der Bergruine mit *daga*-Masse bedeckt, die jedoch Anfang des 20. Jh. weitgehend und unsachgemäß entfernt wurde.

Als am 5. September 1871 der deutsche Naturforscher Carl Mauch zum ersten Mal die Ruinen Groß-Zimbabwes sah, waren sie von »Schuttmassen« bedeckt und »dichtem Unterholz und hohen Bäumen« überwuchert. In unmittelbarer Nähe lag ein Dorf der Karanga, die einen Teil der Bergruine als Pferch für ihr Vieh nutzten. Über Sinn und Aufgabe der Bauten wußten sie nichts zu sagen. Sie erzählten nur, daß sie zu einer Zeit erbaut wurden, »als die Steine noch sehr weich waren, sonst wäre es den Weißen, die diese Mauern bauten, ganz un-

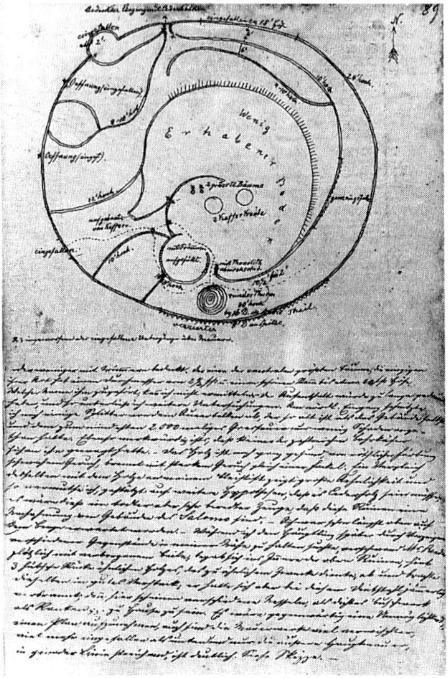

24 Grundriß des elliptischen Bauwerks aus dem Tagebuch von Carl Mauch von 1871

möglich gewesen, ihnen eine quadratische Form zu geben.«[68] Die Vermutung, es könne sich bei den Erbauern nur um Weiße gehandelt haben, läßt sich bei den abendländischen Vertretern dieser These nicht allein mit mangelndem Wissen erklären. Bereits aus dem 16. Jh. gibt es einige verstreute Notizen über das Königreich des Mwene Mutapa, dessen Staat wahrscheinlich das ältere Zimbabwe beerbte. 1552 erschienen die Reisebeschreibungen des Portugiesen João de Barros, der auch eine Ruinenstätte im Süden der von Mwene Mutapa beherrschten Länder schildert. Er spricht von einem Königreich namens ›Butua‹, das von einem Vasall des Mwene Mutapa beherrscht wird. Seine »Minen sind die ältesten, die man im Land kennt. Sie liegen alle in der Ebene, in deren Mitte es eine quadratische Festung gibt, außen und innen gemauert, erbaut aus Steinen von erstaunlicher Größe, und es scheint, daß kein Mörtel sie verbindet. Die Mauer ist mehr als 25 Spannen breit, ihre Höhe ist gar nicht so beträchtlich, wenn man sie mit ihrer Breite vergleicht. [...] Fast zur Gänze wird dieses Gebäude von

Bergen umgeben. Auf ihnen erheben sich andere Bauten, die dem großen Bauwerk gleichen, was die Bearbeitung der Steine und das Fehlen von Mörtel angeht. Eines davon ist ein mehr als 12 Faden hoher Turm. Die Eingeborenen dieses Landes nennen all diese Bauwerke Simbaoe, was in ihrer Sprache ›Hof‹ bedeutet [...]. Die Entfernung dieses Bauwerkes von Sofala [dem portugiesischen, früher arabischen Hafen am indischen Ozean] in gerader Linie nach Westen beträgt 170 Wegstunden oder so ähnlich, und es liegt zwischen 20° und 21° südlicher Breite.«[69]

Tatsächlich liegt Groß-Zimbabwe auf 20°30′ südlicher Breite und auch die Angabe, daß es genau westlich von Sofala, etwas südlich des heutigen Beira, zu finden sei, entspricht weitgehend den Tatsachen. Die Schilderung des Ortes und seiner Bauwerke ist so eindeutig, daß man mit großer Wahrscheinlichkeit davon ausgehen kann, daß es sich um die heutigen Ruinen handelt. Allerdings waren den Portugiesen nur indirekte Quellen zugänglich: Was João de Barros schrieb, fußte auf Berichten islamischer Händler, die Luxuswaren dorthin brachten und vor allem mit Gold von dort zurückkehrten. Gerade diesen Handel wollten die europäischen Kaufleute an sich bringen. Eine Kontrolle der Minen war dazu nicht unbedingt nötig, es genügte, die Hauptumschlagplätze an der Küste zu beherrschen. Die Nachrichten

25 Der konische Turm im Innern des elliptischen Bauwerks; Zustand von 1891

aus dem Hinterland hatten daher immer den Charakter kaum überprüfbarer Erzählungen, um deren Kern sich bald weitverzweigte Legenden bildeten. Noch einmal de Barros: »Betrachtet man die Lage und die Bauweise dieses so weit im Landesinnern befindlichen Gebäudes, und nimmt man hinzu, daß die Mohren zugeben, es nicht errichtet zu haben, zumal es dafür zu alt ist und die Einheimischen nicht einmal mehr die Buchstaben seiner Inschrift über dem Tor verstehen, so dürfen wir wohl annehmen: Dies ist der Ort, den Ptolemaios Agysymba nannte, und hier stellte er seine Meridional-Berechnungen an.« De Barros führt dann den ihm geläufigen Namen ›Simbaoe‹ auf das von dem antiken Autor erwähnte ›Agysymba‹ zurück und fährt fort: »Aber da diese Gebäude einigen anderen sehr ähnlich sind, die man im Land des Priesters Johannes findet [i. e. Äthiopien], und zwar an einem Ort namens Acaxumo [Axum], einer Stadt der Königin von Saba, die Ptolemaios Axuma nennt, scheint es, daß der Fürst jenes Landes auch hier der Minenbesitzer war und deshalb diese Bauwerke dort errichten ließ.«[70] Diese Schilderung steht am Anfang einer langen Reihe von Legenden, die bis in das 20. Jh. hineinreicht. Gemeinsam ist ihnen allen eine genauso einfache wie falsche Annahme: Man traute den hier lebenden Afrikanern die Errichtung derartig gewaltiger Bauwerke nicht zu. Eine solche entwickelte Architektur, so glaubte man, könne nur unter fremden Einflüssen entstanden sein, wenn nicht überhaupt die Erbauer Fremde waren!

Von 1585–1595 hielt sich ein Missionar, João dos Santos, im Reich Mwene Mutapas auf. Auf dem Mount Darwin im Norden des heutigen Zimbabwe und damals nahe der Residenz des Herrschers sah er einige Steinbauten. In seinem Bericht vermengt dos Santos Beobachtetes, Gehörtes und reine Fiktion zu einer weiteren Ursprungstheorie, die fast dreihundert Jahre später noch Carl Mauch vertritt: Er schreibt, die Eingeborenen hätten ihm versichert, daß es sich um eine ehemalige Faktorei der Königin von Saba handle, die von hier aus große Goldmengen zum Ozean habe bringen lassen. Anderen Gewährsleuten zufolge, so dos Santos weiter, sei es eine Niederlassung König Salomos gewesen, ebenfalls zur Beschaffung von Gold. Dos Santos selbst kommt dann zu dem Schluß: »Der Fura- oder Afura-Berg [Mount Darwin] könnte das ›Land Ophir‹ sein, woher Gold nach Jerusalem gebracht wurde. Dies gäbe der Behauptung eine gewisse

26 Der konische Turm im Innern des elliptischen Bauwerks; Zustand von 1965

Glaubwürdigkeit, daß es sich bei den fraglichen Bauten um eine Faktorei König Salomos handelte.«[71] 1616, nur fünf Jahre, nachdem der Bericht des Missionars erschienen war, benutzte Diego de Couto ihn als Quelle für seine Geschichtsschreibung der portugiesischen Expansion. Daß die Königin von Saba dort Gold abbauen ließ, ist für ihn nicht mehr die Spekulation eines einzelnen Mannes, sondern eine mehr oder weniger plausible, von vielen unterstützte Vermutung. Genau genommen wird aber weder in de Barros' noch in dos Santos' Bericht irgend etwas über die Erbauer Zimbabwes gesagt. Und daß die islamischen Händler es gelegentlich der Königin von Saba zuschrieben, läßt sich aus ihrem mangelhaften Wissen erklären, das sie den Gewährsleuten de Barros' durchaus nicht verschwiegen hatten. Die beiden Portugiesen ziehen daher die damals noch allgemeine Gültigkeit beanspruchende Bibel als Quelle heran: Auch hier sollte sie von Beginn an die doch in erster Linie wirtschaftlich motivierte Expansion ihres Landes legitimieren. In den Berichten mischen sich religiöses Sendungsbewußtsein und der Wille zur Kontrolle der damals wichtigsten Handelsgüter, so daß die Überlegungen zu den Bauwerken schließlich auf zwei Brennpunkte reduziert werden: Gold und ein antikes oder christliches Erbe.

Fast zweihundert Jahre lang erreichten keine neuen Berichte über Zimbabwe Europa, aber was de Barros und dos Santos geschrieben hatten, wurde so oft wiederholt und ausgeschmückt, daß sich viele Autoren bereits sicher glaubten, das Gebiet zwischen Limpopo und Zambezi mit dem Land Ophir von König Salomo identifizieren zu können. Als die Buren im 19. Jh. nordwärts in den Transvaal zogen, waren sie überzeugt, er grenze an biblisches Land. Unter ihnen vertrat auch ein deutscher Missionar diese These. Und mit diesem traf wiederum Carl Mauch 1868 zusammen, der dann in »den reichsten, wichtigsten und bisher rätselhaftesten Teil Afrikas [aufbrach] – das alte Monomotapa oder Ophir.«[72] Drei Monate später erreichte er Groß-Zimbabwe.

Seine Hoffnungen auf unermeßliche Goldberge wurden freilich enttäuscht. Abgesehen von den Ruinen selbst fand er nur wenig: Einen eisernen Gong, über dessen Funktion er sich nicht klar war, eine Schale und einen dekorierten Balken aus Speckstein. Um das Alter und den Ursprung der Bauten zu bestimmen, schnitt er ein Stück aus einem zusammengebrochenen Holzbalken, der vordem als Türsturz gedient haben mußte. In der Annahme, das sei Zedernholz, kam er zu der Schlußfolgerung, daß es aus dem Libanon stammen und von den Phöniziern in das südliche Afrika gebracht worden sein müsse. Daß Salomon der Überlieferung nach Zedernholz zum Bau von Tempeln und Palästen verwendete, war für ihn ein weiterer Beweis. Auch Carl Mauch war zunächst der Überzeugung, daß die Königin von Saba Groß-Zimbabwe errichten ließ. Obwohl der Deutsche der erste Europäer war, der die Ruinen selbst betrat, konnte er sich nicht von den Legenden, die sich um die ersten portugiesischen Berichte gerankt hatten, freimachen. Erst, als er das Holz bestimmen ließ und erfuhr, daß es sich um eine dort heimische Spezies handelte, revidierte er seine Auffassung.[73]

Als Cecil Rhodes 1890 das Gebiet des späteren Rhodesien eroberte, nahm auch er an, das Land Ophir zu betreten. Er glaubte, daß früher

27 Vogel mit Sockel, Zimbabwe. Abguß. Museum für Völkerkunde, Berlin ▷

schon Fremde durch die Goldvorkommen reich geworden seien. Den Beweis lieferten ihm die Ruinen Groß-Zimbabwes, denn natürlich schien es auch Rhodes vollkommen undenkbar, daß sie von den in der Gegend ansässigen Afrikanern errichtet worden sein könnten. Bereits 1889 hatte er von Willi Posselt, einem deutschen Jäger, der sich in den Jahren zuvor gelegentlich im Gebiet um die Ruinen aufhielt, die Specksteinskulptur eines sitzenden Vogels gekauft (Abb. 27). Posselt hatte sie in der Bergruine von einem Monolithen abgeschlagen. Dieser Vogel veranlaßte Rhodes, während eines Aufenthaltes in Ägypten ähnliche Darstellungen zu suchen, denn er glaubte, Zimbabwe sei »eine alte phönikische Residenz, und alles deutet auf Sofala [nahe Beira] als dem Ort, wo Hiram sein Gold her bezog. Das Wort ›Pfauen‹, dessen sich die Bibel bedient, bedeutet vielleicht ›Papageien‹, und unter den Steinornamenten aus Zimbabye befinden sich grüne Papageien der dort üblichen Art.«[74]

Hier wurde ein entscheidender, die weitere Forschung bestimmender Schritt getan: Groß-Zimbabwe diente zur Legitimation der Kolonialherrschaft, stellte sie als die Fortführung einer Jahrtausende alten Tradition dar. Man verglich die Phönizier mit dem britischen Weltreich des ausgehenden 19. Jh., in dem den Afrikanern ›naturgemäß‹ die Rolle der Unterdrückten zukommen mußte. Gegenüber den weißen Siedlern und dem Heimatland wollte man eine solche geschichtliche Kontinuität freilich durch ›neutrale‹ wissenschaftliche Methoden bestätigt sehen. Im ersten Jahr nach der Eroberung wurde daher Theodore Bent, der sich mit phönikischen Bauten im östlichen Mittelmeerraum beschäftigt hatte, mit einer ersten Untersuchung beauftragt. Schon vom Augenschein her zweifelte er aber bald am phönikischen Ursprung, obwohl auch er glaubte, daß nur ein altes ›Hochkulturvolk‹ Zimbabwe errichtet haben könnte. Zwei Wochen lang führte er Grabungen im elliptischen Bauwerk um den konischen Turm herum durch (Abb. 25). Was er fand, bezeichnete er als ›Kaffern-Schutt‹, der ihm keine Antwort auf die Frage nach den Erbauern von Groß-Zimbabwe geben könne. Immerhin kamen ihm Zweifel an dem vermeintlich hohen Alter der Ruinen, denn er fand Überreste arabischer, persischer und chinesischer Tonwaren, die nicht älter als höchstens drei oder vier Jahrhunderte sein konnten. Daneben grub Bent auch in der Bergruine, wo er u. a. vier Vögel auf Monolithen aus Speckstein, flache dekorierte Schalen und eine Gußform für Kupferbarren entdeckte (Abb. 27). Diese Funde waren einzigartig. Da seinerzeit nichts Ähnliches aus Afrika bekannt war, zog Bent Parallelen zu den ihm geläufigen Kunstformen des Nahen Ostens: Die Vögel sollten auf Stelen aus Assyrien, Ägypten, Sudan, Zypern und Mykene verweisen, der konische Turm aus dem elliptischen Bauwerk sollte sich auf einer Münze aus Byblos wiederfinden und der Bau selbst leite sich von einem Tempel in Marib in Südarabien her.[75]

Gewiß waren seine Spekulationen nicht weniger haltlos als die seiner Vorgänger, doch gab es einen wesentlichen Unterschied zu diesen: Mit Bent begann die unwiederbringliche Zerstörung archäologischer Funde. Was fortan als ›Kaffern-Schutt‹ achtlos vernichtet wurde, hätte später wichtige Beiträge zur Klärung der geschichtlichen Zusammenhänge leisten können. Wahrhaft verheerende Auswirkungen hatte aber die ›Arbeit‹ von Richard Nicklin Hall. Er war ursprünglich Journalist und eher zufällig an die Ruinen Zimbabwes geraten: Ein Goldsucher und Raubgräber hatte ihm seine Aufzeichnungen überlassen, damit er daraus ein Buch mache. Natürlich kam auch er zu dem Ergebnis, daß nur die Kulturen der antiken Welt die Bauten hätten errichten können. Seine Ansichten wurden in der Öffentlichkeit gerne aufgegriffen, und 1902 wurde er zum Kurator von Groß-Zimbabwe ernannt. Seine Aufgabe war allein die Erhaltung der Ruinen,[76] was er aber tat, war das Gegenteil. Das elliptische Bauwerk, die Bergruine und die Mehrheit der kleineren Ruinen im Tal wurden ›ausgegraben‹. Unbeschwert von jeder archäologischen Ausbildung hieß das für Hall, den ›Schutt und Abfall der Kaffernbevölkerung‹ zu beseitigen.[77] Durch Halls Abräumarbeiten wurde bis auf wenige Reste das gesamte stratifizierte Material in allen bedeutenden Bauten Groß-Zimbabwes zerstört – nur, um die vermeintlich darunter zu findenden Zeugnisse der Sabatäer oder Phönizier freizulegen! Die weiße Gesellschaft Rhodesiens hieß seine ›Arbeit‹ gut, doch auf Druck des britischen Mutterlandes wurde Hall 1904 entlassen. Zu diesem Zeitpunkt hatten seine Plünderungen aber seriöse archäologische Forschungen bereits weitgehend unmöglich gemacht.

Bezeichnend ist das offensichtliche Interesse, das man von politischer Seite an einem fremden Ursprung Zimbabwes hatte. Hall war der Ansicht, ›semitische Kolonisten‹ hätten vor drei- oder viertausend

28 Mauer des elliptischen Bauwerks in Zimbabwe

29 Ausschnitt aus dem Mauerwerk

Jahren die Bauwerke errichtet. Selbst als bewiesen wurde, daß die Erbauer Groß-Zimbabwes zu »Stämmen gehörte[n], deren künstlerische Ausdrucksformen und handwerkliche Fähigkeiten sich von denen der heutigen Makalanga nicht unterscheiden«,[78] beharrte Hall auf seinen Ansichten. Unter dem Beifall der kolonialen Öffentlichkeit, aber gegen das einhellige Urteil der anerkannten Fachleute postulierte er weiterhin einen exotischen Ursprung. Die von ihm vorgebrachten Gründe gegen eine Entwicklung an Ort und Stelle spiegeln seine Geisteshaltung wider: ›Die Bantu‹ würden keinen künstlerischen oder handwerklichen Fortschritt kennen, da »ein plötzlicher Entwicklungsstillstand der Intelligenz und der geistigen Fähigkeiten jeden Bantu in der Pubertät« befalle.[79]

Man sollte annehmen, daß die Diskussion über den Ursprung der Ruinen mit den immer zahlreicher werdenden Belegen für einen autochtonen afrikanischen Ursprung spätestens Anfang der dreißiger Jahre hätte abgeschlossen sein müssen, doch noch 1970 forderte ein Ab-

30 Der nördliche Eingang des elliptischen Bauwerks

31 König der Kuba; Mushenge, Zaïre. Musée Royal de l'Afrique Centrale, Brüssel

33 Empfangshalle eines Herrschers der Fulbe, Kamerun. Musée de l'Homme, Paris ▷

32 Dorf der Mudang, Tchad. Musée de l'Homme, Paris

geordneter im rhodesischen Parlament, man solle der ›Vermutung‹, diese »Gebäude seien ursprünglich von Eingeborenen Rhodesiens errichtet worden«, entschieden entgegentreten und verlangte eine Zurechtweisung der Nationalen Kommission für historische Denkmäler. Ihr Senior Inspector war bis dahin Peter Garlake, dem eine der umfassendsten und kundigsten Darstellungen Zimbabwes zu verdanken ist.[80] Ein Jahr später, nachdem Garlake gehen mußte, hatte die Kommission »keine Vorstellung vom Ursprung Zimbabwes« mehr.

Auch damals war längst erwiesen, daß Groß-Zimbabwe zu einer eisenzeitlichen Kultur des südlichen Zentralafrika gehörte. Aus ihr heraus entwickelte sich etwa von 1250 bis 1450 die bekannte Steinbauweise Zimbabwes.[81] Die nachweisbaren oder vermuteten direkten Fremdeinflüsse sind im Verhältnis zu der architektonischen Gesamtleistung minimal. So ist möglicherweise das Dekor einiger Specksteinschalen, das sogenannte Fischgrätenmuster, auf ein ähnliches Fries an einigen *mihrabs* ostafrikanischer Moscheen zurückzuführen. Sie sind zwischen dem 14. und 18. Jh. entstanden, so daß die Möglichkeit, islamische Händler hätten sie auf ihrem Weg nach Zimbabwe gesehen, durchaus besteht. Und damit ist auf ein bis dahin weitgehend

34 Dorf der Musgum, Kamerun und Tchad. Musée de l'Homme, Paris

35 Hof der Musgum. Musée de l'Homme, Paris

unbearbeitetes Forschungsgebiet verwiesen: Die genauso absurde wie anhaltende Beschäftigung mit der Frage ›Wer erbaute Zimbabwe und wann?‹ verhinderte, daß man sich mit einem letztlich wichtigeren Problem auseinandersetzte: Warum wurde es erbaut?

Heute scheint sicher zu sein, daß die Steinbauten repräsentativen Zwecken dienten. In ihnen wohnte eine kleine Elite, während der größte Teil der Bevölkerung außerhalb in gewöhnlichen Lehmhäusern lebte. Groß-Zimbabwe war, beide Gruppen zusammengenommen, eine Stadt mit 10–18 000 Einwohnern.[82] Art und Verteilung der anderen zur Kultur Groß-Zimbabwes gehörenden Fundstätten legen nahe, daß es sich um einen hierarchisierten, formal organisierten Staat gehandelt haben muß, der es einer kleinen Minderheit, den Herrschenden, erlaubte, Luxusgüter wie feines Tuch, Porzellan, glasierte Tonwaren, Glasperlen und ähnliches von den islamischen Händlern der Küstenstädte am indischen Ozean zu erwerben. Die Grundlage dieses Handels war das Gold, das im Reich abgebaut wurde. Der Staat und vor allem die nicht zur Elite gehörende Bevölkerung waren aber mehr noch auf die außergewöhnlich günstigen Umweltbedingungen angewiesen. Letztlich waren dann auch die Veränderungen dieser wirtschaftlichen Rahmenbedingungen entscheidend: Daß Groß-Zimbabwe gegen Ende des 15. Jh. seine beherrschende Stellung verlor, mag nicht zuletzt darauf zurückzuführen sein, daß die Umgebung der Stadt nach der langen Zeit intensiver Nutzung eine so große Zahl von Menschen nicht mehr ernähren konnte.[83]

Eines zeigt die Beschäftigung mit Zimbabwe ganz deutlich: Die historische Erforschung künstlerischer Formen verläuft niemals unabhängig von gesellschaftlichen und politischen Zwängen der Gegenwart. Die Vergangenheit eines Volkes ist immer auch Teil seiner Identität. Das wird in der Architektur[84] vielleicht anschaulicher als in anderen Kunstformen: Bewußte Zerstörungen haben nicht nur in Zimbabwe stattgefunden. Sie finden nahezu überall in Afrika statt, unspektakulärer, aber auf lange Sicht nicht weniger einschneidend. Heute ist es in vielen Staaten Afrikas bereits schwierig, ein Dorf zu finden, das seine traditionelle Siedlungsstruktur hat erhalten können. Die nicht zu unrecht berühmte Lehmarchitektur Westafrikas verschwindet so mehr und mehr, um klimatisch ungünstigen und teueren Häusern mit Wellblechdächern Platz zu machen.

Kontinuität und Wandel: Ife und Benin

Nirgendwo sonst südlich der Sahara lassen sich künstlerische Ausdrucksformen so weit zurückverfolgen wie in Nigeria. Die historische Tiefe, die man der Kunst vieler Völker Afrikas absprach, wurde hier schon früh durch aufsehenerregende Funde offensichtlich. Es ist jedoch bezeichnend, daß diese Schöpfungen zunächst fremden – in der Regel europäischen – Künstlern zugeschrieben wurden und man sich mit den eigentlich drängenden Fragen erst verhältnismäßig spät auseinandersetzte. Seither und besonders seit dem zweiten Weltkrieg ist eine Fülle neuer Daten erarbeitet worden, so daß heute die alten Kulturen Nigerias als Beispiel dienen können, wie sich kunsthistorische Forschung in Afrika entwickeln kann und was sie zu leisten imstande ist. Ife und Benin zeigen, daß es möglich ist, partiell eine Geschichte der afrikanischen Kunst zu schreiben. Sie zeigen aber auch, wie wenig wir andernorts wissen.

36 Kopf, Rafin Kuta; Nok, Nigeria. Terrakotta, H 36 cm. National Museum Lagos

Natürlich sind nicht alle Probleme der Kunstgeschichte Nigerias gelöst. Viele Forschungen haben mehr Fragen aufgeworfen als beantwortet. Dennoch lassen sich die großen Linien der Entwicklung künstlerischer Ausdrucksformen im zentralen und südlichen Nigeria recht deutlich nachzeichnen. Der Unterschied zu anderen afrikanischen Ländern ist hauptsächlich in der ungleich günstigeren Quellenlage zu suchen. In Nigeria sind nicht nur zahlreiche archäologische Grabungen durchgeführt worden, es gibt auch einen umfangreichen Korpus mündlicher Überlieferungen zur Entstehung von Königreichen und deren Geschichte, die zudem seit dem ausgehenden 15. Jh. durch Berichte europäischer Seefahrer ergänzt werden. Daneben sind auch kunstwissenschaftliche Methoden anwendbar, denn im Gegensatz zu vielen anderen Kulturen Afrikas steht hier eine große Zahl miteinander vergleichbarer Objekte zur Verfügung, so daß sich stilistische Variationen und Entwicklungen genauer ausmachen lassen als anhand einiger weniger Fundstücke.

Erst das Zusammengreifen dieser verschiedenen Methoden erlaubt verläßliche Deutungen. So haben häufig die Auswertungen archäologischer Funde eine sinnvolle und verständliche Interpretation oraler Literatur möglich gemacht. Oftmals wurde nicht berücksichtigt, daß sich mündliche Überlieferungen immer an die Gegenwart richten: So ist die Tradierung einer langen Genealogie der Herrscherdynastie eines Königreiches kein zweckfreies Unternehmen, sondern dient der Legitimation des Herrschaftsanspruches. Wenn darin bestimmte Könige kaum erwähnt oder gleich ganz ›vergessen‹ werden, so stehen dahinter oft machtpolitische Gründe. Das gilt ähnlich auch für die Einführung neuer künstlerischer Techniken. Wem sie zugeschrieben werden, bemißt sich häufig mehr nach den Bedürfnissen des gegenwärtigen Herrscherhauses denn nach der historischen Realität. Nicht weniger bedeutend sind solche Überlegungen für die Kontinuität der künstlerischen Ausdrucksformen selbst, denn gerade durch sie kann sich ein Herrschaftsanspruch öffentlich als rechtmäßig manifestieren oder sich von den Ansprüchen anderer politisch wichtiger Gruppen oder Personen abgrenzen. In diesem Spannungsfeld bewegt sich kunsthistorische Forschung zwangsläufig, wenn sie sich mit Gesellschaften beschäftigt, die über zentrale politische Instanzen verfügen. Königreiche und Fürstentümer haben also den Vorteil, daß ihre Herrscher ihre politischen Ansprüche in der Regel historisch herleiten[85] und somit ein Geschichtsbewußtsein gegeben ist. Die Darstellung dieser Geschichte ist aber andererseits immer den gegenwärtigen politischen Notwendigkeiten unterworfen. Das Problem der Kontinuität und des Wandels künstlerischer Formen in Afrika steht daher im Mittelpunkt dieses Kapitels, das sich mit einigen der bedeutendsten Reiche des vorkolonialen Afrika beschäftigt.

Die Entstehung der für diese Staaten so eigentümlichen Kunst ist eng mit der Frage nach ihrer eigenen Entstehung verknüpft. Sowohl Ife als auch Benin liegen in einem Gebiet, wo der tropische Regenwald in feuchte Savannen übergeht. Das war nicht immer so, denn früher reichte der Wald weiter nach Norden. Erst der Mensch hat durch seine landwirtschaftliche Tätigkeit weite Gebiete ehemals dichten Regenwaldes in immer größer werdende Inseln kleineren Buschwerks verwandelt.[86] Welche Bedeutung eine solche Umwelt haben kann, wird

Westafrika: Ife und Benin

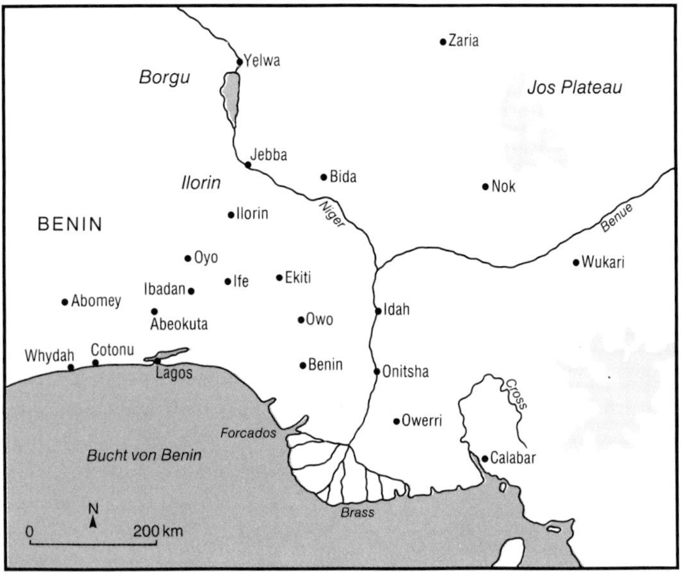

deutlich, wenn man die Lage Benins mit der der mittelalterlichen Großreiche im westafrikanischen Savannengürtel vergleicht: Dort waren die Verbindungen über Land leicht und ohne größeren Aufwand herzustellen. Nirgends mußten Schneisen in dichtes Unterholz geschlagen werden, man konnte weithin sogar Tiere als Transportmittel einsetzen: im Sahel am Rande der Wüste Kamele, weiter südlich zumindest noch Esel.[87] Die Schilderungen der ersten europäischen Reisenden vermitteln dagegen einen Eindruck davon, wie schwierig das Fortkommen in den Wäldern war: »Der Weg war ein Labyrinth verwickeltster Windungen, ständig von den [Brett-]Wurzeln der Kapokbäume verstellt, und meistens drangen wir eher durch [einzelne] Schritte und Sprünge vor, denn durch Gehen.«[88] Solche Beschreibungen übertreiben zwar, zeigen aber auch, daß die Savannen Afrikas weitaus bessere Voraussetzungen für die Entwicklung großer Staaten boten als der Regenwald. Nur Wasser gab es in den Wäldern reichlich – einer der wenigen Vorteile gegenüber den Savannen.[89] Oft wurde die Entstehung der Staaten im Regenwald mit dem Einfluß des europäischen Handels in Verbindung gebracht, doch offensichtlich bestanden zentral organisierte Gesellschaften hier schon vor Ankunft der ersten Portugiesen in der zweiten Hälfte des 15. Jh. Auch die Ausbildung der ihnen eigenen Kunst begann weit früher, selbst wenn Tausch und Austausch mit den europäischen Niederlassungen an den Küsten sie entscheidend beeinflussen sollten.

Die ersten Zeugnisse plastischer Kunst in Nigeria stammen aus einem breiten Gebiet, das sich quer durch die zentralen und nördlichen Landesteile zieht. Es handelt sich um Terrakotten (Abb. 36, 37). Als erste wurde bereits 1928 der Kopf eines Affen in einer Zinngrube in der Nähe des Städtchens Nok gefunden, was aber keine weitere Beachtung fand.[90] Die eigentliche ›Entdeckung‹ der fortan nach dem ersten Fundort ›Nok-Kultur‹ genannten Zivilisation erfolgte 1943, als in einer anderen, nicht weit entfernten Zinngrube ein menschlicher Kopf gefunden und dem Archäologen Bernhard Fagg, damals Verwaltungsbeamter, vorgelegt wurde. Seitdem sind gut 150 Terrakotten dieser Kultur – meist durch Zufall – gefunden worden. In Nok und anderen Fundorten wurden daneben große Mengen Holzkohle freigelegt, von denen man verschiedene Proben nahm, um sie einer Radiokarbonuntersuchung zu unterziehen. Die so gewonnenen Daten wiesen

37 Kopf; Tsauni Camp; Jemaa, Nigeria. Terrakotta, H 25 cm. National Museum Lagos

in die Zeit von der Mitte des ersten vorchristlichen Jahrtausends bis etwa zur Mitte des ersten Jahrtausends nach der Zeitenwende. Daneben konnte nachgewiesen werden, daß den damaligen Bewohnern die Verarbeitung von Eisen bekannt gewesen sein muß.

Die gefundenen Stücke zeigen deutliche stilistische Unterschiede, lassen aber gleichwohl zahlreiche Gemeinsamkeiten erkennen. Viele Elemente des ›Nok-Stils‹ sind noch heute weit verbreitet in Afrika. Es kann kein Zweifel daran bestehen, daß die Terrakotten Erzeugnisse einheimischer Handwerker sind. Die Form des Kopfes scheint häufig aus einem aufrecht stehenden Zylinder herausgearbeitet, wie es bei der Skulptur einer Figur aus Holz notwendig wäre (Abb. 37). Besonders charakteristisch ist die dreieckige oder halbkreisförmige Gestalt der Augen, die mit dem Bogen der darüberliegenden Brauen korrespondiert. Auffällig ist auch, daß die Augen von Tieren genauso wie die bei menschlichen Darstellungen gestaltet sind. Über die Gründe läßt sich heute nur spekulieren.[91] Daneben sind Augen, Nase, Mund und Ohren sehr häufig durch Löcher markiert.

Die geometrische Gestaltung der Menschenköpfe und die Behandlung der Gesichtszüge, die aussehen, als seien sie mit einer Klinge oder einem Spachtel in den noch feuchten Ton geschnitten, haben zu der Vermutung geführt, daß die gesamte Terrakottaplastik der Nok-Kultur der Holzskulptur entlehnt ist.[92] Diese Annahme ist sicher nicht ganz unberechtigt, denn außer den entsprechenden Stilmerkmalen spricht dafür, daß die Kenntnis der Eisenverarbeitung die Herstellung entsprechend feiner Werkzeuge gestattete. Daß es andererseits auch Stücke gibt, deren Formgebung sich nicht aus der Holzskulptur ableiten läßt, muß aber nicht bedeuten, daß hier eine künstlerische Befreiung durch eine neue Technik stattgefunden hat. Auch der Aufbau und das Brennen von Tonwaren muß den Trägern der Nok-Kultur schon lange bekannt gewesen sein, denn die Figuren, die sie dann im ersten Jahrtausend v. Chr. herstellten, sind technisch hervorragende Leistungen. Alle Plastiken zeigen eine sehr gleichmäßige Wandstärke, selbst Details wie Schmuckketten sind hohl gearbeitet. Dadurch wird ein Springen beim Brand verhindert, so daß nahezu lebensgroße Figuren angefertigt werden konnten.[93] Schließlich setzt die Herstellung von Terrakottaplastiken keineswegs die Kenntnis einer Technik voraus,

38 Kopf, Ife. Terrakotta, H 17 cm. Museum für Völkerkunde, Berlin

die sich ganz anderer Verfahren bedient: Bei der Skulptur von Holz (oder anderen Materialien) wird substrahierend vorgegangen, d. h. durch die Entfernung überflüssiger Teile wird aus dem Werkblock zunächst die grobe Form herausgearbeitet, dann nähert man sich allmählich der Oberfläche. Bei plastischen Verfahren geht man hingegen additiv vor. Einzelne Details, wie etwa die erwähnte Schmuckkette, werden der fertigen Figur hinzugefügt und geglättet. Eine Entlehnung der Terrakottaplastik der Nok-Kultur aus der Holzskulptur ist also durchaus nicht zwingend. Es ist denkbar, daß den Ähnlichkeiten ein einfacher Austausch zwischen den Gattungen zugrunde liegt.

Zur Klärung dieser Fragen wäre es hilfreich zu wissen, welche Gruppen oder Personen tatsächlich die Skulpturen und Plastiken hergestellt haben. In historischer Zeit übten in Westafrika vielfach spezialisierte Geburtsgruppen die verschiedenen Handwerke aus. Wer als Schmied geboren war, konnte nur als Schmied arbeiten und nicht Weber, Schnitzer oder Seiler werden. Wie weit diese sozialen Strukturen in die Vergangenheit zurückreichen, läßt sich freilich nicht sagen. Genausowenig ist aus den Funden die gesellschaftliche Organisation der Bewohner von Nok zu rekonstruieren.[94] Auch liegt die Zeit dieser Kultur zu weit zurück, als daß sich aus mündlichen Überlieferungen etwas über sie erfahren ließe.

Sehr viel mehr ist dagegen über die Kultur von Ife bekannt.[95] Die Stadt Ife liegt heute im Südwesten Nigerias mitten im Gebiet der Yoruba, die mit über 10 Millionen die größte ethnische Gruppe in dem westafrikanischen Staat bilden. Die Yoruba sehen Ife als das religiöse Zentrum ihres Landes an, denn hier kamen ihren oralen Traditionen zufolge die Götter auf die Erde herab, um die Welt zu erschaffen und zu bevölkern. Neben dieser religiösen Bedeutung muß Ife früher auch eine zentrale politische Funktion besessen haben. Beides zusammen spielte eine entscheidende Rolle bei der Verbreitung künstlerischer Ausdrucksformen in dieser Region.

Auch in Ife sind Terrakottaplastiken entstanden (Abb. 38), doch ist es schwierig, Verbindungen zu denen der Nok-Kultur herzustellen. Zeitlich ist eine Beziehung zwar denkbar, aber nicht unbedingt wahrscheinlich. Aus Radiokarbondaten läßt sich schließen, daß Ife etwa seit dem 9. Jh. existiert, aber es ist auch möglich, daß dort schon um 600 n. Chr. eine Siedlung entstand.[96] Ob diese bereits städtischen

39 Kopf, Ife. Terrakotta, H 17 cm. Museum für Völkerkunde, Berlin

Charakter hatte und jene zentralen Aufgaben erfüllte, die später Ife zukommen sollten, ist allerdings zweifelhaft.

Zumindest waren während dieser Zeit Kontakte zu den späten Ausläufern der Nok-Kultur möglich. Nahe Yelwa, einem kleinen Ort am Niger, fand man Terrakottafiguren aus dieser Epoche.[97] Ihr Stil scheint den der Nok-Einwohner sehr viel einfacher und anspruchsloser fortzusetzen. Andererseits stammen die ältesten erhaltenen Stücke aus Ife wohl erst aus dem 11. oder 12. Jh. Ihre Gestaltung ist völlig anders und läßt sich unmöglich aus den Yelwa-Plastiken herleiten. Wie und wo sich die Kunst Ifes zu entwickeln begann, liegt bis heute im Dunkeln. Was uns aber aus der Zeit zwischen dem 11. und 15. Jh. bekannt ist, gehört zu den bedeutendsten Schöpfungen afrikanischer Kunst. In dieser Zeit hatten die Künstler ihre Fähigkeiten bereits voll entfaltet, weshalb sie häufig auch die ›klassische‹ Epoche genannt wird.

Der Vergleich mit der griechischen Kunst der Antike ist nicht zufällig: Der Stil der Plastiken aus Ife erscheint naturalistischer als der jeder anderen afrikanischen Kultur. Das veranlaßte schon den deutschen Ethnologen Leo Frobenius zu entsprechenden Spekulationen über den Ursprung der Bildwerke.[98] Er war der erste, der den künstlerischen Wert der Plastiken erkannte. Zwischen 1904 und 1930 führte Frobenius insgesamt neun Reisen in fast alle Teile Afrikas durch. Im Jahre 1910, auf seiner vierten Reise, berichtete man ihm, daß sich im Hinterland der Guineaküste eine ›heilige Stadt‹ befände, wo seit alters her eine Meeresgöttin verehrt würde. Frobenius hielt sich zunächst drei Wochen in Ife auf. Er hatte erfahren, daß Plastiken, die dort die Meeresgottheit Olokun darstellten, am Fuße großer Bäume in der Erde vergraben seien. Er begann deshalb in dem Olokun geweihten Hain zu graben und legte dort einen Bronzekopf, der die Gottheit darstellen sollte, sieben Terrakottaköpfe sowie eine Reihe anderer Bruchstücke frei. Den technisch wie künstlerisch hervorragend gearbeiteten Kopf aus Metall hatte Frobenius der britischen Kolonialverwaltung zu überlassen,[99] die Terrakottagegenstände gelangten jedoch nach Deutschland und befinden sich seitdem im Museum für Völkerkunde in Berlin. Der Verbleib des Olokun-Kopfes ist dagegen unbekannt.[100]

Das Außergewöhnliche des Terrakotta- wie des Bronzekopfes war die naturalistische Darstellung. Frobenius meinte, in diesen Bildwerken Ähnlichkeiten zur griechischen Kunst der Antike entdecken zu können und schrieb ihre Entstehung einer ursprünglich griechischen Kolonie an der Oberguinea-Küste zu. Ihm zufolge siedelte man dort bereits im 13. Jh. v. Chr., verlor dann aber den Kontakt zum Mutterland im Mittelmeer.[101] Bei dem Olokun-Kopf, der eine diademartige Krone trägt, müsse es sich demnach um eine Darstellung des griechischen Meeresgottes Poseidon handeln (s. Frontispiz). Es bedarf heute keiner eingehenden Diskussion dieses Erklärungsversuches, da es sich um ein willkürliches Konstrukt ohne wissenschaftliche Aussagekraft handelt. Bemerkenswert ist jedoch, daß Frobenius nicht der einzige war, der solchen Mißverständnissen unterlag. So verglich Sir Flinders Petrie die Terrakottaköpfe Ifes mit altägyptischen aus Memphis.[102] Auch hier schien ein fremder Ursprung der Plastiken unzweifelhaft zu sein.

Man muß sich in diesem Zusammenhang vergegenwärtigen, daß diese Kunstwerke zu einer Zeit bekannt wurden, als die Kolonialisierung des Inneren Afrikas gerade erst abgeschlossen war. Die wirtschaftlichen Interessen, die die europäischen Mächte an der Aufteilung des Kontinentes hatten, wurden durch ein sehr ausgeprägtes kulturelles Sendungsbewußtsein legitimiert. In dieses Bild eigener Überlegenheit paßte es schlecht, daß ausgerechnet die gerade unterworfenen Afrikaner solche Bildwerke geschaffen haben sollten. Daß man sie auf ›europäische‹ Traditionen zurückführte, darf daher nicht Wunder nehmen. Einen ägyptischen oder griechischen Ursprung der ›naturgetreuen‹ Darstellungen konnte man leicht postulieren. Wo aber die Ausdrucksformen der Stücke aus Ife stilisiert sind, unterscheiden sie sich von allen antiken Kunstwerken aus dem Mittelmeerraum. Ich will auf diese Konventionen etwas näher eingehen.

Es ist ein Irrtum, die Plastiken Ifes einfach nur als naturalistische Darstellungen des Menschen zu begreifen. Betrachten wir zwei der von Frobenius nach Deutschland gebrachten Terrakottaköpfe. Beide sind nicht ganz lebensgroß und waren ursprünglich Teile von Vollplastiken. Der erste der Köpfe zeigt sehr fein modellierte Gesichtszüge (Abb. 38). Charakteristische, eine Person kennzeichnende Eigenheiten sind gleichwohl nicht zu erkennen. Die Oberfläche von Stirn und Wangen ist vollkommen eben, wenngleich das gesamte Gesicht, abgesehen von den Lippen und Augen, von parallelen Streifen überzogen ist. Diese für viele Bronze- wie Terrakottaköpfe aus Ife typische Riefelung ist leicht verwittert. Allein am Kinn ist die ursprüngliche, etwas gröbere Ausführung der Oberfläche noch zu erkennen. Die Nase des Kopfes ist leicht beschädigt. Am auffälligsten tritt die Stilisierung jedoch in der Augenpartie zutage. Die Plazierung der Augen in der

40 Kopf, Ife. Terrakotta, H 13 cm. Museum für Völkerkunde, Berlin

Höhle ist wie ihre Form und Größe deutlich idealisiert, und mit diesem Wort läßt sich vielleicht die gesamte Plastik Ifes am besten charakterisieren: Es ist ein idealisierender Naturalismus.[103]

Natürlich gibt es in dieser Kunst eine ganze Reihe stilistischer Variationen, die durch einen Vergleich mit anderen Plastiken erkennbar werden. Die zweite Terrakotta stellt ebenfalls einen menschlichen

Kopf dar (Abb. 39). Anders als der erste ist dieser jedoch nicht mit der feinen Riefelung überzogen. Statt dessen zeigt er dicke, wulstige Schwielen, die in gleicher Weise das Gesicht überziehen. Darüber hinaus sind viele Abweichungen in der Wiedergabe der Gesichtszüge zu bemerken. Stirn, Wangen und Schläfen sind deutlich modelliert, die Augenbrauen treten, ganz im Gegensatz zum ersten Kopf, stark hervor, und die Lippen sind eher summarisch behandelt. Nase und Nasenflügel sind auf einfache Formen reduziert. Besonders aufschlußreich ist wieder die Darstellung der Augen. Hier sind sie eher groß, wenn nicht im Verhältnis zum gesamten Kopf übergroß, und nicht schmal und spitz auslaufend wie bei der ersten Terrakotta. Sehr viel stärker tritt die Tendenz zu großen, runden, manchmal geradezu vorquellenden Augen noch in anderen, wahrscheinlich späteren Arbeiten hervor (Abb. 40).

Auf die Stilisierung der Augenpartie bei den Bronzen hat auch Willett hingewiesen (s. Frontispiz). Er schreibt: »Der Winkel, in dem sie [die Augen] zueinander stehen, variiert beachtlich, und es zeigt sich wenig Gefühl für die anatomische Struktur des in eine runde Höhle eingefügten kugelförmigen Auges. Tatsächlich findet man, mit zahlreichen Zwischenstufen, alle erdenklichen Formen: von länglichen, schmalen bis hin zu runden, weitgeöffneten Augen.«[104] Ähnlich vielfältig werden die Ohren und zum Teil die Mundpartien wiedergegeben. Alle diese Formen unterscheiden sich aber grundlegend von denen antiker Bildwerke, und es kann kein Zweifel daran bestehen, daß die Kunst Ifes originär afrikanisch ist.

Leo Frobenius' ›Entdeckung‹ erregte zunächst nur unter Ethnologen und Altertumswissenschaftlern Aufsehen. In der Öffentlichkeit und unter Kunstwissenschaftlern blieb sie weitgehend unbemerkt. Erst 1938 wurde durch einen Zufall die Kunst Ifes weltbekannt. Im sogenannten Wunmonije Compound, nur 180 Meter vom Palast des Herrschers von Ife entfernt, stieß man beim Ausschachten der Fundamente eines Hauses auf dreizehn Köpfe aus Bronze und 1939 noch einmal auf vier Bronzeköpfe. Leider verfügte Nigeria zu jener Zeit weder über Archäologen noch über entsprechende staatliche Institutionen, und so blieb die Fundstätte unausgegraben. Vierzehn Köpfe nahm der Herrscher selbst, der Oni von Ife, an sich und brachte sie in seinen Palast. Sie bilden heute den Grundstock des Ife-Museums.[105]

Der Fund dieser Bronzeköpfe war aber nicht nur wegen ihrer naturalistischen Darstellungsweise und ihres hohen künstlerischen Wertes eine Sensation, die Stücke zeugten auch technisch von einem Können, das die Bronzegießer der italienischen Renaissance nicht hätten übertreffen können. Die Wandstärke der Köpfe beträgt oft nur wenige Millimeter. Welche Leistung die Gießer damit vollbrachten, läßt sich nur ermessen, wenn man die Rohstoffe und Verfahren kennt, derer sie sich bedienten. Bronze, Messing und andere Kupferlegierungen werden in Westafrika gewöhnlich im Wachsausschmelzverfahren gegossen. Auch in Ife verwendete man diese Technik. Dabei wird zunächst ein Wachsmodell des zu gießenden Gegenstandes hergestellt. Ist dieser wie bei den Köpfen aus Ife sehr groß oder innen hohl, muß das Wachs auf einem Gußkern aus Ton geformt werden. Dieser Kern bildet mehr oder weniger vereinfacht die Form des späteren Objektes nach. Will man eine geringe Wandstärke des Gusses erreichen, muß der Gußkern schon weitgehend dem gewünschten Äußeren des Gußstückes entsprechen. Kann man sich eine dickere Wandstärke leisten, reicht eine ungenauere Formgebung. In Ife war das offensichtlich nicht möglich, so daß die Gießer von Anfang an äußerst genau arbeiten mußten. Der zweite Schritt besteht darin, den fertigen Kern mit Wachs zu überziehen (gelegentlich wird auch Latex verwendet).[106] Dies ist der entscheidende Arbeitsvorgang, denn der spätere Guß wird aussehen wie dieses Wachsmodell. Um einen Fehlguß zu vermeiden, ist außerdem auf eine möglichst gleichmäßige Wachsstärke zu achten. Gibt es frei herausragende Teile (etwa die Kronen einiger Köpfe), sind sie im Innern durch einen Stift aus Eisen zu sichern. Kleine Dekorationen der Oberfläche können zum Schluß mit Hilfe einer Klinge in das Wachs geschnitten werden.[107] Ist das Wachsmodell fertig, werden zur Freihaltung der späteren Gußkanäle mehrere Wachsstränge angesetzt, und um beim Guß das Entweichen eingeschlossener Luft zu ermöglichen, müssen am höchsten Punkt der Form (des Kopfes) weitere Kanäle, die ›Steiger‹, durch Wachsstränge freigehalten werden. Alle Stränge führen oben zu einer Halbschale, die später das Gußmetall aufnehmen wird. Um ein Verrutschen des Kernes beim Gußvorgang zu verhindern, ist dessen Lage außerdem durch die Kerneisen gesichert.[108]

Sind alle diese Arbeiten getan, kann der Gießer daran gehen, das Wachsmodell mit einer Tonschicht zu überziehen. Hier kommt es dar-

41 Oberteil einer Figur; Igbo Laja; Owo, Nigeria. Terrakotta, H 25 cm. National Museum Lagos

auf an, eine möglichst feine, nicht körnige Masse zu verwenden, denn nur dann ist gewährleistet, daß alle Details des Modells auch getreu reproduziert werden. Meist wird der Tonmasse, die direkt dem Wachsmodell aufliegt, zu feinem Staub gestoßene Holzkohle beigemengt. Beim Erhitzen der Gußform verglüht sie später teilweise und wirkt dem Einschluß kleinster Luftbläschen vor. Diese erste Schicht läßt man langsam über mehrere Tage im Schatten austrocknen. Danach werden nach und nach weitere Lagen aufgebracht. Sie bestehen aus gröberem Ton, dem weniger Holzkohle, aber dafür andere, meist organische Materialien wie Häcksel oder Ziegenhaare beigegeben werden. Sie sollen Sprünge und Risse vermeiden, die sonst aufgrund der großen Temperaturunterschiede beim Guß leicht auftreten können. Sind die zu gießenden Objekte sehr groß, wie es in Ife der Fall war, kann es auch nötig sein, die Gußform durch eingelassene Bewehrungseisen zusätzlich zu stärken.

Nachdem alle Tonschichten gründlich getrocknet sind, kann mit dem eigentlichen Guß begonnen werden. Dazu ist zunächst die Form zu erhitzen, damit das Wachs des Modells ausgeschmolzen werden kann. Gewöhnlich geschieht dies bereits in der Esse der Schmieden oder Werkstätten der Gießer. Das flüssige Wachs fängt man in einer Schale auf, die mit Wasser gefüllt ist, so daß es später wiederverwendet werden kann.[109]

Wie der Gießer weiter vorgeht, wird zum Teil durch die Größe des zu gießenden Objektes bestimmt. Handelt es sich um einen Armreif, ein anderes, relativ kleines Schmuckstück oder auch um eine kleinere Maske, dann kann er das Gußmetall in einen Tiegel geben und diesen fest mit dem Gußtrichter der Form verbinden. Die Form wird dann auf dem Kopf stehend zusammen mit dem Tiegel erhitzt. Hat das Metall die richtige Temperatur erreicht, genügt es, die Form umzudrehen, so daß die flüssige Gußmasse in die Hohlform fließen kann. Dieses Verfahren hat den Vorteil, daß eine weitgehend gleiche Temperatur von Metall und Form gewährleistet ist, wodurch einem Bersten des Tons vorgebeugt wird. Außerdem wird durch die gleichmäßige Temperatur vermieden, daß sich das flüssige Metall an einzelnen kälteren Partien der Form erhärtet, bevor sie ganz gefüllt ist. Andererseits erlaubt dieses Vorgehen nicht den Guß großer Objekte: Die Form mit dem Gußmetall würde dann leicht ein Gewicht von 100 kg und mehr erreichen und ließe sich nicht mehr mit der nötigen Sorgfalt handhaben. In solchen Fällen wird die Form fest im Boden eingelassen und nach und nach mit dem flüssigen Metall beschickt. Das Gießen ist hierbei ein sehr heikler Vorgang, der großes Können und viel Erfahrung verlangt.[110]

Nach dem Guß läßt man Form und Metall langsam erkalten, dann wird der Tonmantel vorsichtig zerschlagen, und der Gießling kann das erste Mal betrachtet werden. Deshalb wird auch vom ›Guß in verlorener Form‹ gesprochen. Nun ist noch eine Nachbehandlung notwendig: Kanäle und Steiger, die beim Guß ja teilweise mit Metall gefüllt worden sind, müssen entfernt und ihre Ansatzpunkte geglättet werden (sofern sie an der sichtbaren, außen liegenden Seite des gegossenen Objektes ansetzen). Sind Gußfehler eingetreten, müssen die betreffenden Stellen noch einmal eingekleidet und nachgegossen werden. In der Tat sind aus Nigeria einige Stücke bekannt, wo solche Reparaturen vorgenommen wurden.[111] Um so bemerkenswerter ist daher die technische Vollkommenheit, die die Stücke aus Ife fast durchweg zeigen. Gußfehler sind äußerst selten und immer hervorragend repariert. Hinzu kommt, daß einige Stücke aus nahezu reinem Kupfer

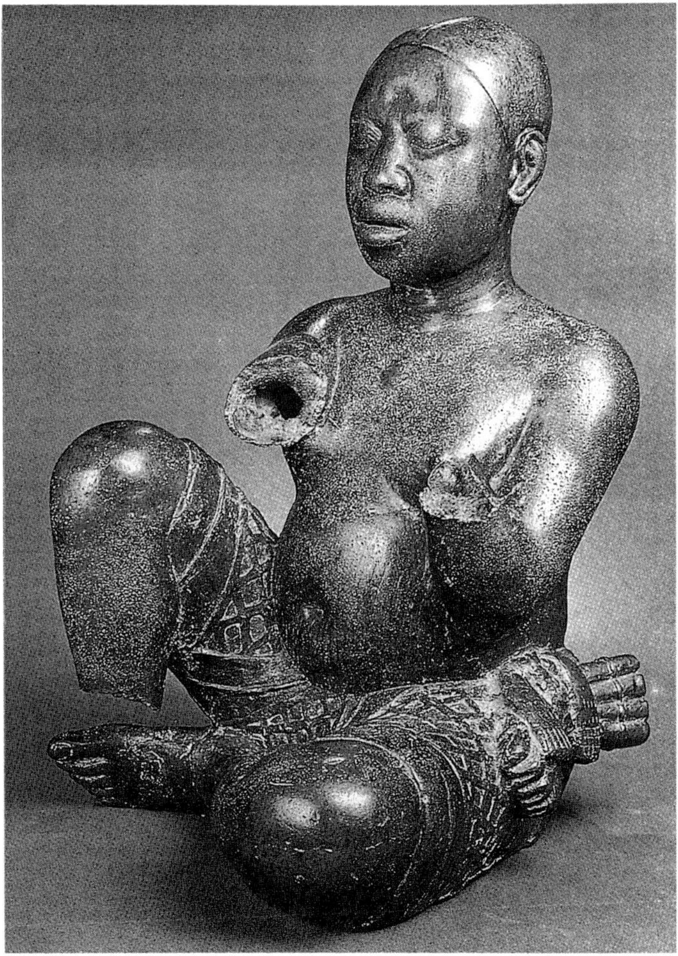

42 Sitzende Figur; Tada, Nigeria. Kupfer, H 53,7 cm. National Museum Lagos

bestehen,[112] das sich nur schlecht für den Guß in geschlossenen Formen eignet.

Die Mehrzahl der Plastiken aus Ife besteht jedoch aus Legierungen. Neben Kupfer, das immer den größten Anteil hat, sind Zink, Zinn,

Blei und in geringeren Mengen noch andere Metalle enthalten. Die Bezeichnung der Stücke als ›Bronze‹ ist daher falsch, denn als solche können nur Legierungen gelten, die sich aus neun Teilen Kupfer und einem Teil Zinn zusammensetzen.[113] Strenggenommen wäre es also besser, von Messing zu sprechen. Aufgrund seiner Gebräuchlichkeit sei aber der Begriff Bronze hier beibehalten.

Es ist wiederholt versucht worden, aus der Zusammensetzung der in Ife verwendeten Metalle auf deren Ursprung zu schließen, denn in natürlichen Erzen finden sich neben Kupfer immer auch Spurenelemente wie Eisen, Nickel, Arsen und andere in unterschiedlicher Menge. Als mögliche Quelle des Kupfers sah man zunächst die Gegend um In-Gall und Tegidda n'Tesemt im heutigen Staat Niger an. Dort wurde zwar die älteste bekannte Kupferverarbeitung Afrikas nachgewiesen, aber diese hat offensichtlich keinen Bezug zu den Traditionen der Zeit vom 11. bis zum 15. nachchristlichen Jahrhundert, um die es in Ife geht.[114] Daneben gibt es aber auch Anhaltspunkte, daß es sich bei dem Ort Tegidda um das mittelalterliche Takedda handelt. Von dort berichteten arabische Geographen des 14. Jh., wie etwa Ibn Battuta, dessen Reisebeschreibungen eine der wichtigsten Quellen über das Afrika dieser Zeit darstellen.[115] Ihm zufolge wurde in Takedda nicht nur Kupfererz abgebaut, sondern gelangte von dort auch in das Gebiet der Hausa im Norden des heutigen Nigeria. Dennoch kann dieses Metall nicht zur Herstellung der Bronzeplastiken in Ife gedient haben: Spurenelemente, die im Erz von Tegidda vorkommen, fehlen in Ife, und umgekehrt gibt es dort Elemente, die dem Erz fremd sind.[116] Gleichwohl ist nicht ausgeschlossen, daß es in geringen Mengen für die Plastiken Ifes Verwendung fand. Man kann annehmen, daß ältere Güsse wieder eingeschmolzen und mit anderen Metallen gemischt wurden. Ohne Zweifel ist das Metall jedoch über den innerwestafrikanischen Handel zu den Gießern der Stadt gelangt. Allein die Quellen lassen sich noch nicht genau bestimmen.[117]

Wie sich das Wachsausschmelzverfahren in Nigeria entwickelt bzw. verbreitet hat, ist gleichfalls nicht endgültig geklärt. In Ife gibt es Hinweise, daß das Verfahren erst eingeführt wurde, als sich die Terrakottaplastik bereits voll entfaltet hatte: Die Bronzeplastiken sind jünger als viele Terrakotten.[118] Genauer läßt sich hingegen die weitere, zu einem nicht geringen Teil von Ife ausgehende oder doch beeinflußte

Verbreitung des Bronzegusses nachzeichnen. Doch dazu ist es nötig, etwas zu Inhalt und Thema dieser Kunst zu sagen.

Von zentraler Bedeutung für die Kunst der Bronze- wie der Terrakottaplastiken in Ife waren der Herrscher der Stadt, der Oni, und sein Gefolge. Dabei ist jedoch immer zu berücksichtigen, daß in Ife wie vielfach in Afrika sakrale und profane Aufgaben des Herrschers nicht voneinander zu trennen sind und ihre nachträgliche Unterscheidung ganz willkürlich wäre. Das spiegelt sich bereits in der Legitimation der Dynastie des Oni wider. Ihr Herrschaftsanspruch leitet sich aus einem Mythos ab und ist damit natürlich jeder Kritik entzogen. Gewöhnlich wird er wie folgt überliefert: Die höchste Gottheit Olodumare sandte einst sechzehn Götter aus, um die Welt zu erschaffen. Orishanla, eine der geringeren Gestalten, erhielt dazu eine Kalebasse voll Sand und ein Hühnchen. Auf seinem Weg zur Erde trank er aber zu viel Palmwein, so daß Oduduwa beides stehlen konnte und sie selbst herunterbrachte. Damals war die Erde ganz von Wasser bedeckt. Oduduwa schüttete den Sand aus der Kalebasse in das Wasser und ließ das Hühnchen darauf scharren. Der Sand wurde verteilt und Land entstand. »Die übrigen Götter folgten Oduduwa mit Hilfe einer Kette, die in Ife im Olose-Hain gezeigt wurde, bis dieser vor einigen Jahren zerstört wurde.«[119] Orishanla hatte daraufhin Gelegenheit, die Menschheit zu erschaffen, betrank sich aber noch einmal und schuf nur Krüppel und Zwerge. »Oduduwa aber wurde nach einem Kriege, in dem auch die anderen Götter Partei ergriffen, der erste Herrscher Ifes. Er gab seinen Kindern Kronen und sandte sie aus, eigene Königreiche zu gründen.«[120]

Dies ist eine entscheidende Passage der Überlieferung, verleiht sie doch bis in die Gegenwart hinein vielen Herrschern ihre Legitimation. Es ist daher wenig erstaunlich, daß es einige Versionen der Legende gibt, wobei sich die Zahl der Kronen ebenso ändern kann wie die Namen der Empfänger. Denn nur, wer seine ›Perlen‹-Krone einst von Oduduwa oder vom Oni von Ife erhielt, kann für sich beanspruchen, ein rechtmäßiger Oba zu sein. Besondere Bedeutung wird dieser Fürstentitel später unter der edosprechenden Bevölkerung, östlich der Yoruba, erlangen. Ihn führt der König des Reiches Benin.

Anhand der Überlieferung lassen sich viele der Bronzeköpfe als Darstellungen des Oni von Ife identifizieren. Eine Reihe der Köpfe trägt

Kronen, die zusammen mit diesen gegossen wurden (s. Frontispiz). Dort, wo sie fehlen, werden aber auch keine Haare dargestellt. Wo normalerweise der Haaransatz sein müßte, befindet sich eine Reihe kleiner Löcher, während der Schädel selbst glatt ist. Man hat daher angenommen, daß diese Löcher zur Befestigung echter Kronen dienten.[121] Wurde die Krone zusammen mit dem Kopf gegossen, folgt ihre Unterkante in der Tat etwa der Linie des Haaransatzes. Bestätigt wird diese Vermutung durch die Tatsache, daß alle Plastiken, die Kopf und Krone wiedergeben, unterlebensgroß sind, die Köpfe mit den entsprechenden Lochreihen aber natürliche Größe erreichen.

Daneben haben viele Bildwerke ähnliche Lochreihen auf den Wangen und Lippen, wo sie grob die Grenzen eines Bartes markieren. In einigen Löchern fanden sich kleine schwarze Glasperlen, so daß sich vermuten ließe, kleine Ketten dieser Perlen hätten vordem den Bart dargestellt. Nach einer anderen Deutung haben die Glasperlen dagegen einen tatsächlichen Vorhang aus demselben Material zum Vorbild. Sein Zweck sei gewesen, den Mund des Oni bei allen öffentlichen Auftritten zu verdecken, denn einem gottähnlichen Herrscher wie ihm war es unmöglich, vor allen Leuten seinen Mund zu öffnen.[122]

Ein weiteres auffälliges Merkmal vieler Bronzen wie Terrakottaköpfe sind die senkrechten parallelen Streifen, die sie im Gesicht tragen. Tatauierungen, die die ethnische Zugehörigkeit kennzeichneten, geben sie wohl nicht wieder. Dazu ist ihr Erscheinen zu willkürlich. Auch hier ist vermutet worden, daß die Streifen den Eindruck erwecken sollten, als sähe man das Gesicht durch einen Schleier aus von der Krone herabhängenden Perlenschnüre.[123] Allerdings wäre damit weder das waagerechte Zusammenlaufen der Streifen am Kinn noch die Tatsache zu erklären, daß einer der Bronzeköpfe zusätzlich jene Lochreihen an Lippen und Wangen aufweist, an denen doch, folgte man den Autoren, wieder echte Glasperlenketten hängen sollten.

Obwohl ikonographische Einzelheiten wie diese nicht mit Bestimmtheit geklärt sind, gibt es an der engen Verbindung mit der Institution des Oni und seinen politischen wie religiösen Aufgaben keinen Zweifel. Die lebensgroßen Bronzeköpfe aus Ife haben große Löcher am Nacken, durch die früher Nägel geschlagen waren.[124] Mit großer Wahrscheinlichkeit wurden sie früher an hölzernen Körpern befestigt, so daß sie den heutigen *ako*-Figuren aus Owo sehr ähnlich gesehen

43 Kopf, Benin. Terrakotta, H 25,5 cm. Museum Rietberg, Zürich

haben müssen. Dabei handelt es sich um lebensgroße Holzpuppen, die man in der Stadt bei Bestattungsfeierlichkeiten verwendete. Sie stellten den oder die Verstorbene dar und wurden, handelte es sich um ein Mitglied des Herrscherhauses, im Palast aufgestellt, wo die Trauergäste dem oder der Toten die letzte Referenz erweisen konnten. Anschließend wurde die Figur durch die Stadt zu verschiedenen Heiligtümern getragen und endlich in einem der eigentlichen Beerdigung entsprechenden Ritus bestattet.[125] In der Tat zeigen viele der Köpfe aus Ife Spuren, die vermuten lassen, daß sie mehrfach ausgegraben und wieder vergraben wurden. Allerdings konnte keine Entsprechung zwischen den damaligen und den jetzigen Riten in Owo nachgewiesen werden. Die Gebräuche im heutigen Ife bieten nur wenig Hilfe. Es ist aber bemerkenswert, daß der eben beschriebene *ako*-Ritus nicht nur in Owo, sondern bis heute auch in Benin durchgeführt wird – jener Stadt, deren dynastische und politische Traditionen sich explizit auf das alte Ife beziehen.

45 Kopf eines Herrschers aus der frühen Periode, Benin. Messing, H 21,5 cm

◁ 44 Kopf aus der mittleren Periode. Messing, H 42 cm. Beide: Museum für Völkerkunde, Berlin

Benin war die Hauptstadt eines der bedeutendsten Königreiche Westafrikas. Es liegt knapp 200 km südöstlich von Ife im Bereich des tropischen Regenwaldes, nicht allzu weit von dessen nördlicher Grenze entfernt. Die Stadt hat einen überragenden Reichtum historischer Kunstzeugnisse bewahrt, ein für Nigeria und das gesamte westliche Afrika einzigartiger Vorgang. Schon die große Zahl der Plastiken und Skulpturen ermöglicht eine viel feinere und genauere stilistische Analyse als in Ife. Hinzu kommt, daß es verläßlichere mündliche Überlieferungen und ab dem späten 15. Jh. auch Berichte von Europäern gibt. Diese für den afrikanischen Kontinent außergewöhnlich gute Quellenlage erlaubt zeitliche Bestimmungen, die sonst nur selten möglich sind.

Zu den wichtigsten historischen Überlieferungen gehören die, die die Verbindung der Dynastien von Benin und Ife zum Thema haben und glücklicherweise auch einiges zur Verbreitung der Bronzeplastiken sagen. Über die erste Dynastie der Edo – so nennen sich die Menschen dieses Volkes, und so bezeichnen sie auch ihre Hauptstadt ›Benin‹ und das von hieraus regierte Reich – weiß man nicht viel. Sie soll nach verschiedenen Überlieferungen 31, 12 oder nur einen König, bekannt unter dem Namen ›Ogiso‹, gehabt haben.[126] Die genaue Zahl der Herrscher oder deren Abfolge hat keine Bedeutung mehr; sie stehen jedoch für ein autochthones Geschlecht, dessen Anspruch auf den Thron des Reiches allgemein anerkannt wird.

Etwa im 12. Jh. fand die erste Dynastie aufgrund von unüberwindlichen Nachfolgeproblemen oder einer Revolte ihr Ende.[127] Nach einem kurzen Interregnum[128] baten die Edo den Oni von Ife, ihnen einen neuen Herrscher zu senden. Angeblich schickte Oduduwa – zu der Zeit Oni von Ife – den Bewohnern von Benin daraufhin sieben Läuse. So wollte er prüfen, ob sie ergeben für einen Herrscher aus Ife sorgen würden. Nachdem die Edo die Tiere sieben Jahre lang gepflegt hatten, sandte ihnen Oduduwa seinen Sohn Oranmiyan. Dieser hatte jedoch nicht die Vollmachten eines legitimen Königs. Oranmiyan heiratete daher die Tochter eines lokalen Fürsten. Erst der aus dieser Ehe hervorgegangene Sohn Eweka wurde der erste Oba des Reiches und Gründer der Dynastie, die den Thron Benins bis heute innehat. Alle Herrscher – gegenwärtig zählt man den 39. – berufen sich auf die direkte Abstammung von Eweka. Die Kontinuität der Herrschaft demonstrieren sie durch die rituelle Anerkennung und Erneuerung dieser Abstammungslinie. Parallelen dazu sind aus vielen Königtümern bekannt. Man denke nur an das aus der europäischen Geschichte geläufige ›Der König ist tot, es lebe der König!‹ Die Oba von Benin errichteten zu diesem Zweck Schreine, die ihren Vorfahren allgemein oder einem bestimmten verstorbenen Oba geweiht waren. Während der Ogiso-Periode waren sie zugleich der Erde verbunden.

Für die Schreine der königlichen Vorfahren wurden wahrscheinlich schon in dieser Zeit Skulpturen oder Plastiken hergestellt. In der Regel wird es sich um anthropomorphe Terrakotten gehandelt haben (Abb. 43).[129] Wiedergegeben wird nur der Kopf des Verstorbenen, denn er führt »einen durch das Leben. Er ist der Sitz des Denkens, des Urteilens und des Willens, des Hörens, Sehens und Sprechens.«[130] Aufgrund ihrer Aufgabe auf den Ahnenschreinen hat sich der Ausdruck ›Gedenkköpfe‹ eingebürgert. Die Kunsthistorikerin Paula Ben-Amos konnte Überlieferungen aufzeichnen, nach denen schon zu Ogisos Zeit Kupferlegierungen verarbeitet wurden, man jedoch nur kleine Objekte herstellte und erst Ewuare, der 12. Oba, im 15. Jh. den Guß von Gedenkköpfen einführte.

Nachdem zu Beginn des 14. Jh. Eweka die neue Dynastie begründet hatte, wollte Ognola, der 5. Oba im ausgehenden 14. Jh., die Terrakottaköpfe durch solche aus Metall ersetzen. In Benin sollten Werke entstehen, die denen, die er aus Ife kannte, ähnlich waren. Er wandte sich daraufhin an den Oni von Ife, der ihm Igneghae sandte, einen Schmied, der das Wachsausschmelzverfahren beherrschte. Fortan sei – so will es jedenfalls die königliche Überlieferung – am Hof in Benin das Bronzegießen geschützt und gefördert worden.[131]

Wie die Verbindungen zwischen Ife und Benin sich im einzelnen gestalteten, ist heute nicht eindeutig zu rekonstruieren. Daß sie aber existierten, ist sicher. In den sechziger Jahren führte Graham Connah Grabungen in der Stadt durch und konnte Siedlungen aus dem 13. und 14. Jh. freilegen, in denen sich die erwähnten kleineren Objekte aus Kupferlegierungen fanden. Gefunden wurde aber auch eine kleine Figur eines Oni, und es ließ sich nachweisen, daß das Material späterer Güsse z. T. aus Ife kam.[132] Wahrscheinlich wurden damals ältere Stücke aus Ife eingeschmolzen und mit anderen Metallen vermengt. Schließlich wurden einige Reste von Gußkernen nach der Thermoluminis-

zens-Methode untersucht. Sie alle datierten etwa aus dem 15. Jh. oder später, was die Annahme stützt, daß das Wachsausschmelzverfahren erst im 15. Jh. in Benin eingeführt wurde[133] – etwa zeitgleich mit dem Erscheinen der Europäer an der westafrikanischen Küste. Sicher gehörten die Gedenkköpfe zu den ersten im Wachsausschmelzverfahren gegossenen Stücken.

Zu Beginn des 15. Jh. war die neue Dynastie konsolidiert, und ihre Herrscher konnten ihren Anspruch auf den Thron durch eigene künstlerische Ausdrucksformen herausstellen: Sie erhielten nicht mehr wie vordem die Insignien ihrer Würde aus Ife, sie ließen sie selbst herstellen. Es begann eine Zeit der Expansion; die Periode der Kriegskönige, die mit Oba Ewuare ungefähr in der Mitte des 15. Jh. begann – er lebte etwa von 1440–1473 – und mit dem 18. Oba Ehengbua im späten 16. Jh. endete. Während dieser Zeit entwickelten sich die wichtigsten Kunstformen für den Guß im Wachsausschmelzverfahren. Mit dem Machtzuwachs stiegen auch die repräsentativen Bedürfnisse der Herrscher: Zu Beginn des 16. Jh. begann man die Platten zu gießen, mit denen die Pfeiler des Palastes des Oba geschmückt wurden. Oba Esigie, der 16. Oba, führte im ausgehenden 15. oder Anfang des folgenden Jahrhunderts den Kult der Königsmutter ein (vgl. S. 109f.), was sich wohl als ein Zeichen der komplexer werdenden Organisation des Reiches deuten läßt. Immerhin reichte sein Territorium zu dieser Zeit vom heutigen Lagos im Westen bis zum Niger im Osten.

Die Geschicke Benins und seiner Herrscher spiegeln sich deutlich in seiner Kunst wider: Die ersten uns erhaltenen und im Wachsausschmelzverfahren gegossenen Köpfe werden von vielen Kennern zu den technisch wie künstlerisch bedeutendsten gezählt.[134] Die Gesichtszüge werden noch weitgehend naturalistisch, jedoch nie individualistisch wiedergegeben. Trotz der möglichen oder wahrscheinlichen Anregungen aus Ife haben sie von Anfang an einen eigenen Stil. Das nimmt nicht Wunder, bedenkt man, daß sie an eine lokale Tradition anknüpfen konnten: Die Entsprechungen zwischen den Terrakotten und Bronzeköpfen sind offensichtlich (Abb. 43, 45).[135]

◁ 46 Kopf eines Herrschers aus der späten Periode, Benin. Messing, H 52 cm. Museum für Völkerkunde, Berlin

Die Ordnung der Köpfe nach drei aufeinanderfolgenden Perioden (früh, mittel und spät) wurde zuerst von William Fagg entwickelt, dem früheren Leiter der ethnographischen Abteilung des British Museum in London (heute Museum of Mankind). Seine Kriterien waren stilistische: Die naturalistischen Köpfe der frühen Periode besaßen nur eine geringe Wandstärke und waren deutlich kleiner als spätere Erzeugnisse. Der für die jüngeren Köpfe so typische, das Kinn bedeckende Halskragen aus Korallenketten liegt hier noch eng an Hals und Nacken, so daß das Gesicht vollständig zu sehen ist.[136] Auf der Stirn tragen diese Köpfe schließlich zwei und mehr Narben, und ihre Frisur besteht in der Regel aus mehreren konzentrischen Ringen kleiner zusammengedrehter Zöpfchen. Beides weist sie, so lassen neuere Untersuchungen erkennen, als Darstellungen von Fremden aus.[137] Dann aber handelte es sich nicht um Gedenkköpfe, sondern eher um Trophäen, die an die Siege über die Nachbarvölker erinnern sollen. Diese Funktion würde nicht nur zu der von militärischer Expansion geprägten Epoche der Kriegskönige passen, sondern auch erklären, warum solche Köpfe später noch vereinzelt hergestellt wurden. Paula Ben-Amos konnte auch hierzu eine Überlieferung aufzeichnen: Demnach war es damals üblich, die Herrscher eroberter Reiche zu enthaupten und den Kopf den Gießern in Benin zu bringen. Diese sollten dann nach diesem Vorbild einen Kopf aus Bronze bzw. Messing gießen, der auf dem Schrein des Reiches aufgestellt wurde.[138]

Das Ende des frühen Stils fällt nach Fagg noch in die Zeit der Kriegskönige und wird durch das Auftauchen der dekorativen Platten für den Palast des Oba markiert (vgl. S. 108 f.).[139] Zu dieser Zeit besaß jeder Oba eine ganze Reihe von Schreinen, mit denen er die verstorbenen Könige (seine ›Väter‹) verehrte. Die Köpfe haben einen hochstehenden Halskragen aus Korallenketten. Sie tragen eine kappenförmige Krone, an deren Seiten lange Ketten angebracht sind, die über Schläfen und Teile des Nackens fallen (Abb. 44). Die Wandstärke der Stücke, die allmählich größer werden, nimmt erheblich zu.

Diese Entwicklung ist direkt auf den Kontakt mit den Portugiesen zurückzuführen. Ihre Seefahrer erreichten die Bucht von Benin 1472 und errichteten 1486 in Gwato, nur knapp 25 km südwestlich der Stadt, einen Handelsposten. Benin war damals Zentrum eines aufstrebenden Wirtschaftsraumes und natürlich ein interessanter Handelspartner für die Europäer, deren Einfluß bald in allen Bereichen spürbar wurde: Militärisch unterstützten die Portugiesen Benin gegen seine Feinde, während sie aber auch den Königen anderer Reiche seltene Luxuswaren und Messingwaren in großem Umfang verkauften. Zu einem nicht geringen Teil kamen diese aus den Minen und Werkstätten der Fugger,[140] wo man Armreifen nach Modellen herstellte, die ausschließlich für den Export nach Westafrika bestimmt waren. Die Portugiesen nannten sie ›manilhas de latam‹,[141] und unter dem Namen ›manillas‹ wurden sie in ganz Westafrika zu einem allgemein gebräuchlichen Zahlungsmittel. In Benin besaß der Oba für wichtige Handelsgüter ein Monopol, so daß ihm fortan ausreichend Rohmaterial für den Guß großer und repräsentativer Objekte zur Verfügung stand. So ist der Umstand, daß die Größe der Plastiken nun zunimmt, sicher kein Zufall. Die jetzt bevorzugten Formen weisen die Köpfe deutlich als Darstellungen (verstorbener) Könige aus – eine Funktion, die direkt auf den Wunsch nach Ausdruck von Macht und Wohlstand schließen läßt.[142] Später, in der mittleren Periode, trugen die Gedenkköpfe schließlich noch große, aufrecht stehende be-

47 Benin im 17. Jh. (Stich von 1691)

schnitzte Elefantenzähne – allein dazu war schon eine größere Wandstärke nötig. Aus dieser Zeit sind zwar keine Zähne erhalten, aber aus den Berichten europäischer Reisender kann man sich ein recht genaues Bild von Benin machen.

Um 1700 besuchte der Niederländer David van Nyandael die Stadt und beschrieb zum ersten Mal einen der königlichen Schreine: In einer Galerie des Palastes sah er »hinter einem weißen Vorhang elf menschliche Köpfe in Kupfer gegossen; auf jedem ist der Zahn eines Elephanten (und) diese sind einige der Götter des Königs.«[143] Schon früher sahen Europäer den Palast des Oba, erwähnen in ihren Berichten jedoch nicht die Schreine, zu denen sie vermutlich keinen Zugang hat-

48 Portugiese, Benin. Messingplatte, H 48 cm. Museum für Völkerkunde, Berlin

ten. Ihnen aber sind die ersten Beschreibungen der ›bronzebeschlagenen‹ Palastpfeiler zu verdanken. Olfert Dapper, ebenfalls Niederländer, sammelte diese Berichte und veröffentlichte sie 1668 (deutsch 1671). Dapper erwähnt die Darstellung von Kriegszügen und Schlachten und zeigt eine Ansicht der Stadt mit dem Zug des Oba und einem Teil seines Palastes im Hintergrund (Abb. 47).

Heute geht man davon aus, daß auch der massenhafte Guß der dekorativen Platten für die Residenz des Herrschers erst möglich war, seitdem die Portugiesen Messing importierten. Häufig finden sich ihre Darstellungen auf den Platten und nicht selten tragen sie ›manillas‹ in den Händen – eben jene Handelsware, die für die Kunst Benins so überaus wichtig war (Abb. 48). Sie tragen die im 16. Jh. übliche Kleidung portugiesischer Seefahrer, sind aber auch ohnedies leicht an ihren langen, großen Nasen zu erkennen. Die mündlichen Überlieferungen schreiben die Einführung der Platten Esigie oder seinem Sohn Orhogbua zu (16. und 17. Oba, Anfang 16. Jh.). Nach einer Quelle geht diese Kunstform auf einen Gießer namens Ahammangiwa zurück, der die Portugiesen nach Benin begleitet haben soll, um dort auf solchen Platten den erfolgreichen Krieg Esigies gegen die Igbo, seine östlichen Nachbarn, zu verewigen. Diese Überlieferung ist jedoch nicht sehr verläßlich, und es bleibt wiederum die Frage offen, ob der Ursprung der Platten, des Wachsausschmelzverfahrens oder einfach nur ein beliebiges Ereignis behandelt wird.[144] Tatsächlich gibt es nur wenige Platten, die von Kriegszügen oder ähnlichen Ereignissen berichten, während sehr viele zumeist Könige, Edle und Höflinge in ritueller Pose zeigen. Auf diesen wird durchweg eine ›soziale Perspektive‹ eingehalten: Der Oba ist die größte Gestalt, der sich hohe Würdenträger, Krieger und schließlich das übrige Gefolge wie Diener und Abhängige anschließen (Farbabb. 1). Sind diese frontalen, nur wenig bewegten Darstellungen als ›afrikanisch‹ eingeschätzt worden, so glaubt man in anderen Platten die Einflüsse europäischer Perspektiven erkennen zu können.[145] Auf diesen Stücken sind Personen dargestellt, die Tätigkeiten ausüben, wie etwa jagen (Abb. 49). Frank Willett nimmt an, daß den Gießern möglicherweise illustrierte Bücher aus Europa bekannt waren, die überhaupt zu der in Afrika kaum anzutreffenden rechteckigen Plattenform geführt haben könnten. Auch wenn diese Frage nicht mehr definitiv beantwortet werden kann, bleibt doch die Tatsache, daß die Künstler von Benin die meisten fremden Anregungen in ihren eigenen Formenschatz integrierten. So wichtig die Präsenz der Portugiesen auch war, die Entwicklung von den flachen Reliefs der frühen Platten zu den hohen, nahezu vollplastischen Darstellungen der späteren ist von afrikanischen Künstlern getragen worden.

Nicht nur diese Tafeln dokumentieren die Entfaltung des Reiches sichtbar. Daneben werden zur Zeit der Kriegskönige noch weitere Kunstformen geschaffen, in denen sich die innere Differenzierung des Staates widerspiegelt. Eine davon sind Köpfe zum Gedenken an die Mutter des Oba. Die Überlieferungen berichten, daß der Titel der ›Königsmutter‹ von Esigie eingeführt wurde, dem schon erwähnten

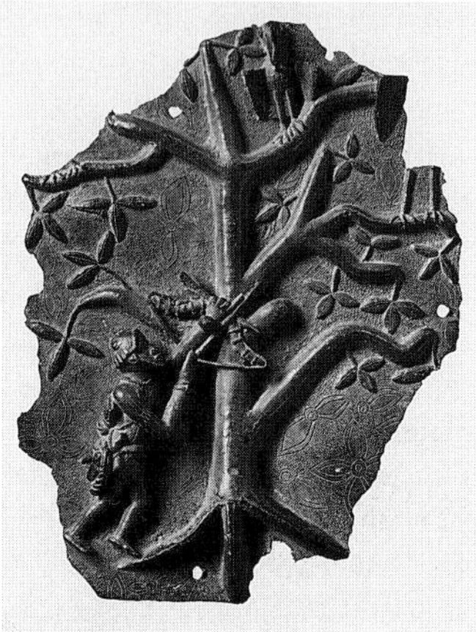

49 Jagdszene. H 45 cm

50 Kopf einer Prinzessin im Amt der Königsmutter. H 51 cm ▷

51 Figurengruppe mit Königsmutter. H 38,5 cm ▷▷

Alle: Benin. Messingplatte. Museum für Völkerkunde, Berlin

16. Herrscher der neuen Dynastie. Davor sollen die Mütter der Könige enthauptet worden sein, wenn ihre Söhne den Thron bestiegen. So hätten sie keine Rebellion anzetteln oder sich magischer Mittel gegen sie bedienen können. Esigie aber bat um das Leben seiner Mutter, damit sie ihm im Kampf gegen einen Rivalen hilfreich sei. Die Edo stimmten zu unter der Bedingung, daß, wenn sie als Königsmutter einen offiziellen Status erhalten solle, Esigie als Oba fortan keinen Kontakt mehr zu ihr haben dürfe.[146] In der Folge errichtete man der Mutter des Oba einen eigenen Hof, der sich etwas außerhalb vor den Toren der Stadt befand. In allen Staatsangelegenheiten wurde sie zu Rate gezogen. Jede neu installierte Königsmutter erhielt einen neuen Palast. Nach ihrem Tode hatte der Oba als ihr Sohn ihr zu Ehren einen Schrein im königlichen Palast zu errichten und jährlich Opfer darzubringen, in denen er seine Verwandtschaft mit ihr rituell anerkannte und erneuerte. Dieser Akt war trotz der großen Bedeutung der Königsmutter privater Natur. Er war komplementär zur offiziellen väterlichen Abstammung, der der Herrscher sein Amt verdankte. Auf den der Königsmutter geweihten Schreinen standen aber genauso in Messing gegossene Gedenkköpfe, die leicht an der hohen, etwas nach vorne weisenden Krone der Königsmutter zu erkennen sind (Abb. 50). In der späten Periode während des 18. und 19. Jh. traten vollständige, gemeinsam gegossene und auf einer Plinthe stehende Figurengruppen hinzu (Abb. 51). Diese

gewöhnlich ›Altarstücke‹ (›altarpiece‹) genannten Gruppen zeigen die Königsmutter mit ihrem Gefolge. Sie selbst steht in der hinteren Mitte, während links und rechts Dienerinnen eine Reihe bilden. Es sind junge Mädchen, die ihr vom Oba, anderen Familienmitgliedern oder abhängigen Dörfern anvertraut wurden. Sie lebten und dienten in ihrem Palast, bis sie das heiratsfähige Alter erreicht hatten. Dann konnte der Oba sie als Frauen bei sich aufnehmen oder sie an wichtige Noble verheiraten, um politische Allianzen zu festigen – ein Recht, das im übrigen auch seiner Mutter zustand.[147]

Neben diesen Altarstücken gab es bereits seit der frühen Periode einzelne freistehende Figuren, von denen jedoch nur wenige erhalten sind.[148] Zu den bemerkenswertesten gehören die Darstellungen portugiesischer Armbrust- oder Gewehrschützen. Sie tragen durchweg Kleidung und Rüstung aus dem 16. Jh., auch wenn sie erst in der späten Periode gegossen wurden (Abb. 52). Daß sie noch zu einer Zeit hergestellt wurden, da die letzten Portugiesen seit langem die Stadt verlassen hatten, hängt mit ihrer speziellen Aufgabe zusammen: Wahrscheinlich sollten sie an die militärische Unterstützung Oba Esigies durch die Europäer um 1515 erinnern.[149]

Ein anderes Beispiel für freistehende Figuren sind die Darstellungen der Prinzessin Edeleyo, von denen leider nur zwei erhalten sind (Abb. 53). Sie war die erstgeborene Tochter des Oba Ewuare und sollte

52 Portugiesischer Gewehrschütze, Benin. H 46 cm

53 Prinzessin Edeleyo, Benin. H 46 cm ▷
Beide: Messing. Museum für Völkerkunde, Berlin

die Thronfolge antreten. Der zweitgeborene Sohn des Ewuare, Ezoti, der als 13. Oba den Thron bestieg, erwies sich als Tyrann, so daß man ihn mit einem vergifteten Pfeil, der den Herrscher auf der Stirn traf, tötete. Damit das Volk die Wunde des gottähnlichen Herrschers nicht sähe, wand man sofort einige Perlenschnüre um seinen Kopf. Seit diesem Anschlag trugen alle Könige und hohen Würdenträger ein blutrotes Stirnband. Ewuares zweiter Sohn Olna sollte die Nachfolge Ezotis antreten, doch er weigerte sich zunächst aus Angst vor einem neuerlichen Attentat. Deshalb wurde die Prinzessin Edeleyo zur Thronfolgerin bestimmt, aber auf dem Weg zu ihrer Residenz befiel sie eine Krankheit, und ehe sie als Herrscherin installiert werden konnte, starb sie. Fortan schloß man Frauen von der Thronfolge aus. Doch Edeleyo huldigten die Edo bald als eine vollkommene, über den Menschen stehende Frau. Der Hintergrund dieser Geschichte wird auf der Plinthe, auf der die Figur steht, durch Pfeil und Bogen angedeutet. Die Schlangenlinie an der Pfeilspitze ist ein Zeichen des Giftes. Hüftschnur, gekreuzte Brustbänder und Halsketten sind Schmuck, der nur dem Oba und später der Königsmutter zustand. Ihre Nacktheit schließlich weist Edeleyo als junge, noch nicht verheiratete Frau aus.

Die Figur selbst ist, das zeigen die metallurgischen Untersuchungen,[150] wahrscheinlich erst im 18. Jh. gegossen worden, also mehr als 250 Jahre später. Vermutlich sollte sie eine andere, aber beschädigte ersetzen. Doch gerade darin zeigt sich, welch großen Wert die Kontinuität der Repräsentationsformen für die Herrscher darstellte. Ihre ungebrochene Fortführung bedeutet zugleich die Fortführung der Herrschaft, die über die Lebensspanne des einzelnen Oba hinausweist und letztlich überpersönlich ist. Sie – und nicht die individuellen Taten dieses oder jenes Königs – garantiert den inneren Zusammenhalt des Reiches.

Ganz deutlich wird diese Funktion in der Zeit des Niedergangs während des 19. Jh. und schließlich im 20. Jh. unter englischer Kolonialherrschaft. In der späten Periode bis zur Eroberung von Benin im Jahre 1897 werden die Gedenkköpfe immer aufwendiger gestaltet, während viele andere Kunstformen, die nicht direkt an die Schreine der verstorbenen Obas geknüpft sind, verschwinden. Der König blieb der einzige Auftraggeber für Metallgüsse.

Als die Briten kurz vor der Jahrhundertwende in die Stadt eindrangen, fanden sie viele der Kunstwerke, vor allem die dekorativen Platten, aufgestapelt in den Galerien und Räumen des Palastes. Etwa 2000 Stücke brachten sie nach London, wo sie zu einem großen Teil versteigert wurden. Währenddessen ging Ovoranmwen, der 35. und letzte Oba des unabhängigen Reiches, ins Exil. Viele Gießer und Handwerker verließen die Stadt und zogen sich in die umliegenden Dörfer zurück. Die Kunstproduktion brach ab. 1914 gestatteten die Briten jedoch dem ältesten Sohn des letzten Herrschers, als Oba Eweka II. den Thron von Benin wieder einzunehmen. Eine seiner ersten Taten war die Wiederherstellung der Gedenkschreine und eines Teiles des alten Palastes. Um die von den neuen Kolonialherren entwendeten Stücke ersetzen zu können, rief er Handwerker und Künstler wieder in die Stadt und erteilte ihnen für Repliken entsprechende Aufträge.[151] Für alle bisherigen Obas wurde ein gemeinsamer Schrein errichtet, während die künftigen je einen eigenen erhalten sollten. Gleichzeitig hob Eweka II. das Monopol des Königs auf die Bronzearbeiten auf: Er ließ einen Unterstand bauen, wo die Gießer arbeiten und ihre Erzeugnisse verkaufen konnten. Es ist heute die Arts and Craft School der Stadt Benin.[152] Während für den Oba nach wie vor die Kontinuität der Inhalte im Vordergrund steht, kauft die neue Klientel der Gießer die Stücke freilich aus anderem Interesse. Für die traditionellen Herrscher erzwangen die unverändert beizubehaltenden Themen weitgehend gleichbleibende Formen. Es änderten sich eher die stilistischen Ausführungsbestimmungen, die Typen des Dargestellten blieben die gleichen. Wo diese in ihren Augen über aller Zeit stehenden Verbindlichkeiten endeten, hatte es auch keinen Sinn mehr, an den Typen festzuhalten. Nicht zuletzt dadurch war die Gründung einer freien Kunstschule möglich.

Auseinandersetzung und Austausch: Die Atlantikküste und ihr Hinterland

Bald nachdem die Portugiesen in der zweiten Hälfte des 15. Jh. die Guineaküste erreichten und sich die ersten Handelskontakte zwischen ihnen und den verschiedenen dort lebenden Völkern entwickelt hatten, machten sich erste Einflüsse auf das Schaffen der afrikanischen Künstler bemerkbar. Wo die Portugiesen militärisch eingriffen, entstanden häufig Darstellungen von Soldaten. Anderenorts, wo der Handel im Vordergrund stand, wurden Kaufleute wiedergegeben. Nicht selten findet man auch beide nebeneinander, wie etwa in Benin, wo die Figuren der Schützen an die militärische Unterstützung durch die fremden Seefahrer erinnern sollten und die Darstellung der Kaufleute auf dekorativen Tafeln im Palast des Herrschers zur Befriedigung seiner repräsentativen Bedürfnisse dienten. Auf jeden Fall blieben aber die herkömmlichen Zusammenhänge und die sozialen wie künstlerischen Obligationen der Gießer bewahrt – so viel war im letzten Kapitel schon zu sehen.

Gleichzeitig gab es aber Aufträge von Portugiesen an einheimische Handwerker. Möglicherweise wurden die ersten bereits im 15. Jh. erteilt, spätestens jedoch zu Beginn des 16. Jh. So verzeichnet eine Zollliste aus dem Jahre 1504/5 eine große Zahl nach Portugal eingeführter Löffel und Salzgefäße aus Elfenbein.[153] Diese Schnitzereien stammten aus Serra Lyoa, dem heutigen Sierra Leone, wo die Seeleute sie vor allem auf der Sherbro-Insel, die ihnen als Handelsstützpunkt diente, herstellen ließen. Die heute meist ›afro-portugiesische Elfenbeinschnitzereien‹ genannten Arbeiten entstanden jedoch auch weiter östlich bei den Yoruba im Süden Nigerias, in der Stadt Owo und in Benin.

Die überwiegende Mehrheit der erhaltenen Elfenbeinschnitzereien – nach William Fagg etwa drei Viertel – stammt jedoch von der Sherbro-Insel.[154] Offensichtlich handelt es sich bei allen Stücken um direkte Auftragsarbeiten, denn seither ist im modernen Afrika nicht mehr eine dieser Schnitzereien gefunden worden. Zwar legt die im Vergleich zu Messing oder Bronze begrenzte Haltbarkeit von Elfenbein die Vermutung nahe, die afrikanischen Stücke hätten die Zeit nicht

54 Salzfäßchen der Sherbro. Elfenbein, H 27,4 cm. Museum für Völkerkunde, Berlin

55 Salzfäßchen der Sherbro. Elfenbein, H 21 cm. Museum für Völkerkunde, Berlin

überdauert, aber es gibt noch weitere Gründe, die für eine ausschließlich exportorientierte Produktion sprechen. Da sind zunächst die Entsprechungen zum Kunstgewerbe der Renaissance, insbesondere zu dem der Iberischen Halbinsel. Bestellt wurden u.a. kleinere Präziosen – repräsentative Ausstattungsgegenstände für die portugiesische Aristokratie und reichen Kaufleute: Salzfäßchen, Löffel und Gabeln. Daneben gab es Dolchgriffe und Jagdhörner, die als königliche Geschenke ihren Weg in die Kunstkammern der europäischen Fürstenhöfe fanden.

Die Salzfäßchen sind in Typus und Gestaltung den europäischen Vorbildern verpflichtet, in den stilistischen Details aber ganz afrikanisch. Die Behälter der Sherbro-Insel haben in der Regel einen kegelförmigen Sockel, auf dem sich häufig Menschen und nach oben blickende Tiere dargestellt finden (Abb. 54). Die Gesichter der letzteren weisen eindeutige Ähnlichkeiten zu den steinernen *nomoli*-Figuren aus dem Land der Mende und Temne auf, die wie die Sherbro (oder Bullom) im Süden des heutigen Sierra Leone leben.[155] Auf dem Sockel erhebt sich das eigentliche, annähernd kugelförmige Gefäß, häufig von diesem durch mehrere umlaufende Ringe getrennt. Nicht selten winden sich um diese Ringe Schlangen, deren Köpfe nach unten auf die aufgerissenen Mäuler der auf dem Sockel sitzenden Tiere weisen. Der kugelförmige Salzbehälter ist geteilt, so daß sich die obere Hälfte abnehmen läßt und als Deckel dient. Sie hat auf dem Zenit einen Griff, der in diesem Fall ebenfalls von einer Schlange umwunden wird. Darüber hinaus ist die Oberfläche mit Ornamentbändern dekoriert. Gelegentlich sind auf diesen Ornamentbändern Inschriften (Abb. 55) meist religiösen Inhalts wie hier »Espera in Deo« zu finden.

Im Gegensatz zu den Salzfäßchen der Insel Sherbro, die immer nur eine Kammer besitzen, verfügen die in Benin entstandenen über zwei.[156] Die beiden Kammern sind übereinander angebracht, so daß das gesamte Fäßchen dreiteilig ist. Auf ihnen werden immer portugiesische Soldaten dargestellt, die entweder stehen oder auf Pferden reiten (Abb. 56). Die thematische Variationsbreite ist also sehr gering. Daneben gibt es zwischen den Stücken aus Benin und denen von Sherbro noch stilistische Unterschiede: Die Handwerker der Elfenbeinschnitzergilde in Benin überzogen das gesamte Äußere der Fäßchen mit einem dichten Dekor, so daß nirgends mehr eine glatte, ebene Fläche blieb.

Die Elfenbeinlöffel sind nicht weniger sorgfältig gearbeitet als die Salzfäßchen, waren aber wohl für eine weniger wohlhabende Käuferschicht bestimmt (Abb. 57). Auf jeden Fall muß es erheblich preisgünstiger gewesen sein, entsprechende Aufträge afrikanischen Handwerkern zu erteilen, als die Stücke von europäischen Werkstätten fertigen zu lassen. Man hat daher auch von der ersten ›Touristenkunst‹ gesprochen, was jedoch nur eingeschränkt gelten kann: Bei den Elfenbeinschnitzereien handelt es sich nie um Massenware, sondern jedes Stück war ein fein gearbeitetes Unikat.

Die besten Stücke dienten als wahrhaft königliche Geschenke. Besonders die häufig ›Olifanten‹ genannten Jagdhörner gehörten zu dieser Gruppe (Abb. 58). Sie konnten an Traditionen aus der mediterranen Welt anknüpfen, denn orientalische Elfenbeinarbeiten waren damals im Abendland sehr begehrt und teuer und wurden zunächst aus islamischen Werkstätten bezogen.[157] Eine weitere Bezugsquelle war hier sicher willkommen. Welche hochstehenden Persönlichkeiten diese Stücke besaßen, verraten Wahlsprüche, die sich zum Teil auf den Hörnern finden. So muß eines, das sich heute in einer amerikanischen

56 Salzfäßchen. Mittelteil und Deckel, Benin. Elfenbein, H 12 cm. Museum für Völkerkunde, Berlin

Privatsammlung befindet, ursprünglich Manuel I. von Portugal (König 1495–1521) oder Ferdinand V. von Kastilien-León zugedacht worden sein. Anlaß war wohl die Verbindung des ersten mit einer der Töchter des spanischen Herrschers. So wird eine annähernde Datierung möglich: 1497 heiratete Manuel Isabella und nach deren Tod im Jahre 1500 ihre jüngere Schwester Maria.[158] Während bei den kleineren, sicher überwiegend in Afrika hergestellten Objekten gelegentlich Irrtümer vorkommen, sind hier sämtliche emblematischen Details so genau erfaßt, daß eine direkte Überwachung der Arbeiten vermutet

Farblegenden

1 Oba mit Gefolge, Benin. Messingplatte, H 48 cm. Museum für Völkerkunde, Berlin

2 Elfenbeinerne Gürtelmaske, Benin. H 25 cm. Metropolitan Museum of Art, New York

3 Terrakottakopf, Ife. H 19 cm. Museum für Völkerkunde, Berlin

4 *kiwoyo*-Maske der Pende. Holz, H 52 cm. Museum Rietberg, Zürich

5 *yarajo*-Maske bittet einen Zuschauer um eine Gabe

6 und 7 *yarajo*-Maske des *poro*-Bundes von Nafoun

8 Inthronisationsfest für den König von Bekom, Jinabo II.

9 Auftritt der *mabuh*-Maske des *kwifon*-Bundes, Oku

10 *tankagle*-Maske und Besitzer; Dan, Liberia

11 *kagle*-Maske mit Musikern; Dan, Liberia

12 *yarajo*-Maske unter den Trauernden bei einer Beerdigung

13 Auftritt der Führermaske *kam* während eines Totengedenkfestes

14 Auftritt der Übelwollenden Maske der Tikar

15 Maskengesellschaft auf einem Totengedenkfest in Oku

16 Neu eingeführte Maske eines *poro*-Bundes und initiierte Frauen, Kafibele-Region

18 Trauernde Angehörige des Toten tanzen zur Musik des Xylophonensembles in Nafoun

19 Tanzende Antilopenmaske des *dye*-Ensembles der Guro

1

3

6

10

11

12 ▷

13

14

15

16

17

18

19 ▷

wurde. Wo dies hätte geschehen können, muß vorläufig offen bleiben, doch ist nicht auszuschließen, daß die Portugiesen zu diesem Zweck afrikanische Handwerker nach Europa kommen ließen.

Die afro-portugiesischen Elfenbeinschnitzereien können jedoch nur eingeschränkt als Mischformen europäischer und afrikanischer Kunst bezeichnet werden. Deutlich läßt sich eine Anlehnung an die Renaissance erkennen, jedoch in Stil und Ausführung überwiegen afrikanische Einflüsse. Zwar zeigen die Stücke, daß sich die Schnitzer den Wünschen der neuen Auftraggeber schnell anpassen konnten, doch sind die Gegenstände – Salzfäßchen, Löffel oder Jagdhörner – einzig dem europäisch-aristokratischen bzw. bürgerlichen Lebenszusammenhang zuzuordnen. Die Kulturen bleiben sich fremd, und die Schnitzereien müssen zumindest teilweise als Erzeugnisse von Künstlern gelten, die ihrer eigenen Lebenswelt entfremdet waren.

Zu echten Mischformen kommt es dagegen weiter südlich im Bereich der Mündung des Zaïre (Kongo). Als Diogo Cão im Jahre 1484 als erster Europäer den gewaltigen Strom erreichte, berichtete man ihm von einem mächtigen Fürsten im Hinterland. Es war Nzinga a Nkuwu, der ›mani kongo‹ (Herrscher des Kongo).[159] Die Portugiesen versuchten zunächst friedliche Beziehungen mit seinem Reich zu etablieren. Diese frühen diplomatischen Kontakte sind jedoch weniger auf Respekt vor dem fremden Herrscher und seiner Kultur zurückzuführen, wie man häufig liest, sondern eher auf die Tatsache, daß dem kleinen Land Portugal mit damals gerade einer Million Einwohnern für eine direkte Kolonialisierung nicht genug Menschen zur Verfügung standen. Man war einfach auf die Unterstützung lokaler Machthaber angewiesen, sollten wirtschaftliche Interessen durchsetzbar sein. Hinzu kam, daß die Propagandisten des Engagements in Übersee zu Beginn einen eher schwachen Stand in der portugiesischen Innenpolitik hatten und sich personell wie finanziell mit begrenzter Unterstützung zufrieden geben mußten.[160] Sie waren darauf angewiesen, schnell Gewinne vorweisen zu können. Im Zentrum des Interesses standen daher die Goldküste, das heutige Ghana, und später Ostindien. Die Kongoküste und Angola blieben bis ins 19. Jh. von untergeordneter Bedeutung. Hierher kamen der Kleinadel, jüngere Abenteurer, fremde, nicht portugiesische Missionsgesellschaften, Händler ohne eigenes Kapital und Kriminelle. Mit der Zeit schufen sie eine Atmo-

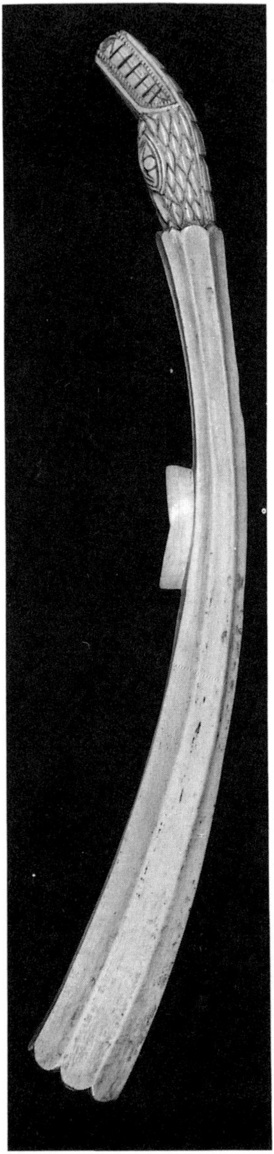

sphäre der Rücksichtslosigkeit und Erbarmungslosigkeit. Die wesentlichen Züge dieser früh eingeleiteten Entwicklung beschreibt der Historiker Joseph Miller so: »Die Abtrünnigen, denen es in Afrika gut ging, erreichten ihre mäßigen Erfolge, indem sie der Metropole [i. e. Lissabon], die sie verachtete, den Rücken zuwandten. Die portugiesische Krone und die etablierte städtische Bourgeoisie scheiterten wiederholt bei dem Versuch, diese Portugiesen in Afrika unter ihre Kontrolle zu bringen. Die Kolonisten bauten in der Zwischenzeit durch Heiraten und politischen Einfluß Verbindungen zu afrikanischen Höfen auf, engagierten sich in örtlichen Handels- und Produktionsformen und beschäftigten lokale Sklaven zu ihrem eigenen Vorteil. Die Institutionen, die sie in Afrika schufen, blieben dem Namen nach portugiesisch, hatten aber mehr Afrika denn Europa zu verdanken.«[161]

Auch die anfänglichen Missionserfolge – 1491 wurden der ›mani kongo‹ und einige Noble getauft – waren keine ›Bekehrungen‹ im eigentlichen Sinne: Dem Herrscher stand bei Ankunft der Portugiesen eine Reihe mächtiger Lokalfürsten gegenüber. Die militärisch gut ausgerüsteten Europäer hatten hingegen keine Verbindungen zu seinen heimischen Rivalen und waren somit die idealen Partner zur Festigung der eigenen zentralen Herrschaft. Mit dem Christentum ließ sich zudem ein gemeinsamer Glaube unter der Führung des Königs einführen. Die zahlreichen lokalen, häufig an Abstammung gebundenen religiösen Praktiken und Verpflichtungen ließen sich so leichter überbrücken. Das Christentum machte den afrikanischen Herrscher von den einzelnen Interessengruppen und deren Vertretern am Hofe unabhängiger, brachte ihn jedoch in die Abhängigkeit von neuen, gewöhnlich schlecht unterrichteten, oft schwachen und unzuverlässigen Partnern. In der Folge mußten sich die Monarchen ausländischen wirtschaftlichen Interessen, vor allem dem von den Euro-Afrikanern organisierten Sklavenhandel, mehr und mehr öffnen. Fremde nahmen nun die Schlüsselpositionen im Innern des Reiches ein.[162]

◁◁ 57 Blashorn mit Krokodilkopf; Sherbro, Bullom, Temne. Elfenbein, L 53,5 cm. Staatl. Museum für Völkerkunde, München

◁ 58 Olifant-Horn, Sierra Leone. Elfenbein, L 57 cm. Rautenstrauch-Joest-Museum, Köln

59 Figur des hl. Antonius von Padua, Zaïre. Holz, H 51 cm. Museum für Völkerkunde, Berlin

Als Bezeichnung für den neuen Kult übernahmen die Missionare das Wort ›nzambi‹, obwohl es ursprünglich wohl für den ›mani kongo‹ oder den König von Portugal als dem ›Herrscher der Welt‹ stand.[163] In dem durch die engen Verbindungen zu den wirtschaftlich dominierenden Euro-Afrikanern entstandenen kulturellen Klima wuchsen bald religiöse Mischformen heran, die mit dem ›reinen‹ Christentum nurmehr wenig gemein hatten. Zwar wurden im 16. und 17. Jh. zahlreiche christliche Kultgegenstände aus Portugal importiert, doch begann man schon kurz nach Ankunft der ersten Missionare, sie auch an Ort und Stelle fertigen zu lassen. Diese Stücke folgten noch weitgehend den europäischen Vorbildern, doch mit der bald darauf einsetzenden Entfremdung gewannen sie einen eigenen Charakter – wie die Kultur, die sie repräsentieren. Als Beispiel soll hier eine Figur des heiligen Antonius von Padua – damals Schutzheiliger der portugiesischen Seefahrer – dienen (Abb. 59).[164] Der Heilige ist zwar wie ein europäischer Geistlicher gekleidet und trägt in der rechten Hand ein Kruzifix, aber schon in der Art, wie die Christusfigur wiedergegeben ist,

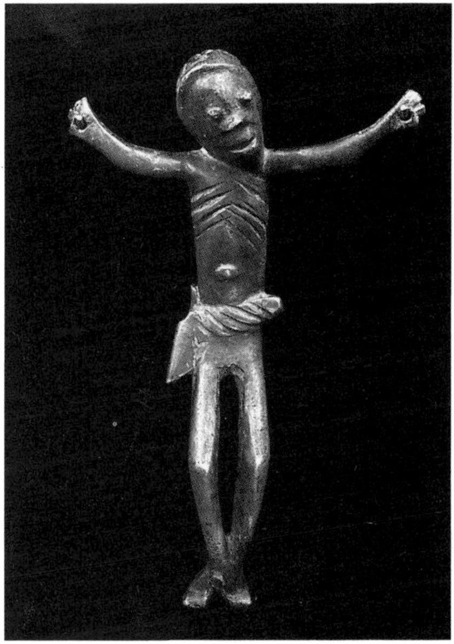

60 Kruzifix, unterer Zaïre. Messing, H 17 cm. Museum für Völkerkunde, Berlin

die sich auf einer in der linken Hand gehaltenen Bibel befindet, fallen die Unterschiede zu den Vorbildern ins Auge. Ihre Gesichtszüge sind denen der Völker am unteren Zaïre nachempfunden, und in der rechten Hand hält sie einen Fliegenwedel – ein afrikanisches Zeichen königlicher Würde und Hoheit!

Ähnlich verläuft die Entwicklung bei den christlichen Kreuzen. Sie werden später mit dem Namen *santu* bezeichnet, der zwar dem Portugiesischen entlehnt ist, hier aber seine ursprüngliche Bedeutung verliert. Die Darstellungen der Christusfigur werden einfacher, die Körper lassen nicht mehr, wie ihre Gegenstücke aus Portugal, Muskeln und Gelenke erkennen. Die Behandlung ist summarisch, wie besonders deutlich an der Darstellung der Rippen zu sehen (Abb. 60). Einen erheblichen Schritt weiter gehen die *nzambi nkisi* genannten Figuren, die mit ausgebreiteten Armen in einem Rahmen stehen (Abb. 62). Ihre Bezeichnung wurde von den Missionaren des 20. Jh. mit ›Gottesfetisch‹ übersetzt (*nzambi* heißt ›Gottesname‹, *nkisi* ›Fetisch‹). Läßt man einmal den pejorativen Beigeschmack der Übersetzung beiseite,

61 Soldat, Benin.
Holz, H 56 cm.
Rautenstrauch-Joest-Museum, Köln

bleibt doch die Tatsache, daß die ehemals christlichen Glaubensformen hier schon eine nahtlose Symbiose mit den tradierten afrikanischen eingegangen sind: Die *nkisi* stellen in der Regel Geistwesen dar, die in traditionellen Heilverfahren verwendet werden oder aber bei der Jagd helfen sollen. Manchmal werden sie mit den entferntesten, der Menschenwelt schon entrückten Vorfahren der Gruppe, die sie benutzt, in Verbindung gebracht.[165] Nicht anders bediente man sich auch der *nzambi nkisi*. Eine Trennung der ursprünglich verschiedenen Grundüberzeugungen ist nicht möglich. Und was kulturell nicht zu scheiden ist, kann auch in seinen künstlerischen Ausdrucksformen nicht mehr auseinanderdividiert werden.

Neben der Inkorporation der neuen Elemente des Christentums blieb der Blick auf die Fremden, die Europäer selbst. Wenige Untersuchungen haben sich bisher diesem Thema gewidmet. Eine Pionierarbeit war das Buch ›Der Weiße im Spiegel der Farbigen‹ von Julius Lips, dem ehemaligen Direktor des Rautenstrauch-Joest-Museums in Köln. Durch die Herrschaft der Nationalsozialisten wurde das Erschei-

62 *nzambi,* männliche Figur im Rahmen; wahrscheinlich Holo. Holz, H 26 cm. Staatl. Museum für Völkerkunde, München

nen seiner Arbeit in Deutschland zunächst verhindert. Es konnte 1937 in London unter dem Titel ›The savage hits back‹ publiziert werden. Die 1983 erschienene deutsche Übersetzung hatte ein neuerliches Interesse an dem Thema zur Folge. In den nachfolgenden Untersuchungen[166] gilt nicht mehr nur der Europäer als das selbstverständliche Gegenüber des Afrikaners. Da das Fremde in afrikanischen Gesellschaften sehr häufig – aber nicht immer – in Bildern des Bekannten, des ›Schon-einmal-dagewesenen‹ gedeutet wird, fragt man nun, in welche Schemata die Europäer eingeordnet wurden, welche Erklärungen der Welt und des Lebens auf sie bezogen waren.

Welches ferne, gleichwohl deutliche Echo die Ereignisse der frühen Kolonialzeit noch heute haben können, zeigt die Kunst der östlichen Nachbarn des Kongoreiches, denn sie hatten am meisten unter dem Sklavenhandel zu leiden. Die euro-afrikanischen Geschäftemacher organisierten ihre Unternehmungen von der Küste aus. Die wichtigsten Häfen waren Luanda und, nachdem dieser im 17. Jh. vorübergehend unter niederländische Kontrolle geriet, Benguela, beide im heutigen Angola gelegen. Besonders das schmale, von den Portugiesen gerade noch militärisch kontrollierte Hinterland Luandas avancierte zum Hauptumschlagplatz für den Handel mit der Ware Mensch.[167] Östlich schlossen sich einige mehr oder weniger stark zentralisierte afrikanische Königreiche an, unter ihnen das der Imbangala in der Region Kasanje am Oberlauf des Kwango. Unter dem militärischen Druck aus Westen und um ihre eigene Herrschaft zu konsolidieren, vertrieben sie die vorher dort ansässige Bevölkerung, die nach Nordosten auswich und sich zwischen den Flüssen Kwilu und Kasai im Gebiet des heutigen Staates Zaïre niederließ.[168] Sie, die Pende, kannten keine Königreiche. Die größten politischen Einheiten umfaßten nur wenige Dörfer. So blieben sie auch später noch dem Zugriff der Sklavenhändler ausgesetzt, denn um 1650 mußten die Herrscher Kasanjes fremde Sklavenjäger als ›Alliierte‹ akzeptieren. Fortan stellten sie für fast 200 Jahre die Hauptquelle für den Menschenumschlagplatz Luanda dar. Die Sklavenrazzien wurden dadurch über den Kwango hinaus weit ins östliche Hinterland vorgetrieben und erreichten dort wieder die Pende. Ähnlich verliefen die Entwicklungen im Norden und Süden: Im 17. Jh. hatten die Könige der Kongo ihre einstige Macht fast vollständig eingebüßt. Ihre Rolle war auf einige rituelle Funktionen reduziert, während die Provinzfürsten sich mehr und mehr an dem über ihr Gebiet abgewickelten Sklavenhandel zu beteiligen suchten.[169] ›Prospektoren‹ durchzogen die östlich gelegenen Landstriche, lange Karawanen wanderten zu den Endpunkten der Handelsstraßen, die nach Mpinda (heute Soyo), Luanda oder Benguela führten. Einer dieser Auffangorte im Innern war Pombo, jetzt ein unbedeutender Ort in der Provinz Uige in Angola. Nach ihm nannte man die Sklaventreiber ›Pombeiros‹, unabhängig davon, wohin sie ihre Opfer verschleppten. Die Pende erinnern diese wenig rücksichtsvollen Gestalten in ihrem Maskenwesen als ›Totschläger‹.

Die westlichen Pende besitzen zwei grundverschiedene Maskentypen.[170] Der eine ist abstrakt gestaltet und stellt die seit langer Zeit verstorbenen idealisierten Ahnen dar. Der andere Typus – nur um diesen geht es hier – stellt die Gesichter Sterbender dar. Diese *mbuya*-Masken sind mit Beschneidung und Initiation der Knaben verbunden, ihrem symbolischen Tod und ihrer anschließenden Wiedergeburt als Erwachsene. Die Zeit dazwischen verbringen die Jugendlichen getrennt

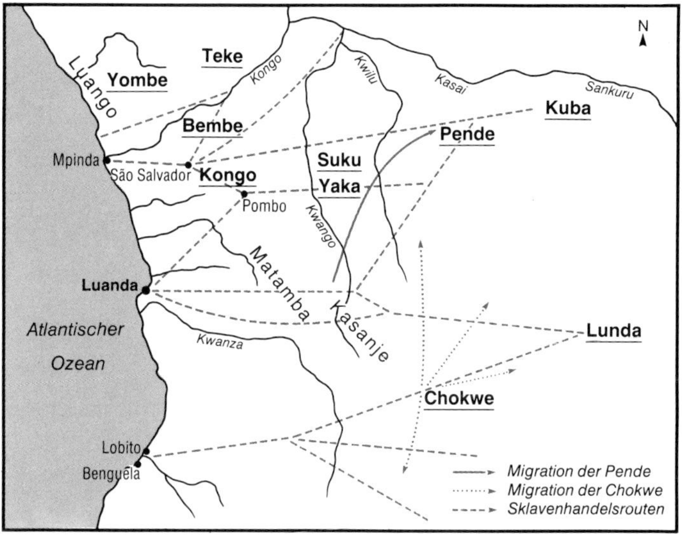

Die Niederguineaküste und das südliche Zentralafrika im 19. Jh.

von Frauen und Kindern in einem Lager außerhalb des Dorfes. Dort draußen in der Wildnis weiht man sie in die Geheimnisse der Masken ein. Sie erfahren, daß die Masken der Ahnen von gewöhnlichen Männern getragen werden und diese nicht die Verstorbenen selbst sind, wie man ihnen in der Kindheit sagte. Sind ihnen die Maskenträger enthüllt, haben die jungen Männer das Recht, selber Masken zu tragen. Die *mbuya*-Masken aber »treten auf, wenn die Beschnittenen aus der Welt der Ahnen [i. e. das Lager im Busch] in die Gemeinschaft der Lebenden zurückkehren. Sie markieren einen liminalen Status, in dem man nicht mehr ganz auf die Rolle festgelegt wird, die einem im Alltagsleben zufällt.«[171] Heute werden sie auch außerhalb dieses Kontextes getanzt, doch nach wie vor ist ihr Auftritt mit der Aufhebung ritueller Verbote verknüpft.

Man kann hier, wie selten in Afrika, von einem Maskenspiel sprechen. Der Tanz der *mbuya* gleicht, trotz des düsteren Ausdrucks, den sie als Sterbende haben (Abb. 63), einer traurig-komischen Parodie tatsächlicher Ereignisse oder Gestalten. Doch wäre es falsch, ihren Auf-

64 *mbuya*-Maske der Pende. Holz, Raffia, Stoff, H 38 cm. Rautenstrauch-Joest-Museum, Köln

tritt als Karikatur zu verstehen: Die dargestellten Begebenheiten sind häufig Teil der Lebensgeschichte der Maskenträger, und ihre Verkörperung ist ein Mittel, sich mit solchen oftmals bedrängenden, aber auch grotesken oder lächerlichen Ereignissen auseinanderzusetzen. So stellt ein fleißiger und sparsamer Mann sich in der Maske eines Dinga (ein Nachbarvolk der Pende) dar. Der Fremde hält, um seinen Fleiß zu demonstrieren, noch beim Tanz Messer und Axt in den Händen. Ein anderer »jagt den Büffel, der seinen Vater getötet hat; gelingt es ihm, ihn zu erlegen, so mag er die Büffelmaske tragen, scheitert er, so stellt er sich als alte Frau in Lumpen dar. [...] Jemand, der im Wald eine Frau mit einer großen, blutenden Wunde gerettet hatte, tanzte die Figur des dreckigen Yaka [ebenfalls Nachbarn der Pende], der Angst hat zu verfaulen.«[172]

Daneben gibt es aber fünf *mbuya*-Masken, die keine Ereignisse aus dem Leben der Träger widerspiegeln. In ihnen finden die Erfahrungen, die sie während der Sklaverei mit Fremden machen mußten,

◁ 63 *mbuya*-Maske der Pende. Holz, Raffia, Stoff, H 29 cm. Staatl. Museum für Völkerkunde, München

ihren Ausdruck. Freilich sind es keine bewußten, gewissenhaften Erinnerungen, vielmehr verdichtete sich in diesen Masken das Erlebte zu festen Typen, die aufgrund ihrer Eindringlichkeit leichter tradierbar waren.

Zwei dieser Masken, *kiwoyo* und *muyambo*, tragen lange Bärte, die zusammen mit dem Gesicht aus einem Holzstück geschnitzt werden (Farbabb. 4). Beide Namen sind der Sprache der Kongo entlehnt und bezeichnen die Totengeister von Fremden. Das Wort *muyambo* kann darüber hinaus für Trauer und das Haus des Verstorbenen stehen. In den Gesichtern dieser Masken bricht sich im doppelten Sinne das Leben fremder Wesen.[173] Eine weitere Maske heißt *phota* – das bedeutet Maniok – und trägt ein gewaltiges Kleid aus Blättern dieser erst von den Portugiesen eingeführten Nutzpflanze.

Einen Dorfführer oder Fürsten stellt *fumu* dar. Diese Maske zeichnet sich durch einen drei- oder mehrzackigen Kopfputz aus – eine Form, die gut mit der dreikantigen Gestaltung der hölzernen Gesichtsmaske korrespondiert (Abb. 64). Begleitet wird *fumu* von einem Schirmträger, ein sonst in Afrika weit verbreitetes Zeichen hoher Würde. Den Pende aber sind der dreizackige Kopfputz sowie Schirme

65 *mbuya*-Miniaturmaske der Pende. Elfenbein, H 6 cm. Sammlung Mestach

als Insignien ihrer Anführer fremd. Die Gestaltung des Kopfputzes geht möglicherweise auf Frisuren der Lunda zurück. Bis ins 19. Jh. waren sie die dominierende Regionalmacht südlich der Pende. Woher die Schirme kamen, muß offen bleiben, sicher scheint aber, daß auch diese Masken Fremde darstellen.[174]

Auch die letzte der fünf alten *mbuya*-Masken trägt einen solchen Kopfputz. Sie wird *phumbu* genannt, der ›Totschläger‹. Ihr Name ist wohl von den ›Pombeiros‹, den Sklaventreibern und Prospektoren der euro-afrikanischen Menschenhändler, oder direkt von dem Zielort der Sklavenkarawanen, Pombo, abgeleitet. »In der Komödie schwingt *phumbu* in jeder Hand ein zweischneidiges Messer, zwei Akolythen halten ihn an der Leine, da er droht, sich voller Mordlust auf die Zuschauer zu stürzen.«[175] Eine treffendere Darstellung läßt sich kaum denken, auch wenn sich seit der zweiten Hälfte des 17. Jh., als die Pende das Hinterland der Atlantikküste verließen, einige Details aus anderen Zusammenhängen eingeschlichen haben. Doch selbst der Kopfputz, der eher auf lokale Fürsten denn auf fremde Sklavenjäger verweist, kann hier seine Berechtigung haben, schließlich ließen sich diese Herrscher nicht ungern in die Geschäfte der Euro-Afrikaner an der Küste einspannen.

Die *mbuya*-Masken konnten im Gegensatz zu denen vieler Bünde wie persönlicher Besitz vererbt werden. Da die fünf alten *mbuya* auch bei Heilritualen mitwirkten, hatte das für die Träger und ihre Verwandten unmittelbar praktische Bedeutung: Man konnte sich so unter den Schutz einer bestimmten Maske stellen. War man einmal von ihr geheilt worden oder durfte man sie selbst tanzen oder war man auch nur mit einem Maskenträger verwandt, ließ man sich eine kleine Replik der Maske anfertigen und trug sie an einer Schnur auf der Brust (Abb. 65). Der größte Teil dieser Nachbildungen war aus Holz oder anderen unedlen Materialien, allein die fünf alten *mbuya* wurden in Elfenbein geschnitzt. Tragen durften sie nur die Männer der Lineage, der die Maske gehörte. Frauen und Kindern, also allen Nicht-Initiierten, waren nur Nachbildungen aus Metall, Knochen oder ähnlichen, wenig wertvollen Stoffen erlaubt. Die Anhänger wurden schließlich zu einem Merkmal der eigenen Identität. Sie waren sichtbares Zeichen der besonderen Beziehung, die zwischen dem Träger und der *mbuya* bestand.

Ähnliche Prozesse haben sich nicht nur in der Vergangenheit abgespielt, sie sind heute allenthalben in Afrika zu beobachten – besonders dort, wo die Kontakte mit anderen Kulturen weit in die Vergangenheit zurückreichen oder besonders intensiv sind. Als Beispiel seien hier nur die zahlreichen synkretistischen Kirchen genannt, die an der Guineaküste entstanden sind und weiter entstehen. Wenn sich irgendwo in Afrika die lebendige Entwicklung künstlerischer Ausdrucksformen verfolgen läßt, dann hier. Doch leider liegen zu diesem Feld nur wenige Untersuchungen vor. Die ›klassischen‹ Kunstformen stehen noch immer im Mittelpunkt des wissenschaftlichen Interesses. Dennoch liegt gerade in der Beobachtung des heutigen Geschehens eine große Chance für die Kunstwissenschaft in Afrika – auch für eine historisch orientierte, erlaubt doch die genaue Kenntnis der gegenwärtigen gesellschaftlichen Entwicklung wichtige Rückschlüsse auf die Vergangenheit.

Kunst im Leben

Die Beschäftigung mit der Geschichte künstlerischer Ausdrucksformen in Afrika führt zu einem Problem, das sich im Rahmen kunsthistorischer Forschung nicht mehr lösen läßt: Einerseits ist Kunst in Afrika sehr viel enger als die in Europa mit der Gesamtheit der Gesellschaft verflochten. Alle Beispiele, die im ersten Teil des Buches dargestellt wurden, belegen das. Und das zeigt auch die Tatsache, daß es fast nirgends in Afrika ein Wort für ›Kunst‹ gibt – also ein begrifflich und kulturell abgrenzbares Feld, das Plastik, Malerei, Theater, Tanz oder Musik von anderen Bereichen der gesellschaftlichen Lebenswelt trennt. Andererseits kann das notwendige Wissen über eine Gesellschaft und deren Künstler niemals aus dem materiellen Zeugnis oder dem Kunstwerk allein erschlossen werden. Zu welchen Fehlschlüssen ein solches Vorgehen führen kann, hat das Beispiel von Zimbabwe gezeigt. Kunstwissenschaftliche Forschung muß sich immer überprüfbarer, regelgeleiteter Rekonstruktionen bedienen.

Auch das Verstehen einer fremden Gesellschaft und ihrer Lebenswelt ist keine Sache der Intuition. »Dieses Hineindenken und Herauslesen«, so der Kunstsoziologe Alphons Silbermann, »ist aber gerade eines der beliebtesten Spielchen von um das Gesellschaftliche und Gesellschaftstheoretische bemühten Kunstdeutern.«[176] Mit anderen Worten: Bei der Beschäftigung mit Kunst in Afrika darf niemals nur von einem irgendwie erschließbaren ›sozialen Hintergrund‹ ausgegangen werden, vielmehr muß die Gesellschaft selbst zentraler Bezug aller Forschung sein. Ja gerade die bisherigen Beispiele zeigen, wie stark auch eine kunstgeschichtliche Forschung auf dieses Wissen angewiesen ist.

In diesem Teil soll daher gezeigt werden, wie eine solche gesellschaftswissenschaftliche Vorgehensweise aussehen kann, welche

Arbeiten bisher geleistet wurden und welche noch zu leisten wären. Dabei wird man sich häufig der Methoden der allgemeinen Ethnologie und benachbarter Wissenschaften bedienen müssen. Auch soziologische Verfahren haben eine große Bedeutung für die hier zu behandelnden Fragen, obwohl sich die Ergebnisse der hauptsächlich an der europäischen Tradition orientierten Kunstsoziologie nur bedingt auf die Verhältnisse in Afrika übertragen lassen.[177] Es kann auch nicht darum gehen, einfach Resultate zu übernehmen. Vielmehr soll die Gesamtheit der gesellschaftlichen Praxis, in die das künstlerische Handeln eingebettet ist, nach sinnvollen, begründbaren Kriterien erfaßbar gemacht werden. Damit wird die Identität der Handelnden bzw. der Künstler keineswegs ausgeklammert, denn gerade Maß und Umfang individueller oder besser individualisierender Ausdrucksformen werden zu einem nicht geringen Teil gesellschaftlich bestimmt. Das aus sich selbst schöpfende Genie ist eine Fiktion des bürgerlichen Kunstbegriffes und in afrikanischen Gesellschaften völlig absurd. Um also überhaupt erst erkennen zu können, was eigentlich Person und Identität eines Künstlers sind, muß bekannt sein, was die Lebenswelt ausmacht, in die er seit seiner Kindheit hineingewachsen ist und in der er ja nach wie vor handelt. In diesem Sinne soll das Verstehen[178] gesellschaftlicher Praxis und persönlicher Identität hier als zentrale Fragestellung der dargestellten Beispiele dienen.

Damit Menschen zusammenleben und überhaupt erst eine Gesellschaft bilden können, müssen folgende Bedingungen erfüllt sein: Es muß erstens eine gemeinsame Sprache existieren, damit sich alle Angehörigen mit Hilfe gemeinsamer Begriffe und Deutungsmuster verständigen können. Der Vorrat allgemein anerkannten Wissens, die überlieferte ›Weltanschauung‹, bildet den kulturellen Bestand einer Gesellschaft, dessen Kern, der gegen Kritik meist stark immunisiert ist, in weniger komplexen Gesellschaften häufig in der Form von Mythen oder religiösen Überzeugungen weitergegeben wird. Die Beziehungen künstlerischer Ausdrucksformen zu diesen kulturellen Wissensbeständen werden am Beispiel der Dogon dargestellt.

Zweitens muß sich jede Gesellschaft eine Ordnung geben, damit die Identität sozialer Gruppen gewährleistet bleibt. Die Bedeutung dieser Bedingung gesellschaftlichen Zusammenlebens wird offensichtlich, wenn man an die vielen Möglichkeiten verwandtschaftlicher Organisation denkt. Obwohl es den Mitgliedern einer jeden Gesellschaft so scheint, sind Abstammung oder Familie durchaus keine natürlichen Gegebenheiten. Wer ein Verwandter, ein Angehöriger oder ein Fremder ist, zu dem man sich freundschaftlich und solidarisch verhält oder nicht, kann von einer Gesellschaft zur anderen sehr verschieden definiert sein. Das gilt nicht weniger für alle anderen sozialen Organisationsformen: Bünde, Altersklassen, Aristokratien, Staaten etc. Das Verhältnis afrikanischer Kunst zur sozialen Organisation wird vorgestellt anhand einer zentralisierten und hierarchisierten Gesellschaft, der des Kameruner Graslandes, und einer segmentären ohne politische Zentralinstanz, der der Senufo an der nördlichen Elfenbeinküste.

Das letzte Kapitel wird sich mit dem Identitätsproblem des Künstlers in afrikanischen Gesellschaften beschäftigen. Es geht, mit anderen Worten, um die Abstimmung seiner individuellen Lebensgeschichte, seiner persönlichen gestalterischen Ziele mit den kollektiven Repräsentationsformen, die sich im allgemein anerkannten künstlerischen Stil widerspiegeln. Allgemeiner formuliert ist dies jedoch eine Frage, die sich genauso für die Betrachter von Kunst oder für die Teilnehmer an einem Ritual stellt: Sie alle müssen, um die allgemein gültigen künstlerischen Ausdrucksformen verstehen zu können, die Sprache, derer diese sich bedienen, beherrschen. Damit also ihnen die Kunst überhaupt etwas ›sagt‹, müssen die Angehörigen einer Gesellschaft an den Verständigungsprozessen generell teilhaben können.

Alle drei Bedingungen sind notwendige Voraussetzungen für den Erhalt einer gemeinsamen Lebenswelt.[179] Und mit allen dreien ist Kunst in Afrika eng verknüpft. Sie ist ein Ausdruck der gesamten Lebenswelt, nicht nur eines Teiles von ihr. Wenn in den folgenden Beispielen jeweils nur ein Aspekt hervorgehoben wird, so geschieht das allein aus Gründen der Darstellung und der unterschiedlichen Betonung der heute vorliegenden Forschungsarbeiten.

Kultur: Die Dogon

Die Beziehungen zwischen Kultur und Kunst eines Volkes waren schon sehr früh ein Schwerpunkt des Interesses an afrikanischer Plastik und Malerei. So schrieb bereits 1915 Carl Einstein in seinem Buch ›Negerplastik‹ – eine der allerersten Veröffentlichungen, die sich der afrikanischen Skulptur widmeten – über ›Religion und afrikanische Kunst‹ das Folgende: »Die Kunst des Negers ist vor allem religiös bestimmt. [...] Der Verfertiger arbeitet sein Werk als die Gottheit oder ihr Bewahrer, das heißt, er besitzt von Beginn an Distanz zum Werk, das der Gott ist oder ihn festhält. [...] Die Transzendenz des Werkes ist im Religiösen bedingt und vorausgesetzt. Es wird in Adoration, in einem Grauen vor dem Gott geschaffen und das gleiche ist seine Wirkung.«[180] Abgesehen von solchen generalisierenden Spekulationen finden sich dort auch einige Sätze zum ›mythischen Realismus‹ afrikanischer Skulpturen: »Das Kunstwerk wird nicht als willkürliche und künstliche Schöpfung angesehen werden, vielmehr als mythische Realität, die an Kraft die natürliche übertrifft. [...] das Negerkunstwerk [ist] aus mehr als formalen Gründen, nämlich auch religiösen, eindeutig bestimmt. Es bedeutet nichts, es symbolisiert nichts; es ist der Gott, der seine abgeschlossene mythische Realität bewahrt, worein er den Adoranten einbezieht und auch ihn zu einem Mythischen verwandelt und seine menschliche Existenz aufhebt. Formale und religiöse Geschlossenheit entsprechen sich; ebenso formaler und religiöser Realismus.«[181]

In diesem letzten Satz wird bei genauerem Hinsehen eine sehr weitgehende Aussage gemacht. Sie vor allem – die Annahme einer direkten Entsprechung zwischen künstlerischen Ausdrucksformen und weltanschaulichen Deutungsmustern – bestimmte den überwiegenden Teil der Forschungen zur afrikanischen Kunst bis in die fünfziger und sechziger Jahre hinein.

Der sicherlich einflußreichste Vertreter dieses Ansatzes war der französische Ethnologe Marcel Griaule, der seine Feldforschungen hauptsächlich bei den Dogon im heutigen Staat Mali durchführte. Griaule begründete mit seinen Arbeiten eine wissenschaftliche Schule, die lange Zeit die Afrikanistik in Frankreich dominierte. Ihre heraus-

66 Dorf der Dogon in Mali (Aufnahme um 1935)

ragendsten Vertreter waren neben Griaule vor allem Germaine Dieterlen, Geneviève Calame-Griaule, André Schaeffner, Solange de Ganay und Jean-Paul Lebeuf. Sie alle hatten ihre ethnographischen Untersuchungen vor allem im westlichen Sudan durchgeführt.

Die sowohl regional als auch thematisch einheitliche Orientierung geht zu einem großen Teil auf die 1931–1933 unter der Leitung Griaules durchgeführte ›Mission Dakar-Djibouti‹ zurück. Diese nach damaligem Verständnis als ›Expedition‹ gedachte und realisierte ›Mission‹ durchquerte den gesamten Kontinent von West nach Ost, von Dakar, der damals wichtigsten Stadt des kolonialen Französisch-Westafrika am Atlantik bis zu dem ebenfalls französischen Posten Djibouti am strategisch wichtigen Bab el-Mandeb, der Straße von Aden. Die ›Mis-

67 Speicher unter dem Felssturz, Dogon (Aufnahme von 1948)

sion‹ sollte der Ethnologie neue Arbeitsbereiche in Afrika sichern und, wenn möglich, die Wissenschaft selbst auf festere Grundlagen stellen. Ihr Ziel war daneben die Vorbereitung weiterer Reisen. Griaule und seine Mitarbeiter hielten sich im Herbst 1931 für knapp acht Wochen bei den Dogon auf. 1935 und 1937 verbrachte Griaule mit verschiedenen Kollegen noch einmal insgesamt ein Jahr dort, bevor er 1938 seine ersten beiden Hauptwerke über dieses Volk veröffentlichte.[182] Weltbekannt wurden die Dogon aber erst 1948, als eine Sammlung von Gesprächen erschien, die Griaule zwei Jahre zuvor mit einem erblindeten Jäger geführt hatte.[183] Diese mythischen Überlieferungen hatten einen einzigartigen, in sich geschlossenen Charakter, so daß Janheinz Jahn im Vorspann zu der deutschen Ausgabe Ogotemmeli, den blinden Jäger, mit Homer verglich. Griaule dehnte seine Studien noch weit über den Rahmen der künstlerischen Ausdrucksformen aus: Letztlich, so muß man aus seinen Schriften schließen, sind alle Lebensbereiche dieses Volkes durch allgemein anerkannte Deutungsmuster, jene mythische Weltanschauung festgelegt. Bevor ich auf diese Deutung, die ich kulturalistisch nennen, zurückkomme, möchte ich jedoch Griaules Arbeitsweise am Beispiel der Kunst der Dogon in Mali vorstellen.

Die Dogon sind Ackerbauern und leben östlich des Niger-Binnendeltas. Möglicherweise siedelten sie früher weiter südlich und näher am Strom, doch zogen sie es vor, den kriegerischen Auseinandersetzungen, die dort häufig ausgetragen wurden, auszuweichen. Im Osten der noch direkt am Niger gelegenen Stadt Mopti steigt das Gelände langsam zu einem Hochplateau an und bricht dann steil zu einer weiten, sandigen und unfruchtbaren Ebene hin ab. Obwohl ein großer Teil der Dogon nach wie vor in dieser Ebene lebt, waren besonders die Felswände und die Hochebene bevorzugte Zufluchtsorte, boten sie doch Schutz vor den zahlreichen Übergriffen (Abb. 66). Hier wie dort mußten sich die Dogon mit den widrigen natürlichen Lebens-

68 Opfer auf dem Haus der Binu, Dogon (Aufnahme von 1948)

bedingungen auseinandersetzen: Ihr Land gehört zum Sahel, der schon lange vor den Dürren der Jahre 1969–1974 und 1983–1984 schlechte Zeiten gekannt hat. Immer mußten sie dafür Sorge tragen, daß jeder Flecken fruchtbaren Landes, und sei er noch so klein, auch bestellt wird. Das Wasser und die Landwirtschaft nehmen daher eine besondere Rolle in den von Griaule gesammelten Überlieferungen ein, auch wenn ihr Mittelpunkt stets der Mensch ist.

Dieser anthropomorphe Zug wird bereits in der Anlage der Siedlungen und Wohnhäuser sichtbar. Sie sind immer nach dem Modell des menschlichen Körpers gestaltet, obwohl sich ein Dorf mit seinen Vierteln, Gassen und Gehöften natürlich auch nach den Gegebenheiten des Geländes richten muß. In den Felsstürzen und auf den Geröllhalden am Fuße der Abhänge ist der Boden oft so zerklüftet, daß eine regelmäßige Anlage, wie sie die Tradition verlangt, nicht mehr möglich ist. Jedoch besitzt jedes Dorf einen großen Platz, wo die wichtigen öffentlichen Zeremonien und Feste begangen werden. Hier, an diesem Ort, wurde das Dorf gegründet, und hier steht eine rechteckige oder kreisrunde Dachkonstruktion, das *togu na,* unter der sich die Ältesten zum Rat versammeln. Häufig sind diese Beratungsstätten erhöht und überragen die gewöhnlichen Wohnhäuser. Das *togu na* ist das erste Gebäude eines neu zu gründenden Dorfes. Von hier aus schreitet man ein großes Geviert ab, in dem die Höfe der einzelnen Familien errichtet werden. »Das Dorf«, so der blinde Jäger, »muß sich von Norden nach Süden erstrecken wie der Leib eines Menschen, der flach auf dem Rücken liegt. [...] Der Kopf ist das Ratshaus, das auf dem Hauptplatz, dem Symbol des Urfeldes, errichtet ist.«[184] An der Ost- und Westseite des Rechtecks werden die runden Häuser für die menstruierenden Frauen erbaut. Sie stehen für die Hände des Gesamtleibes. In der Mitte des Dorfes sollen die Mahlsteine liegen, auf denen die Frauen die ölhaltigen Früchte mancher Bäume zerreiben. Daneben sollte der Gründungsaltar des Ortes errichtet werden, doch da dieser stumpfe Kegel ein Abbild des männlichen Geschlechts ist, steht er meistens etwas entfernt, wo sich die Frauen nicht so häufig aufhalten. Die gemeinsamen Opferstellen der Dorfbewohner befinden sich im Süden und bilden die Füße.

Jedes Viertel im Dorf reproduziert dieses Muster, und die großen Wohnhäuser mit ihren Nischen in der Fassade stellen darin die Brust des menschlichen Wesens dar. Auch die einzelnen Wohnhäuser sind nach einem anthropomorphen Symbolismus errichtet. Außerdem finden sich in den Dörfern noch kleine Schreinhäuschen, die dem Andenken der Binu gewidmet sind (Abb. 68). Der Begriff leitet sich aus den Worten für ›abgereist‹ und ›wiedergekommen‹ her und steht für Ahnen, die während der mythischen Vorzeit lebten und heute in der einen oder anderen Form zu den Ihren zurückgekehrt sind, um ihnen Schutz zu gewähren.[185] In jener Zeit sind nämlich die Vorfahren der Menschen, die Andumbulu, noch unsterblich gewesen. Waren sie sehr alt, verwandelten sie sich in Schlangen und später dann in die Geistwesen des Wassers, die Yeban.

Mit diesen drei Gestalten, Binu, Andumbulu und Yeban, ist das Maskenwesen auf das engste verbunden. In einer umfangreichen Erzählung wird darüber hinaus der Ursprung der Masken auf diese Vorzeit zurückgeführt. Griaule stellt sie seiner Schilderung voran: Amma (der Schöpfergott) gab rot gefärbte Fasern als Kleidung und Schmuck an seine beiden Frauen: die Ameise und die Termite. Diese beiden Tiere besaßen die Gabe der Divination, die sie vor den tödlichen Wirkungen, die von dem Geschenk ausgingen, warnte. Amma hatte die roten Kleider der Termite gegeben, um zu sehen, ob das Tier, dem man nachsagte, es würde alles anfressen, das auch mit einem göttlichen Geschenk täte. Eines Tages ging Amma mit seiner Hacke auf das Feld, um zu säen. Die Ameise folgte ihm in ihrem roten Faserkleid, doch die Termite sagte, sie habe nichts anzuziehen. Sie hatte die roten Fasern schon gefressen. Amma verstieß sie. Die Ameise war darüber sehr glücklich. Sie versteckte ihr Kleid ganz hinten in ihrem Bau. Aber eines Tages hatte es sehr stark geregnet, und die Fasern waren naß geworden. Also breitete die Ameise das Kleid draußen zum Trocknen aus, wo der Schakal es liegen sah. Da er gerade trauerte, ging er zu dem Ameisenbau und begann zu jaulen. Die Ameise kam heraus und fragte ihn: ›Warum schreist du so?‹ Er sagte: ›Ich sehe da etwas Rotes, was ist das?‹ Die Ameise erklärte es ihm, und er sagte: ›Mein Vater ist gestorben. Ich werde es während der Beerdigung tragen.‹ Die Ameise gab ihm das Kleid, und viele Frauen, die den Schakal damit sahen, liefen vor Angst davon. Nachdem die Beerdigung vorbei war, legte er es in eine Höhle außerhalb des Dorfes. Dort aber entdeckte es ein Greifvogel, der das Kleid aufgrund seiner roten Farbe für Fleisch hielt. Er nahm es und flog davon. Als er merkte, daß es sich nur um rote Fasern handelte, ließ er es auf einen Baum fallen. Dort sah es eine Frau der Andumbulu, die gerade Holz holen ging. Sie schrie. Der Schakal kam daher, und sie fragte ihn, ob das eine Sonne oder ein Feuer sei. Der Schakal sagte: ›Nein, das ist ein Kleid, das mir die Ameise gegeben hat.‹ Die Frau kletterte auf den Baum, nahm die roten Fasern (die erste Maske), legte sie an und kehrte ins Dorf zurück. Ihr Mann fürchtete sich, als er sie so sah, und versteckte sich wie alle anderen Männer. Die Frau verstaute die Fasern in ihrem Speicher. Das hatte eine alte Frau beobachtet, die nun zu dem Mann sprach: ›Gib mir zu essen, und ich sage Dir, warum du Angst hattest!‹ So tat es der Mann. Er sandte ihr seinen Sohn, wie sie es verlangt hatte. Die Alte sagte ihm: ›Deine Mutter ängstigt deinen Vater mit einer Maske, die sie in ihrem Speicher versteckt hat. Warte, bis deine Mutter fortgeht, und nimm sie!‹ So geschah es. Der Sohn zog die Maske an und erschreckte seine Mutter, die gerade vom Wasserholen zurückkam, so sehr, daß sie den Krug fallen ließ und dieser zerbrach. Die Frau wollte sich in den Häusern des Dorfes verstecken, aber überallhin folgte ihr die Maske. Erst vor dem Haus der menstruierenden Frauen machte die Maske kehrt. Die alten Männer hatten die Szene gesehen und sagten, daß die Fasern nicht gut für Männer seien. Sie nahmen die Maske und verstauten sie in einer Grotte.

Nun besaßen zwar Ameise und Schakal das Wissen um alles, was Amma mit den Masken beabsichtigte, aber da sie kaum sprachen, enthüllten die beiden es nicht den Menschen. Eines Tages war für den Ältesten der Andumbulu die Zeit gekommen, sich zu verwandeln. Er begab sich zu den Geistwesen und hörte, wie diese sich in *sigi,* der geheimen, von Amma gelehrten Sprache, unterhielten. Das neue Geistwesen begann selbst darin zu sprechen, aber ein noch nicht Verwandelter hörte ihn und bat ihn, die Sprache auch ihm beizubringen. Der Geist tat es, wies aber seinen Schüler darauf hin, daß damit auch der Tod in die Welt der Andumbulu gelangen würde. Den Ältesten unter ihnen würde es als ersten treffen, und dann müßten sie als Wiedergutmachung das *sigi*-Fest tanzen. Dessen Sprache war eigentlich den schon Verwandelten vorbehalten. Sie andere Wesen zu lehren hieß, die Ordnung der Welt zu stören. Doch der junge Mann hielt sich nicht daran und brachte die geheime Sprache seinen Kameraden bei, und diese wandten sie ohne Wissen des Ältesten an, der also starb. Man kon-

69 Aufstellung der Trauernden für die ›baga bundo‹-Rite
...... Weg der *bede*-Masken
------ Tanz der *yasigine*
++++++ Absenken der *sirige*-Maske

sultierte einen Wahrsager, der sagte, daß man *sigi*, das Fest der Maske, begehen müsse, um die Verstorbenen zu besänftigen. Während dieser Zeit allein habe man die geheime Sprache zu verwenden. Die folgenden Monate waren mit zahlreichen Vorbereitungen angefüllt. Aus einem Baum schnitzte man eine große Schlange, *imina na* (die große Maske, wörtl. ›die Seele festlegen‹),[186] deren Form der Älteste eigentlich hätte annehmen sollen. Diese Schlange sollte die Lebenden vor dem *nyama*, der ›Lebenskraft‹ oder ›Seele‹ des Toten, schützen. Sie schnitzten außerdem noch eine Maske, die den Alten selbst darstellte. Man tanzte und sang von den Ereignissen, die sich zugetragen hatten, und so feierten die Andumbulu jedesmal ein *sigi*-Fest, wenn jemand starb.

Eines Tages, als die Dogon noch weiter südlich im Land der Mandé lebten, hörten zwei Frauen während ihrer Arbeiten außerhalb des Dorfes plötzlich Trommeln, Schwirrhölzer und den Lärm von Tänzern. Sie näherten sich leise und sahen die Andumbulu, die tanzten, Bier tranken und sangen. In der Mitte war ein Erdkegel, in dem ein rot, weiß und schwarz gestreifter Stab steckte, der ein großes Holz abstützte (›großes Holz‹ ist eine Synonym für die große Maske *imina na*). Da herum tanzten die Andumbulu mit anderen Masken. Sehr erstaunt kehrten die beiden Frauen ins Dorf zurück. Der Mann einer der beiden sagte ihr: »Geh dahin zurück, wo du herkommst, nimm Steine und werfe sie auf die, die du siehst.« Die Frau gehorchte, die Andumbulu flohen und ließen alles zurück. Und wie es vorher die Frauen der Andumbulu getan hatten, kehrte auch diese Frau verkleidet ins Dorf zurück, wo sich alle vor ihr versteckten. Doch wieder verriet ein Alter ihrem Mann das Geheimnis, so daß er sie bis zum Haus der Menstruierenden verfolgte. Dem Ältesten blieben diese Vorgänge verborgen. Als die Zeit seiner Verwandlung gekommen war, nahm er eines Tages die Form einer Schlange an. Im gleichen Augenblick näherten sich aber maskierte junge Männer dem Dorf, obwohl sie der Alte wiederholt vor einem solchen unvorsichtigen Verhalten gewarnt hatte. Als die Schlange sie sah, legte sie sich wütend über den Weg, den die Masken nahmen, und beschimpfte sie. Obwohl sie sich bereits verwandelt hatte, redete sie in der Sprache der Dogon, also der Menschen. Dieser Fehler ließ sie sofort sterben, denn durch den Gebrauch der menschlichen Sprache war sie für die Welt der Yeban, der Geistwesen des Wassers, der sie schon angehörte, zu unrein. Geängstigt und erschrocken rannten die jungen Leute ins Dorf und berichteten alles den Noblen. Man befragte die Wahrsager. Auf ihre Weisung hin wurde der tote Körper zu einem Felsüberhang gebracht und in rote Fasern eingewickelt. Zu dieser Zeit trug auch eine Schwangere im Dorf rote Fasern, und als sie ihr Kind zur Welt gebracht hatte, war es rot wie diese und gesprenkelt wie der Körper der Schlange. Es schrie Tag und Nacht. Die Wahrsager sagten, daß mit dem Tod der Schlange ihre Seele und Lebenskraft freigesetzt wurden und in das Kind eingegangen seien. Deshalb schreie und leide das Kind. Man müsse, damit das Kind gesund werde, die Schlange ehren und nähren. Dann werde das Kind von der fremden Lebenskraft befreit. Man habe ein großes Holz nach dem Bild der Schlange zu schnitzen, darüber ein Huhn, einen Hahn und einen Hund zu opfern und dazu den *sigi* zu tanzen. Für das Fest des *sigi* müßten drei große irdene Krüge Hirsebier gebraut werden, drei Körbe voll Tabak sollten bereitstehen sowie drei Körbe Sesamkörner, drei Körbe Gewürze und ein großer Barren Salz. Wenn das alles zusammengetragen sei, hätten die Männer einen Sitz aus einer Astgabel zu schnitzen – so wie man ihn aus Eisen bei den Andumbulu gesehen habe. Jeder nehme dann eine Kalebasse in die Hand und tanze das *sigi*-Fest. Wie die Andumbulu mußten auch die Menschen auf schwierige und umständliche Weise die geheime Sprache des *sigi* lernen. Es war ein Ziegenhirt, der einen Buschgeist in der Wildnis traf und ihm eine lange Reihe von Wünschen erfüllen mußte, bevor das Wesen ihn die Sprache lehrte. Erst danach konnte das erste *sigi* der Dogon gefeiert werden.

Die Schlange war damals drei Jahre tot. Man hatte alles Notwendige zusammengetragen und begann nun aus einem großen Baum die große Maske *imina na* zu schnitzen. Sie sollte so lang wie die Schlange sein, damit sie deren *nyama,* die Lebenskraft, würde aufnehmen können. Die in den Kult einzuführenden jungen Männer verzierten sie außerdem mit den drei Farben des Tieres. Dann beopferte man sie, und währenddessen sagten die Ältesten der Alten Sprüche in der geheimen Sprache auf. Dadurch wurde das große Holz, wie der Schrein des Ahnen, zum Wohnort für seine Seele und Lebenskraft. Dann zeichnete man mit dem vom Blut der Opfertiere getränkten Ocker, der neben der Maske lag, auf den Felsüberhang, unter dem all diese Handlungen vollzogen wurden, ein Abbild der Schlange. Die Lebenskraft des in die Schlange verwandelten Alten wurde so in der Maske und der Zeichnung fixiert. Das Kind, das bisher von ihr besessen war, aß als erstes von der Leber der geopferten Tiere. Während der drei folgenden Monate bereitete man sich auf das *sigi*-Fest vor. Als alles fertig war, wurde die Frau, die die roten Fasern gefunden hatte, mit dem Titel ›yasigine‹ geehrt. An diesem Tag begann das *sigi.* Den jungen Initiierten wurde das Haar geschoren, und sie tanzten sieben Tage lang im Dorf. Der erste Mensch, nach dessen Tod als Schlange nun das Fest begangen wurde, war der Sohn des großen Ahnen aller Dogon, der später den Namen ›Lebe‹ erhielt. Die jungen Initiierten aber standen fortan an der Spitze der Maskengesellschaft.

Lange nach diesen Ereignissen wurde die Ordnung der Welt aufs neue gestört: Der Vater des Verstorbenen wollte sich verwandeln, weil auch seine Zeit gekommen war. Er ging zu einem Felsüberhang, um dort seine Seele wiederzufinden, die bereits in die Welt der Yeban eingegangen war. Dort aber traf er einen seiner Söhne, der die Hände auf seine Schultern legte und ihn nach seinem Schicksal fragte. Der Alte antwortete nicht, und aus Scham, überrascht worden zu sein, kehrte er mit seinem Sohn noch einmal ins Dorf zurück. Diese Begegnung hatte nun aber stattgefunden, als der Alte die Welt der Lebenden bereits verlassen hatte. So war er jetzt unrein und konnte nicht mehr zu den Yeban, den Wesen des Wassers, eingehen. Seine Verwandlung war also unmöglich geworden, und er starb. Er war der erste, der in Gestalt eines Menschen starb, und man nannte ihn ›Lebe‹. Fortan starben alle Menschen, ohne sich vorher in Schlangen zu verwandeln. Ihre Seelen waren überall im Lande und weinten in großer Zahl in den Dörfern. Es war gefährlich für die Lebenden, und man mußte diese für die gesamte Gesellschaft bedrohliche Situation beenden. Das *sigi*-Fest war den neuen Umständen nicht angemessen. Schließlich fragte ein Mann, dem zu Hause immer die Seele seines Vaters zusetzte, einen Wahrsager. Der sagte: Man muß Masken aufsetzen und mit diesen auf dem Dach des väterlichen Hauses tanzen. So wird seine Seele fliehen. Das *nyama* ist in der roten Faser und wird die Seele des Toten verjagen. Die Leute zogen sich die Masken *bede, saku* und *satimbe* an, die sie einst bei den Andumbulu gefunden hatten. Wie für den Krieg bewaffnet zogen sie zu den Häusern der Verstorbenen und stiegen auf deren flache Dächer, wo sich die Seelen gewöhnlich aufhielten. Mit Äxten, Messern, Lanzen und Säbeln simulierten sie zum Trommelrhythmus eine Schlacht gegen die Unsichtbaren. Dieser erste Tanz wurde fortan der wichtigste rituelle Teil der Totengedenkfeiern, die die Dogon ›dama‹ nennen.

Sechzig Jahre, nachdem man die erste große Maske angefertigt hatte, starb der erste der Initiierten. Man begrub ihn in rote Fasern gehüllt unter dem Felsabhang, der bereits den Leichnam der Schlange aufgenommen hatte. Im folgenden Jahr aber färbte sich der gesamte Felssturz rot, und die Dogon wußten durch dieses Zeichen, daß sie erneut ein *sigi*-Fest würden durchführen müssen. In der Tat hielt sich die Seele des Ahnen noch in der großen Maske auf, und ein junger

70 Felsmalereien auf dem großen Felssturz des Dorfes Songo, Dogon (Aufnahme von 1933)

Mann mußte in deren Kult eingeführt werden, um die Rolle des verstorbenen Initiierten übernehmen zu können. Zudem alterte das Holz, und es bestand die Gefahr, daß die Seele des Ahnen keinen Ruheort finden würde. Also ging man wie beim ersten *sigi* vor und schnitzte von neuem eine große Maske, und die Alten lehrten die Jungen, was es damit auf sich hatte und wie sie selbst mit ihr seit dem ersten *sigi*-Fest umgegangen waren. Damit die Seele des Ahnen in die neue Maske übergehen konnte, legte man sie auf die alte und sprach in der geheimen Sprache zu ihr. Dann vollzog man die gleichen Opfer wie vordem. Wie damals verbrachten die neu in den Kult Einzuführenden drei Monate unter dem Felssturz, und ihr Erscheinen im Dorf war der Beginn des zweiten *sigi*.

Jedermann wußte, daß die Generation der neuen Maske die alte ersetzte, die nun allmählich sterben würde, wie ihre Maske langsam unter dem Felsen verfiel. So führen die Dogon seitdem alle sechzig Jahre ein *sigi*-Fest durch, und die einander ablösenden Generationen sorgen dafür, daß der erste Ahne und alle folgenden einen Ort haben, wo ihre Seelen geehrt werden und in Ruhe weilen können.[187]

Die hier wiedergegebenen Überlieferungen lassen bereits deutlich erkennen, was es mit dem Maskenwesen der Dogon auf sich hat. Der Ursprung der Masken wird in Zusammenhang mit dem Ursprung des Todes erklärt. Zugleich sind die Erzählungen eine Anleitung, wie dieser bewältigt werden kann. Man erfährt, daß ein wiederholtes Vergehen – zuerst der Andumbulu, dann der Menschen – gegen die vorgegebene Ordnung der Welt der Grund für das Erscheinen des Todes war. Diese Weltordnung ist gottgewollt. Und Amma, der Schöpfer der Welt, steht auch am Anfang der Masken. Er schenkte sie seiner Frau, der Ameise, doch dann tritt er weitgehend in den Hintergrund. In der vormenschlichen Zeit der Andumbulu ist man unbekümmert und unwissend. Nachdem die Männer sich vor einer maskierten Frau geängstigt haben, entreißen sie ihr das Geheimnis, amüsieren sich mit diesen Dingen und provozieren so den Tod ihres Ältesten. Dieser Vorgang wiederholt sich nicht weniger als dreimal: zuerst bei den Andumbulu, und dann vergehen sich die Menschen gleich doppelt gegen die Ordnung der Welt. Einmal stirbt ein Ältester in Gestalt einer Schlange – das ist der Anlaß für die Rituale und Feierlichkeiten des *sigi*. Schließlich stirbt ein Mensch selbst, der Ahne der Dogon. In der Folge müssen nun die Gedenkfeiern für die Toten abgehalten werden. Der unwissende, unbekümmerte Zustand ist endgültig vorbei.

Wenn man die von Griaule aufgezeichneten Überlieferungen aufmerksam liest, fallen zwei Dinge ins Auge: Obwohl das Verhalten der Andumbulu wie der Menschen in seinen Details und Verfehlungen sehr genau geschildert wird, bleibt die Ordnung, auf die sich ihre Vergehen beziehen, seltsam im Hintergrund, ja über weite Strecken völlig unklar. Man hat den Eindruck, als sei den Handelnden gar nicht bewußt, daß es solche von einem Gott gewollte Regeln gibt. Ihre Fehler begehen sie, ohne sich dessen bewußt zu sein, bis sie von den Konsequenzen ereilt werden und neue, von den Wahrsagern verkündete Aufgaben erfüllen müssen. Doch obschon sie nun wissen, was ihnen erlaubt und verboten ist, bleibt die Weltordnung bestehen. Sie bildet für die Dogon einfach den Horizont aller Handlungsmöglichkeiten, über den nicht gesprochen werden kann. So spielt auch ihr göttlicher Ursprung keine Rolle mehr.

Dieser für viele Ursprungsmythen charakteristischen Unbedarftheit und fehlenden Präzisierung entspricht eine weitgehende Unge-

71 Totengedenkfeier. Einzug der Masken ins Dorf, Dogon

72 Totengedenkfeier. Vorne *kanaga,* hinten *sirige,* Dogon

nauigkeit der rituellen Regeln, nach denen *sigi* und *dama* durchzuführen sind. Gerade in diesem Punkt bleiben die Ausführungen sehr vage. So genau die Verfehlungen der Menschen und die Gründe dafür dargestellt werden, so allgemein sind die Handlungsanweisungen und Vorschriften, die eher weitgefaßten Richtlinien denn konkreten Durchführungsbestimmungen entsprechen. Welchen Wert haben aber dann diese Überlieferungen für die rituelle Praxis des Maskenwesens? Griaule und seine Schüler stellen den Überlieferungen zunächst die Beobachtung der Rituale selbst entgegen.

Sigi ist, wie schon aus den Überlieferungen hervorgeht, die rituelle Erneuerung der großen Maske. Durch diesen Akt werden gleichzeitig die Beziehungen zu dem mythischen Ahn erneuert. Das Ritual muß regelmäßig alle 60 Jahre durchgeführt werden. Erfüllte man diese Pflicht nicht, besäße die Seele des Toten keinen Aufenthaltsort mehr und niemand könnte sich angemessen um sie kümmern, da die damit beauftragten Initiierten nach so langer Zeit wohl schon verstorben wären. Die Erneuerung der Maske ist also mit der Initiation junger Männer in ihren Kult verknüpft.

Ein *sigi* wird einige Wochen vor der Aussaat angekündigt. So ist es den Einwohnern des Dorfes möglich, durch besondere Anstrengungen die außergewöhnlichen Mengen an Nahrungsmitteln zu produzieren, die für das Ritual nötig sind. Die Beibringung der Nahrungsmittel ist eine Pflicht, die die einzelnen Familien sehr stark belastet. Nach der Ernte und etwa vier Monate vor den Feierlichkeiten wird die große Maske neu geschnitzt. Zehn Männer sind oft nötig, um einen angemessenen Baum zu fällen, denn die großen Masken tragen ihren Namen nicht zu unrecht: Sie bestehen aus einem mehr oder weniger rechteckigen, oft kastenförmigen Gesichtsvorsatz, über dem sich eine schmale, sehr hohe Planke erhebt. Diese kann ohne weiteres eine Länge bzw. Höhe von 5 bis 7 m erreichen. In einem Ort sah Griaule sogar ein 10 m langes Exemplar.[188] Gewöhnlich sind die Planken gerade und eben, nur bei sehr großen Stücken ist es mitunter notwendig, sie den Unregelmäßigkeiten des Stammes folgen zu lassen. Das Schnitzen selbst dauert etwa eine Woche und wird nicht weit vom Dorf entfernt von den alten und künftigen Initiierten ausgeführt. Die künstlerische Qualität ist nebensächlich. Es handelt sich vielmehr um einen rituellen Akt, was auch dadurch unterstrichen wird, daß ein Ältester während der Arbeiten die Mythen, die sich auf die Entdeckung der roten Fasern und den Tod des Ahnen als Schlange beziehen, rezitiert. Ist das Schnitzen beendet, wird die Planke der Maske mit einem farbigen Zick-Zack- oder Rautenmuster bemalt. Es soll die Zeichnung auf dem Rücken der Schlange wiedergeben. Schließlich wird ein Faserkranz an das obere Ende der Planke gebunden, der so – unter Beisein der künftigen Initiierten – geweiht wird. Die Maske wird nun unter den Felssturz neben die alte, vor 60 Jahren entstandene gelegt. Die jungen Männer, die neu in den Gebrauch der großen Maske eingeführt werden sollen, begleiten sie dorthin und verlassen den Felsüberhang nicht mehr, bis *sigi* beginnt. Während dieser Zeit werden die alte und die neue Maske aneinander gelehnt, so daß im Moment des Opfers Seele

73 ›baga bundo‹-Rite. Vorne eine *sirige*-Maske, die ihre Planke auf die Decke des Toten senken wird

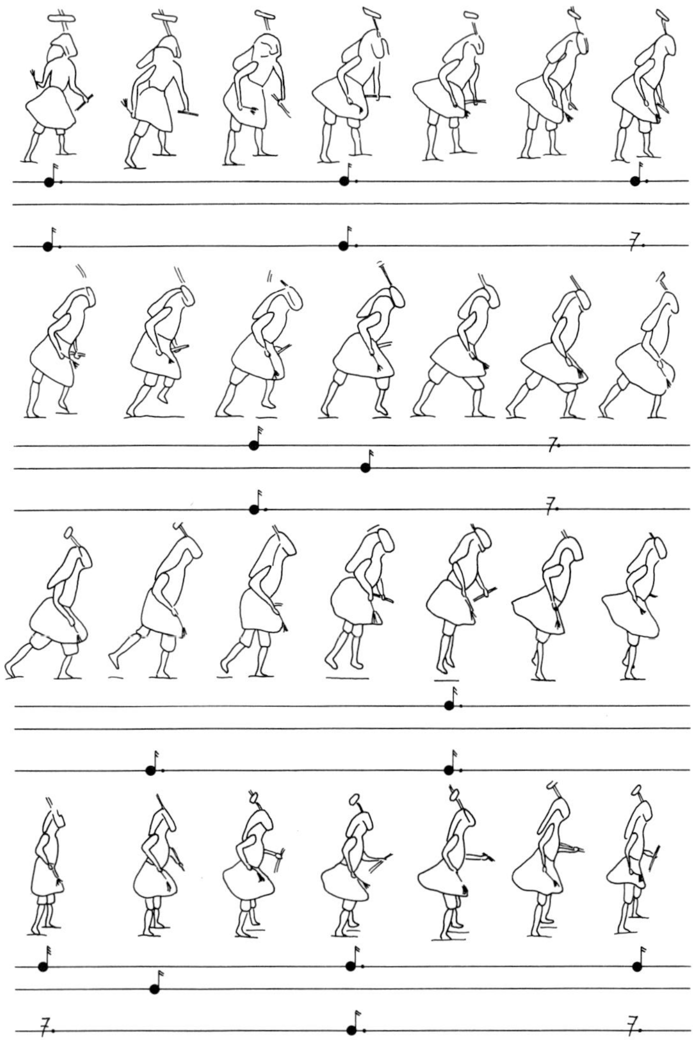

74 ›gona‹-Tanz der *kanaga*-Maske zum Rhythmus ›kili boy‹

und Lebenskraft des Ahnen von der einen in die andere übergehen können, wie es die Überlieferung verlangt.

Das Opfer des Hundes und des Huhnes wird über dem Gesicht der Maske durchgeführt, so daß das Blut über das Holz fließt. Dann folgt die Erneuerung der die Maske darstellenden Malerei auf der Felswand, nach Griaule die eigentliche Wiederholung der mythischen Handlung.[189] Der Kopf der Schlange wird mit ihr in Berührung gebracht, während man in einigen kurzen Sätzen die entsprechenden Episoden des Mythos wachruft, jedoch nicht im Detail schildert. Damit ist die neue Generation eingeführt und der Maske verbunden. Sie muß nun regelmäßig bis zum nächsten *sigi* Opfer bringen und die Versorgung des großen Holzes garantieren.

Während sich die neu Initiierten unter dem Felssturz aufhalten, trifft man im Dorf alle nötigen Vorbereitungen für die Feierlichkeiten: Große Mengen an Lebensmitteln werden zubereitet, spezielle Kleidung und Schmuck angefertigt und vieles mehr. Die wirtschaftlichen Reserven müssen dafür vollständig mobilisiert werden. Die eigentlichen Feierlichkeiten dauern ungefähr 2–3 Wochen, die wichtigsten Tage sind jedoch die ersten sechs. Danach wiederholen sich die Handlungen oder man ruht sich von den Anstrengungen aus.

Zu Beginn jedes *sigi* werden die über der Maske vollzogenen Opferhandlungen von neuem in einer kurzen Anrufung mit den mythischen Ereignissen in Verbindung gebracht. Trommeln geben das Signal zur Eröffnung der Feiern. Auf einer Felsterrasse verkünden Alte, die bereits einem *sigi* beigewohnt haben, einige Sprüche in der geheimen Sprache. Daraufhin begibt sich jeder zu einem nahegelegenen Teich, um sich gründlich zu waschen. Anschließend versammelt man sich unter einem Felsüberhang, wo vordem die Masken aufbewahrt wurden. Dorthin kommen auch die Initiierten, und allen wird von einem Alten das Haupthaar geschoren. Die gewöhnliche Kleidung wird abgelegt, der Körper mit bereitgestelltem Sesamöl eingerieben. Dann ruft ein in den Kult der Masken Eingeführter: »Alle! Zieht eure Faserkleider an!« Dann legen alle die spezielle, nur dem *sigi* vorbehaltene Kleidung an, und schließlich werden die aus einer Astgabel geschnitzten Sitze des *sigi* bemalt.

Währenddessen ertönt, wie bei sehr vielen rituellen Handlungen, ein Schwirrholz, und begleitende Sprüche werden aufgesagt. Diese gleichen einander sehr. Sie stellen eine häufig nur allgemeine und wenig konkrete Beziehung zu den mythischen Hintergründen her:

> Gegrüßt sei er! Der Hahn schreit: Gute Wildnis! Schöne Wildnis!
> Die feurige Maske ist die Maske Ammas!
> Gegrüßt sei er, Amma!
> Seid gegrüßt, ihr alle des *sigi*! [...]
> Die große Maske ist feurig, feurig!
> Sei gegrüßt, große Maske!
> Ihre Augen sind Augen der Sonne!
> Ihre Augen sind Augen des Feuers!
> Ihre Augen sind Augen des Himmels! [...]
> Die Tränen fließen aus den Augen der Frauen, sie flüchten sich in die Häuser!
> Gute Wildnis! Große Maske!
> Die Stimme der Maske ist eine schöne Stimme![190]

Dieses Beispiel mag den Charakter der langen, sich nicht selten wiederholenden Anrufungen verdeutlichen. Gelegentlich werden auch Teile des Mythos selbst rezitiert. Nun begibt man sich in einem langen Zug zum zentralen Dorfplatz und besingt dort den Ruhm der Masken. Anschließend verläßt man den Ort in Richtung des Feldes des Dorfältesten. Unter den Bäumen, die den Weg dorthin säumen, haben die Frauen große Krüge mit Bier bereitgestellt. Auf ein Kommando setzen sich alle und trinken. Nach gebührender Dauer ertönt ein zweiter Ruf. Man beginnt zu tanzen und nähert sich dabei einem großen Baum, der dreimal umkreist wird. Unter diesem stehen große Platten mit üppigen Mahlzeiten, die auf ein neuerliches Kommando hin verzehrt werden. Schließlich wird wieder gerufen, und man tanzt bis zum Abend auf dem nahen Feld des Dorfältesten.

Bei Sonnenaufgang wird über der großen Maske ein weiteres Opfer vollzogen, während ein Nobler denselben Opferspruch wie beim allerersten *sigi* der Dogon hersagt. Bei Anbruch der Nacht holen die Initiierten die Maske unter dem Felsüberhang hervor und richten sie an einem Baobab auf dem Weg auf. Der Kopf ist zum Schutz mit roten Fasern umwickelt, und um die Maske senkrecht zu halten, versenkt man den Stab in einem Haufen schwerer Steine. Die lange Planke wird

75 *kanaga*-Maske der Dogon. Holz- und Pflanzenfasern, H 102,5 cm. Musée de l'Homme, Paris

durch eine Astgabel des Baumes geführt, so daß ein Sturz nicht mehr möglich ist. Die Alten, die bereits ein *sigi* erlebt haben, verbringen hier die Nächte. Die Maske ist auch das Ziel aller Ehrenbesuche der zahlreichen Abordnungen benachbarter Dörfer, die darüber hinaus während ihrer Besuche wichtige Orte des gastgebenden Dorfes aufsuchen, um dort zu tanzen. Die Auftritte sind jedesmal mit aufwendigen Trinkgelagen und einer üppigen Bewirtung verbunden.

Getragen wird die große Maske nicht. Dazu wäre auch keiner in der Lage, da sie viel zu schwer ist. Dennoch ist ihre Erneuerung für das gesamte Maskenwesen bedeutsam. Auf dem Hauptplatz des Dorfes singen die Männer nicht nur vom Ruhm der großen, sondern von dem aller Masken. Und jeden Abend, den die Alten neben der großen Maske verbringen, gehen sie um den Baum herum und stoßen die Schreie der Masken aus, die gewöhnlich während der Beerdigungs- und Totengedenkfeiern auftreten. Dazu singen sie den eigentlich diesem Anlaß vorbehaltenen Gesang der Toten.[191]

Die große Maske erscheint auch bei Beerdigungen, obwohl es dafür in den Mythen keinerlei Hinweise gibt. Hat der Verstorbene selbst einmal an einem ›großen Holz‹ mitgearbeitet, wird die Maske nachts zu dessen Haus gebracht, was es der Familie erlaubt, ihr noch einmal die Ehre zu erweisen. Der Besuch soll, so Griaule, auch daran erinnern, daß sich die Toten einst in Schlangen verwandelten.[192] Die lange Planke lehnt dabei gegen die Terrasse des Hauses, auf der ein Verwandter des Toten steht. Danach muß sie zu fünf verschiedenen Rhythmen Tanzfiguren ausführen – gesteuert von einem Initiierten. Die vorletzte Figur gehört zu dem Tanz der *sirige*-Maske, die während der Gedenkfeiern auftritt: Wie einen Stößel schlägt man die große Maske mehrfach auf den Boden und läßt dann die lange Planke einen großen Kreis in der Luft beschreiben. Auch die letzte Tanzfigur bezieht sich auf eine Maske, die während der Beerdigung auftritt.

Nach dem Auftritt der großen Maske können die im Mythos verlangten Schaukämpfe beginnen. Am zweiten Tag werden die Masken gerufen: Ein Mann geht zu verschiedenen Plätzen des Dorfes und schließlich zu dem Weg, der zu dem Felsüberhang führt, wo die Masken aufbewahrt werden. An jedem Halt ruft er nach den Tänzern. Am späten Nachmittag erscheint dann der Zug, vorweg ein Musikerensemble, dann tanzende, aber unverhüllte Männer und schließlich die Masken (Abb. 71). Die beiden wichtigsten Typen sind *bede* (›junges Mädchen‹) und *sirige*. Die ersten, die meist zu mehreren auftreten, knien sich neben der Baumwolldecke des Verstorbenen nieder und schlagen den Boden zu beiden Seiten mehrfach mit langen Hirsestengeln. Auch die *sirige*-Maske führt diese ›baga bundo‹ genannte Rite aus (Abb. 73). Sie stellt sich dazu gegenüber der Decke hin und senkt die aufrechte Planke, die der der großen Maske weitgehend entspricht, aber kleiner ist, links und rechts neben dem Stoff bis zur Erde hinunter. Währenddessen deklamiert ein alter Initiierter, der nahebei, aber außerhalb der Zuschauermenge steht. In seinen Sprüchen bedauert er den Verlust, den der Tod des Mannes bedeutet. Auf mythische Ereignisse oder Hintergründe bezieht sich seine Rede jedoch nicht. Gleich nachdem er geendet hat, kehren die Masken zu ihrem Fels zurück.

Für Initiierte sind die Auftritte aufwendiger. Hier kniet die *sirige* vor dem Leichnam selbst und führt die eben beschriebene Rite ›baga bundo‹ aus. Sie umkreist schließlich den Toten, hält dann zu seinen

Füßen und führt dort mit gebeugtem Kopf die lange Planke in einem großen Kreis um sich herum. Die Zuschauer müssen die Köpfe einziehen, damit sie nicht getroffen werden, und ein Alter spricht in der geheimen Sprache zu ihr (Abb. 73):

> Sei gegrüßt, Maske aus Holz!
> Alle Menschen richten ihre Augen auf dich,
> daß Amma deine Füße beschütze, [...]
> daß er dir langen Atem gibt,
> daß er die Hexer umbringt![193]

Abschließend berührt die *sirige*-Maske mit ihrem Fliegenwedel, den sie immer bei sich trägt, den Boden vor dem Sprecher und den anderen anwesenden Alten. Damit sind die Maskentänze beendet. Zwei *bede* tragen den Leichnam, begleitet von allen anderen Masken, zur Nekropole. Allein *imina na,* die große Maske, bleibt noch einige Tage an die Terrasse des Hauses des Verstorbenen gelehnt, um dort über die Seele des Initiierten zu wachen, wie dieser über die Maske gewacht hatte.

Der Wert der Arbeiten von Griaule liegt vor allem in diesen genauen Beschreibungen der Maskenauftritte, mehr noch als in den Mythen, die er ihnen voranschickt. So hat er als einer der ersten nicht nur den exakten zeitlichen Verlauf der Rituale aufgezeichnet, sondern auch die räumliche Organisation und die Bewegungen der Maskentänzer zu den verschiedenen Rhythmen des Musikerensembles. Bei nahezu 30 Maskentypen und 35 unterschiedlichen Tanzfiguren – von denen hier nur die drei wichtigsten erläutert werden konnten – ist das eine ethnographische Treue, die auch später nur selten erreicht wurde. Wie die Tänzer agieren, wo sich männliche und weibliche Zuschauer aufhalten und wie diese zum Haus des Verstorbenen stehen, all das hat Griaule in Skizzen festgehalten.[194] Für die vielen Masken, die während der Totengedenkfeiern nahezu alle Gestalten der Lebenswelt der Dogon darstellen, sei hier die einen Vogel repräsentierende *kanaga* als Beispiel gewählt (Abb. 75). Das Gesicht dieser Maske ist, wie sonst häufig, hochrechteckig und mit einer großen, vorstehenden Nase versehen. Darüber erhebt sich eine Art Lothringer Kreuz, dessen Querbalken gleichlang sind. Diese wiederum tragen an ihren äußeren Enden kleine Brettchen, die senkrecht nach oben bzw. unten weisen. Die

Maske bewegt sich zu sieben verschiedenen Rhythmen, von denen einer nur ihr vorbehalten ist. Andere Tänze werden von verschiedenen Masken gemeinsam, aber mit unterschiedlichen Bewegungen ausgeführt. Zu diesen gehört der *gona.* Die *kanaga,* die meist zu mehreren in einer langen Reihe auftritt, bewegt sich erst vorwärtsschreitend, springt dann auf der Stelle, stampft auf den Boden, wirft den Kopf mit dem Aufsatz nach hinten und führt ihn im Kreis nach vorne, wobei der Tänzer sich wieder aufrichtet. Neben den Skizzen hat Griaule die wichtigsten Etappen der Auftritte und Tänze auch photographisch festgehalten, so daß sich heute sehr genau rekonstruieren läßt, wie die Dogon in den 30er Jahren ihre Rituale begingen (Abb. 74).

Was ist aber nun mit dem mythischen Bezug, für den doch die Dogon so berühmt geworden sind? Sicher, den Ursprung der Masken erklärt der Mythos, und für die wichtigste, die große Maske *imina na,* wird auch der Gebrauch in seinen großen Zügen dargelegt. Doch in die Einzelheiten, die Griaule später so genau schildert, gehen die mythischen Erzählungen nie. Zu den meisten Masken, die während der Totengedenkfeiern auftreten und den Reichtum des Masken-

76 ›gona‹-Tanz der *kanaga*-Maske bei den Dogon

wesens der Dogon ausmachen, sind die Überlieferungen äußerst dürftig. Zu der doch nicht unbedeutenden *kanaga* heißt es nur, daß ein Jäger einst einen Vogel dieser Art getötet habe und daß dessen Lebenskraft ihn in der Folge erkranken ließ. So habe er dieser in einer Maske und einer Zeichnung auf der Felswand einen neuen Wohnort gegeben.[195] Die Erklärung folgt dem Modell der großen Maske, aber das ist auch schon alles. Nirgends ein Hinweis auf ihren Tanz oder die von ihr ausgeführten Handlungen. Hat die Ethnographie hier Mängel?

Man hat Griaule oft vorgeworfen, er habe mit zu wenigen und später nur noch einem Informanten gearbeitet, jenem bereits erwähnten blinden Jäger. Der Einwand ist berechtigt: Griaule erhielt so ein großes, in sich stimmiges Gebäude, das die ganze Welt widerspruchslos erklärt. Hätte er mehr Versionen aufgezeichnet, hätte er vor allem beobachtet, wie sich der Mythos im Alltag in den gewöhnlichen Erzählungen darstellt, wäre er sicher auch auf Widersprüche gestoßen, wie sie sich in jeder lebendigen Gesellschaft ergeben müssen. Die nach dem verbindlichen Modell eines ewigen Mythos lebende Dorfgemeinschaft war eine Fiktion. Gerade an Griaules Beispiel, dem Maskenwesen, zeigt sich das.

So berechtigt die Kritik an der Methode der französischen Ethnographen auch ist, die schon weiter oben gestellte Frage nach dem Verhältnis zwischen kulturellem Wissen – dem Mythos in diesem Fall – und der gesellschaftlichen Praxis – hier dem tatsächlich durchgeführten Ritual – beantwortet sie nicht. Ich denke, man hat die Aufgabe solcher Mythen und allgemein anerkannter Wissensbestände falsch eingeschätzt. Sie sollen kein Modell für die Gegenwart sein, nach dem man sich in jedem Fall zu richten hätte. Sie sollen nur legitimieren, was in der jeweiligen Situation heute zu tun ist. Und das können sie eben nur, wenn sie Interpretationsspielräume lassen. In unserem Fall begründen die mythischen Überlieferungen das Maskenwesen; sie legitimieren es, indem sie ihm einen Ursprung geben, der weit zurückliegt, ein durchaus übliches Schema. Aber die Tradition legt nicht fest: Als künstlerische Ausdrucksform bleibt das Maskenwesen der Dogon frei und Neuem gegenüber offen. Griaule selbst gibt ein treffendes Beispiel dafür: Fast am Ende seiner langen Aufzählungen beschreibt er die *madam*-Maske.[196] Sie stellt eine Europäerin dar, hält ein Schreibheft in der Hand, läuft während der Zeremonien nach eigenem Gutdünken und völlig willkürlich hin und her, zieht alle Blicke auf sich, notiert sich ständig etwas, reißt die Seiten aus dem Heft und verteilt sie, als seien es schriftliche Befehle. Einmal setzt sie sich auf einen Stuhl, während zwei Unmaskierte sich links und rechts neben sie auf den Boden kauern müssen. Der eine ist der Informant, der andere der Übersetzer. An Griaules Expeditionen nahmen Frauen teil.

Die gesellschaftliche Ordnung

Künstlerische Formen sind in Afrika immer auch Ausdruck der Ordnung, die sich eine Gesellschaft gibt. Ging es im letzten Kapitel um die allgemein anerkannte Deutung der Lebenswelt und des Menschen in ihr, um gesellschaftliche Grundüberzeugungen und Weltanschauungen – also um die Kultur, die dem Zusammenleben von Menschen Sinn gibt –, so geht es nun um die Regeln, die dieser Lebensordnung zugrunde liegen. Keine Gesellschaft kommt ohne soziale Organisation aus, die einzelne in größere Verbände wie Familien, Abstammungsgruppen, Stände oder auch Geheimbünde zusammenschließt. Alle diese Gruppen müssen sich nach außen darstellen. Nur so wird deutlich, wer dazugehört, welche Aufgaben und welche Stellung er innerhalb des Verbandes wie der gesamten Gesellschaft hat. Jeder weiß, was er von einem Mann königlicher Abstammung oder einer einfachen Frau oder dem Initiierten eines Geheimbundes in einer bestimmten Situation erwarten kann und darf und was nicht. Im Alltag werden diese Zugehörigkeiten wie selbstverständlich vorausgesetzt und gewußt. Das ist die Grundlage der Beziehungen zwischen den Menschen in einem Gemeinwesen. In Zeiten des Umbruchs hingegen müssen sie neu bestimmt werden.

Repräsentative, der sozialen und persönlichen Identität verpflichtete Kunstformen sind in geschichteten, politisch zentralisierten Gesellschaften in der Regel differenzierter als in egalitären, aus einander ähnelnden Segmenten aufgebaute Gesellschaften: Wo Status und Standesunterschiede an einer Hierarchie von Königen über Prinzen, Noble, Freie und Abhängige bis zu Sklaven orientiert sind, werden bestimmte künstlerische Formen zu Zeichen der Schichtzugehörigkeit und der damit verbundenen Privilegien oder Verbote.[197] In egalitären Gesellschaften stellen sich die Probleme anders: Wo die einzelnen sozialen Verbände weitgehend gleiche Rechte und Pflichten haben, sind solche Einschränkungen oder Vorrechte undenkbar. Dennoch müssen auch dort die einzelnen Gruppen sowie die persönliche Identität ihrer Mitglieder unterscheidbar sein. Daraus entstehen Schwierigkeiten: In einer Gesellschaft, wo sich die verschiedenen, sie aufbauenden Segmente sehr stark gleichen, ist eine Darstellung der eigenen

Individualität oft nur über eine Identifizierung mit dem Fremden, dem ganz Anderen möglich. In vielen Ritualen solcher segmentären Gesellschaften sind künstlerische Formen Ausdruck dieser Spannung.

So erkennen sich Adepten vieler Besessenheitskulte in Geistwesen, die oft aus der Wildnis kommen, in Angehörigen fremder Völker oder in Europäern wieder. Als mehr oder weniger geduldete, marginale Erscheinung können solche Phänomene auch in staatlich organisierten Gesellschaften mit islamischer oder christlicher Tradition eine wichtige Rolle spielen. Hier lassen sich in den Kulten Dinge ausdrücken, die offiziell nie hätten geäußert werden dürfen. Die künstlerischen Formen stehen dann häufig in einer direkten Opposition zur repräsentativen höfischen Kunst, die zuerst am Beispiel des Kameruner Graslandes dargestellt werden soll.

Fürstentümer und Königreiche: Das Kameruner Grasland

Im Westen und Nordwesten der heutigen Republik Kamerun erstreckt sich ein grasbewachsenes Hochland. Im Mittel liegt es etwa 1400 m über dem Meeresspiegel, doch erreichen einige seiner Berge Höhen von 2500 bis knapp über 3000 m. Das Klima ist angenehm und der Landwirtschaft günstig, die Bevölkerungsdichte liegt mit etwa 20–30 Einwohnern/km^2 für afrikanische Verhältnisse hoch.

Hier entwickelte sich vermutlich schon vor dem 18. Jh. eine große Zahl von Fürstentümern und Königreichen. Die kleinsten umfaßten oft nur wenige hundert Menschen, die größten einige zehntausende. Der innere Aufbau der jeweiligen Reiche war in seinen Grundzügen ähnlich: Im Zentrum des politischen Lebens standen – auch im räumlichen Sinne – der Herrscher und sein Palast. Ihm angegliedert war eine je nach Größe des Reiches mehr oder weniger umfangreiche Verwaltung, die von den ältesten Vertretern der Lineages getragen wurde. Ein Gegengewicht zur Autorität des Königs oder Fon stellten die im Grasland sehr zahlreichen Bünde dar, die ihre Macht häufig mit geheimen Mitteln von magischer Wirkung stützten.

Neben diesen Gemeinsamkeiten gibt es einige kulturelle und soziale Unterschiede. Drei Regionen mit unterschiedlicher Geschichte und

Bevölkerung lassen sich beschreiben: Im Südwesten das Land der Bamiléké, nordöstlich davon das Sultanat der Bamum mit seiner Hauptstadt Fumban und im Norden die Region Bamenda, deren Bevölkerung sich in der Mehrheit aus Tikar oder den Tikar verwandten Gruppen zusammensetzt.

Die Bamiléké – eine künstliche und zum Teil irrige Sammelbezeichnung der Kolonialverwaltung – waren in annähernd hundert Fürstentümern organisiert.[198] Obwohl mehrheitlich Bauern, wurden sie außerhalb ihres Heimatlandes vor allem als sehr geschickte Händler bekannt. Ihre Fürstentümer waren klein, doch abgesehen von zeitweiligen Allianzen und Perioden direkter Unterdrückung durch die Kolonialverwaltungen und später den modernen Staat blieben sie weitgehend unabhängig. Die Institution des Herrschers war und ist bis in die Gegenwart mit einer Schirmherrschaft über zahlreiche Kunstformen verknüpft. Zu den ›Dingen des Königs‹ gehören unter anderem alle in seinem Palast aufbewahrten Paraphernalien wie königliche Kleidung, Fliegenwedel, geschnitzte Stühle, Trommeln, aber auch die Angst und Schrecken verbreitenden Masken der *tro*-Gesellschaft,[199] die gewöhnlich nur nachts erscheinen. Charakteristisch für die Gesellschaft der Bamiléké sind daneben Vereinigungen wie der *aka*-Bund. Auch er ist Eigentum des Fürsten, und nur besonders reiche Männer, die jedoch nicht nobler oder gar königlicher Abstammung sein müssen, können ihm beitreten. Welche große Bedeutung hier die wirtschaftliche Leistungsfähigkeit hat und wie eng sie mit politischer Macht verbunden ist, wird an den früher üblichen Abgaben deutlich: Eine Sklavin mußte dem König ihr Leben verschreiben. Die Masken des Bundes stellen Elefanten dar, ein Symbol für Macht und wirtschaftlichen Aufschwung. Bis heute sind sie über und über mit Glasperlen besetzt – bis zur Ankunft der deutschen Kolonialherren gängiges Zahlungsmittel für Sklaven, Salz und Gewehre (Abb. 78).

Im Gegensatz zu den Bamiléké hatten sich die Bamum in einem großen Sultanat zusammengefunden. Bereits vor Jahrhunderten muß es zahlreiche Kontakte zu den Völkern der nördlichen Savannen gegeben haben, die den Islam einführten, heute quasi offizielle Religion des Königreiches. Doch hinter dieser Fassade sind nach wie vor die älteren Glaubensvorstellungen lebendig, und auch die politische Organisation mit dem Fon, dem König, an der Spitze hat ihre eigenen

78 Mitglieder der *kuosi*-Gesellschaft mit Elefantenmasken; Bandjoum, Kamerun (Aufnahme von 1930)

Formen bewahrt. Seine Thronbesteigung wie sein Tod sind Anlaß zu umfangreichen Ritualen, die kaum etwas mit den Gebräuchen der islamischen Reiche im Sahel und Sudan gemein haben. Hält sich der Fon außerhalb des Landes auf, wird er von seiner Mutter, der volle königliche Autorität zusteht, vertreten. Unter den 19 vorkolonialen Herrschern gab es drei Frauen[200] – nach islamischem Recht völlig undenkbar!

Als die deutschen Kolonialherren in den letzten Jahren des 19. Jh. das Grasland erreichten, regierte in Fumban Sultan Njoya. Er hatte 1888 den Thron bestiegen, wurde nach dem ersten Weltkrieg jedoch von der französischen Verwaltung abgesetzt und starb 1933 in der Verbannung. Unter seiner Schirmherrschaft erreichten die Künste in Bamum eine Blüte, deren Zeugnisse heute Besucher aus aller Welt in den Museen Fumbans bewundern. In den Werkstätten seines Hofes beschäftigte er die fähigsten Künstler und Handwerker seiner Zeit. Selbst fremde Schnitzer, die außerhalb des Reiches beheimatet waren, wurden nach Fumban gerufen. Die zahlreichen Frauen, die ihm als Sul-

79 Palast in Fumban im Rohbau

80 Fassade des Palastes; Eingang vom Versammlungsplatz

tan zustanden, besetzten die Skulpturen mit Glasperlen, bis sie ganz und gar bedeckt waren. Durch die große Zahl der in der Stadt lebenden Handwerker entstanden mächtige Zünfte, deren Mitglieder in eigenen Vierteln zusammenlebten. Einige unter ihnen begannen ihre Produkte in großen Serien herzustellen und exportierten sie weit über die Landesgrenzen hinaus. Besonders die Messinggießer waren dabei erfolgreich: Die Straße, an der ihre Werkstätten auch heute noch liegen, ist ein Ziel der Touristen, und ihre Arbeiten werden in den meisten großen Hotels an der Guineaküste angeboten. Schnell und flexibel reagierten sie auf den sich verändernden Markt, wobei sie zwischen dem Geschmack der Touristen und der hohen, vom Hof verlangten Qualität unterschieden. Mit Hilfe der Deutschen führte Sultan Njoya auch eine neue Technik zum Färben von Stoffen ein. Das blau-weiße, bald in großen Mengen hergestellte Tuch verbreitete sich rasch im ganzen Grasland und gehört noch immer zu den Staatsschätzen vieler Fürsten und Könige. Die besten und schönsten Stücke wurden jedoch

81 Innenhof eines Palastes im Kameruner Grasland

nicht exportiert. Sie waren dem Sultan vorbehalten und kamen in den Palast (Abb. 79), dessen gewaltige Anlage im Herzen der Stadt nur zu einem kleinen Teil der Öffentlichkeit zugänglich war. In einem inneren Hof erhob sich die Empfangshalle, die, wie die übrigen Gebäude, aus Holz, Stroh und anderen leicht brennbaren Materialien bestand. Ihr Dach wurde von annähernd fünf Meter hohen freistehenden Doppelpfeilern getragen, die ohne Zweifel als eines der beeindruckendsten Beispiele für die repräsentativen Bedürfnisse des Herrschers angesehen werden können: Jeder Pfeiler bestand aus vier übereinanderstehenden Karyatiden, die ihr Gesicht dem Besucher zuwandten (Abb. 82). Eine religiöse Bedeutung hatten die Figuren nicht, ihre Aufgabe war allein, die Bedeutung des Reiches und die Größe seines Königs zu repräsentieren.[201]

Bei Audienzen und Empfängen wurden dem Publikum zusätzliche Insignien der Herrschaft gezeigt: Der Sultan saß auf einem Thron, seine Füße stützte er auf einer Fußbank ab (Abb. 84). In Fumban waren beide von beträchtlicher Größe, während sie in kleineren Fürstentümern durch einfachere Stühle ersetzt werden konnten. Beide aber symbolisierten die den einzelnen überdauernde Herrschaft. Die meisten Fürsten besaßen mehrere Stühle, die zu unterschiedlichen Gelegenheiten verwendet wurden. Eine besondere Bedeutung kam in manchen Reichen den sogenannten Königsstühlen oder Königsfiguren zu. Es sind keine ›Ahnenfiguren‹ im eigentlichen Sinne, und sie werden auch nicht beopfert. Menschliche Figuren sind aber den gewöhnlichen Familien in der Regel verboten, so daß sie zu einem Privileg des Königs und einiger Ausgewählter werden. Offensichtlich tragen auch sie keine religiöse Bedeutung. Im Grasland sagt man, daß sie der Erinnerung an herausragende Persönlichkeiten dienen.[202] Dennoch kommen ihnen in einigen der Reiche Aufgaben zu, die über das alltägliche Leben hinausgehen und eher an die überzeitliche Begründung der Herrschaft an sich denn an einzelne Herrscher erinnern.

So werden die Königsfiguren von Bafut, nördlich von Bamenda gelegen, nur während des jährlichen Tanzfestes im Palastbezirk gezeigt. Sie aus diesem herauszubringen, gilt als unmöglich. In Laikom, dem Sitz des Fon von Bekom und ebenfalls im Bezirk von Bamenda gelegen, gibt es heute drei Königsfiguren, *afo a kom* genannt.[203] »Sie symbolisieren den König, die Königin und die Königsmutter und sind

82 Sultan Njoya vor der Empfangshalle des Palastes (Aufnahme um 1910)

ausschließlich der Inthronisationsfeier für den neuen Fon vorbehalten; das heißt also, daß der König sie in seiner Amtszeit nur einmal sehen kann« (Farbabb. 8).[204] Man kann sich vorstellen, welchen Verlust der Diebstahl der den König darstellenden Figur (die mittlere auf der Farbabb. 8) Ende der sechziger Jahre für die Identität des Reiches bedeutete. Nach ihrem Verkauf nach Amerika konnte sie glücklicherweise 1974 nach Kamerun zurückgeführt werden. Die drei Figuren sind etwa 1,6 m hoch, eine ist männlich, die anderen beiden weiblich. Alle sind aus Holz geschnitzt. Abgesehen vom Gesicht, das mit Messingblech beschlagen ist, sind sie vollständig mit Stoff überzogen, der mit Glasperlen und Kaurischnecken besetzt ist. Ursprünglich bestand das Ensemble wohl aus sieben Figuren.

In Bekom werden die Figuren heute überwiegend König Yu, der von 1865 bis 1912 regierte, zugeschrieben. Bevor er den Thron bestieg, soll er während seines Exils in einem benachbarten Fürstentum das Schnitzen gelernt haben. Als Fon gründete er dann eine Schnitzerschule in Laikom, der unter anderem auch sein Nachfolger Ngam an-

83 Der Fon von Oku vor dem Portal seines Palastes

84 Sultan Njoya auf dem Thron, den er dem deutschen Kaiser zum Geschenk ▷
machte

gehörte. Ein anderer Schnitzer, Nguo Fang aus Acha, soll Yu beim Schnitzen der männlichen *afo a kom*-Figur geholfen haben. In Bekom wird sie als Yus eigenes Bildnis angesehen, das die Erinnerung an seine Herrschaft wachhalten soll.[205]

Es ist müßig, darüber zu spekulieren, ob damit auch Funktionen einer ›Ahnenfigur‹ erfüllt werden oder nicht. Die Figur hatte zwar u. a. auch die Aufgabe, Fon Yu als Vorbild für künftige Generationen darzustellen, doch die eigentliche Verehrung der Vorfahren vollzog der König in ganz anderen Zusammenhängen. Nicht die figürlichen Darstellungen wurden als das überzeitliche Erbe vergangener Herrscher angesehen, sondern ein in europäischen Augen unscheinbarer Sitz aus Stein, der zusammen mit Stelen aus dem gleichen Material in einem Hof des Palastbezirks stand und noch heute steht. Auf diesem Platz wurde einst Recht gesprochen. Hier findet sich eine Reihe etwa faustgroßer Steine, über denen der König die an die Ahnen gerichteten Opfer vollzog. Ob es sinnvoll ist, die hölzerne *afo a kom* als Ahnenfigur zu bezeichnen, sei dahingestellt, interessanter und charakteristi-

scher für die Kunst des Graslandes ist die vornehmlich repräsentativen Zwecken dienende Überhöhung der Herrschergestalt. In ihr verbindet sich die überzeitliche Herrschaftsidee mit der Person eines Königs, an dessen diesseitiges Leben mit seinen guten und weniger guten Seiten man sich erinnern kann.[206]

Der doppelte, Machtlegitimation und -repräsentation implizierende Charakter wird auch in den beiden weiblichen Figuren des Ensembles aus Laikom deutlich: Sie stellen die Königsmutter und die erste Frau des Herrschers dar. Doch während seine Mutter den Fon in manchen Angelegenheiten des Staates vertreten kann, sind dessen Frauen von solchen Funktionen ausgeschlossen. Ihre Darstellung muß wohl überwiegend als eine profane Ehrung verstanden werden, wenn denn die Unterscheidung überhaupt einen Sinn macht. Man kann in der Tat Zweifel hegen, ob der Begriff des sakralen Königtums, der so lange die Untersuchung im Grasland und nicht nur dort dominierte, der Wirklichkeit gerecht wird.[207] Die Kunst, die diesem Königtum verpflichtet ist, erlaubt eine solche Trennung jedenfalls nicht: Sie kann weder als eindeutig profan noch als sakral bezeichnet werden.

Gelegentlich wird angeführt, daß die sakralen Bedeutungen nur verloren gegangen seien. Eine solche Entwicklung läßt sich natürlich nicht ausschließen. In Laikom haben die Figuren des heutigen *afo a kom*-Ensembles wahrscheinlich ältere Paare ersetzt, von denen zwei erhalten sind. Wie sich ihre Funktion von den späteren unterschieden haben könnte, läßt sich jedoch nicht mehr rekonstruieren, und zu behaupten, daß eine ›religiöse‹ Bedeutung so oder so vorhanden gewesen sein müsse, bleibt reine Spekulation. Auch der Gebrauch von Figuren oder Königsstühlen im übrigen Grasland bietet dafür keine Anhaltspunkte.

Der Thron von Sultan Njoya hatte eindeutig repräsentative Aufgaben (Abb. 84): Die kreisrunde Sitzfläche wurde von einem Geflecht aus sich umeinander windenden Schlangen getragen, dahinter erhoben sich eine männliche und eine weibliche Figur. Die erste hält in der rechten Hand ein großes Horn, während sie die linke zum Kinn erhoben hat – eine Geste, mit der Gefolgsleute des Königs ihre Ergebenheit zum Ausdruck brachten. Die weibliche Figur hält eine Schale in ihren Händen. Beide Gegenstände, das Horn, gewöhnlich das eines Büffels oder eines Rindes, und die Kalebassenschale werden im Grasland weithin als rituelle Trinkgefäße verwendet. Die Büffelhörner wurden als von den Ahnen überkommene Gefäße angesehen. Der Ethnograph Hans-Joachim Koloß bezeichnet es als das wichtigste Kultgerät und Hoheitssymbol: »Durch nichts ist die Bedeutung dieses [...] Trinkgefäßes in seiner äußeren Gestaltung zu erkennen. [Sie] beruht allein darauf, daß es einst von den Ahnen hergestellt und an die folgenden Generationen weitergegeben wurde.«[208] Gleichwohl stand dem Sultan oder Fon das Privileg zu, diese Insignien seiner Herrschaft zu überhöhen. So durften einst nur die im Palast verwendeten Dinge mit Glasperlen und Kaurischneckengehäusen besetzt werden. Erst nachdem unter Sultan Njoya Händler der Hausa große Mengen der Perlen importierten, wurde das Besetzen der Kultgegenstände zu einem allgemeinen Brauch. Aber auch dann blieben die schönsten und aufwendigsten Stücke dem Palast vorbehalten.[209] Dort wurden sie von eigens dafür abgestellten jungen Männern und Frauen bewahrt und bedient. Und genau solche Höflinge geben die Figuren des Thrones wieder.[210] Er selbst ist über und über mit Glasperlen besetzt – schon dadurch ein Zeichen königlicher Macht und Reichtums.

Dennoch waren die Fons oder Könige des Graslandes nicht allmächtig, sondern mußten sich der Unterstützung aller Familien und vor allem der zahlreichen Bünde versichern. Unter diesen spielte *kwifon* eine herausragende Rolle, die hier am Beispiel des kleinen Königreiches Oku in der Nordwestprovinz dargestellt werden soll.[211] Auch dort ist der Fon kein Autokrat. Er ist an *kwifon* gebunden, wie der Bund an ihn: *kwifon* heißt »den König tragen«.[212]

In sehr kleinen Fürstentümern kann jeder Mann *kwifon* beitreten, doch in den etwas größeren Reichen darf jede Lineage nur eine begrenzte Zahl ihrer Männer in den Bund entsenden. Die wichtigsten Ämter sind erblich. Nur außergewöhnlichen Persönlichkeiten gelingt es, ohne eine entsprechende Abstammung zu höheren Würden zu gelangen. Der Bund ist in mehrere Sektionen unterteilt. Einige stehen jedem Mitglied offen, doch andere bilden elitäre Zirkel, zu denen man nur durch gewaltige Abgaben bzw. Zugehörigkeit zu einer Lineage mit gebührendem Erbrecht Zugang erhält. Der Sitz *kwifons* befindet sich im königlichen Palast, wo ihr ein abgeschlossener Bezirk reserviert ist. Jede Sektion besitzt dort ein Haus, in dem sie ihre Masken und andere Kultgegenstände aufbewahrt. Im inneren Zirkel *kwifons* sind

85 Palast-Maske in Fumban

die Oberhäupter der am Ort ansässigen Lineages vertreten. Die Mitgliedschaft ist häufig auf eine kleine feststehende Zahl begrenzt, nicht selten auf sieben. Die Aufgabe dieses innersten Kreises ist es, nach dem Tod des Herrschers dessen Nachfolger zu bestimmen, aber auch in anderen wichtigen Staatsangelegenheiten ist der Fon von *agah* abhängig, einem der bedeutendsten Zirkel des *kwifon.* Er gehört ihm zwar als gleichberechtigtes Mitglied an, kann aber keine Entscheidungen nach seinem Willen durchsetzen. Beschlüsse müssen immer einvernehmlich getroffen werden. Sie sind für alle, auch für den König, verbindlich. Schließlich ist *agah* auch für die wichtigsten zeremoniellen und rituellen Handlungen bei Staatsangelegenheiten mitverantwortlich. Zu wichtigen Anlässen erscheint *kwifon* in Gestalt zahlreicher Masken, die weitgehend den inneren Aufbau des Bundes widerspiegeln und einander ergänzende unterschiedliche Aufgaben haben.

Kwifon wird als Person aufgefaßt. Als solche bildet der Bund ein direktes Gegengewicht zur Macht des Königs. Bei öffentlichen Beratungen spricht der Vertreter *kwifons* in der dritten Person: »*kwifon* ist der Meinung ...« oder »*kwifon* schlägt vor ...«[213] Der Sprecher verkörpert dabei den Bund als Institution.

Neben *kwifon* gibt es weitere Bünde, die Masken besitzen können. Dazu gehören die der Prinzen, die, da sie eventuell selbst einmal den Thron besteigen werden, nicht Mitglieder *kwifons* sein dürfen. Auch diese Gesellschaft hat ihren Sitz im Palastbezirk. Daneben gibt es Gesellschaften, die militärische oder andere Gemeinschaftsaufgaben wahrnehmen, aber im Gegensatz zu den eben genannten einzelnen Lineages zugeordnet sind. Ihr Sitz ist in dem Gehöft der Lineage, die über den Bund verfügen kann und für dessen Unterhalt aufkommen muß. Diese Gesellschaften, häufig ›manjong‹ oder ›samba‹ genannt, sind zwar selbständig organisiert, hängen aber wie alle anderen weitgehend von *kwifon* und dem König ab. Schließlich besitzen auch die einzelnen Lineages entsprechende Vereinigungen, die gewöhnlich als Maskengruppen in Erscheinung treten. Die Mehrzahl ihrer Mitglieder kann sich auf die gleiche Abstammung berufen, doch sind diese Maskengruppen für jeden offen.

Im Grasland wird die Wirksamkeit der Maskenauftritte und aller anderen Handlungen, die von Mitgliedern der verschiedenen Bünde ausgeführt werden, auf magisch wirkende ›Medizinen‹ zurückgeführt. In Anlehnung an diesen Begriff aus dem dort geläufigen, stark vereinfachten Englisch sprechen die Ethnographen häufig auch von ›Medizingesellschaften‹.[214] So verfügt die Militärgesellschaft ›ngang‹ über Mittel, die Seelen Verstorbener, die noch nicht zur Ruhe gekommen sind, endgültig ins Jenseits zu vertreiben. Auch anderswo besitzt *kwifon* solche Mittel. In Oku ist es ein Rasselgerät, das aus Eisenglocken besteht, die auf einen Lederrahmen gebunden sind. Tatsächlich ist das Musikinstrument selbst *kwifon*. Ihm werden genauso magische Wirkungen zugeschrieben wie sonst den aus den verschiedensten pflanzlichen und tierischen Bestandteilen zusammengesetzten ›Medizinen‹. Darüber hinaus gelten aber die Masken selbst als magisch wirksam.

Die Sektionen und Zirkel *kwifons* haben eigene Masken, die unterschiedlich gestaltet sind und verschiedene Aufgaben erfüllen sollen.[215] Bei öffentlichen Zeremonien sowie als Ankündigung geheimer und gefährlicher Riten tritt *mabuh* auf (Farbabb. 9). Sie ist die ›Läufermaske‹ *kwifons* – ein Ausdruck, mit dem alle Masken bezeichnet werden, die in Vertretung und Auftrag ihrer Gesellschaft erscheinen. *Mabuh* trägt eine hölzerne Maske, die ein menschliches Gesicht darstellt, und ein langes Gewand aus Federn. Die Maske wird horizontal auf den Kopf gesetzt, während das Gesicht des Trägers darunter von einem Netz verdeckt ist. Im Mund – also unter dem Netz und für das Publikum unsichtbar – hält der Träger eine Pfeife, mit der sich die Maske ankündigt. Wenn *kwifon* nachts in seiner gefährlichen Form erscheint, läuft *mabuh* voraus und warnt so die Nichtinitiierten.

Als die stärkste und gefährlichste aller Masken von *kwifon* gilt *nkoh*. Wer diese Maske anzieht, erhält vor dem Auftritt ein Mittel, das ihm, so sagt man, das Bewußtsein raubt. *Nkoh* kann auch nur unter Aufsicht mehrerer Heilkundiger auftreten. Zwei Männer müssen sie an Seilen festhalten, während einer der Heilkundigen sie aus der von den Ahnen übernommenen Kalebasse mit einer Flüssigkeit bespritzt, die *nkoh* beruhigen soll. Die Maske selbst kann ein gräßlich verzerrtes menschliches Gesicht aus Holz haben, doch häufiger ist sie mit einem Aufsatz aus Stoff ausgestattet. Streifen aus schwerem Stoff sollen lange und wilde Haare darstellen. Ihr gefährlicher Charakter wird zusätzlich durch eine gewaltige Keule unterstrichen. Der innerste Kreis *kwifons*

86 Nachtmasken vor einem Maskenhaus in Oku

87 *nkoh,* die gefährlichste aller *kwifon*-Masken

besitzt außerdem eine Maske, die im Osten der Region Bamenda unter dem Namen *yenwerong* (Mutter von *kwifon*) bekannt ist. Der Aufsatz kann einen Büffel oder ein menschliches Gesicht wiedergeben. Im Gegensatz zu *nkoh* gilt sie als »edel, schön und sanft.«[216]

Neben diesen Einzelmasken besitzen die *kwifon*-Bünde oft noch weitere. Von ihnen sollen hier nur die erwähnt werden, die im westlichen Teil der Bamenda-Region bei der Inthronisation des Herrschers erscheinen (Farbabb. 8). Darüber hinaus gibt es in einigen Reichen ganze Ensembles, die leicht 20 Masken und mehr umfassen können und dem Bund zugeordnet sind. Auch die Prinzen, die als potentielle Nachfolger des Königs nicht Mitglieder von *kwifon* sein können, haben Maskengruppen. Im Osten der Region heißt eine solche Vereinigung *ngirih* und ist ähnlich organisiert wie *kwifon:* Die verschiedenen Einzelmasken entsprechen sich zu einem großen Teil. So trägt *mabuh ngirih* wie ihr Gegenstück ein Federgewand und übernimmt auch die gleichen Aufgaben.

Besonders beeindruckend sind aber die Maskenensembles der Lineages. Im Westen umfassen sie etwa 7–15 Masken, im Osten haben sie oft über 20 (Farbabb. 15). Einige Typen gehören zu jedem Ensemble, doch darüber hinaus kann jede Maskengruppe die ihren frei wählen.

Als die bedeutendste wird die Führermaske *kam* oder *akam* beschrieben (Farbabb. 13).[217] Die Maske zeigt ein männliches Gesicht, häufig mit Bart und Haar. Auch das Gewand des Trägers kann mit Haaren besetzt sein. Außerdem verfügt die Maske über zahlreiche Medizinen, die meist am Gewand angebracht oder in Hals- und Armringe hineingewirkt sind. *Kam* geht dem gesamten Maskenensemble voraus und verläßt den Tanzplatz als letzte. Sie dirigiert den Auftritt aller übrigen Masken. »*Kam* darf häufig nicht von gewöhnlichen [...] Mitgliedern [der Maskengruppe] getanzt werden, sondern lediglich von den Angehörigen des ›inneren Kreises‹. [...] *Kam* ist meistens die einzige Maske, der Blutopfer dargebracht werden (Hühner), und die mit Rotholzpulver eingerieben wird.«[218] Die Verbindung zwischen Masken und magischen Mitteln, die ihnen ihre Wirksamkeit verleihen, wird hier besonders deutlich: »Wenn der Juju [gemeint ist die das gesamte Ensemble vertretende Gesellschaft] eine neue Maske erhält, berührt man sie mit *kam,* um ihr die Kraft des Juju zu übertragen. *Kam* wird anders behandelt als die übrigen Masken. Als einzige Maske ruht sie in einer besonderen Tasche, und sie wird – getrennt von den übrigen Masken – zumeist im Schlafraum des Familienoberhauptes aufbewahrt. [...] Die Bedeutung von *kam* wird auch dadurch deutlich, daß sie [in einigen Gebieten] als Porträt des Ahnen oder eines früheren Fon gedeutet wird, [...] es ist oft nur diese Maske, die auf dem Grab des Verstorbenen tanzt und ihn so in das Totenreich verabschiedet.«[219] Ein Gegenstück zu *kam* ist die zweite Maske des Ensembles, *ngoin.* Sie stellt seine erste Frau dar, während die übrigen weiblichen Masken meistens als seine Töchter oder weitere Frauen bezeichnet werden. Daneben gibt oder gab es weibliche Masken, die als Mutter des Ensembles bzw. der es stützenden magischen Mittel gelten. Sie haben einen gewaltigen, häufig doppelgesichtigen Kopf, der auf der einen Seite ein jugendliches und auf der anderen Seite ein gealtertes Gesicht zeigt.

Damit ist die Vielfalt der menschlichen Masken aber keineswegs erschöpft. So gibt es noch die Kriegermaske, die Speere auf dem Kopf trägt, oder Masken, die junge unverheiratete Männer oder gebückte

Alte darstellen. Andere, die einen noblen Herren oder gar den Fon wiedergeben, tragen Mützen, die gewöhnlich nur Männern dieses Ranges vorbehalten sind.

Auch die Reichhaltigkeit der Tierwelt wird wiedergegeben. Besondere Bedeutung kommt der zweiten Führermaske zu, die in der Regel einen Büffel oder einen Elefanten darstellt. Abgesehen davon ist die Auswahl der Tiere keinen Vorschriften unterworfen. Es finden sich Haustiere wie Schafe, Ziegen, Hunde und Enten neben Wildtieren wie Eidechsen, Fledermäuse, Antilopen oder Käfer. Eine besondere Stellung kommt vor allem dem Affen zu. Wie *mabuh* für *kwifon* ist er die ›Läufermaske‹ für die Ensembles der Lineages. Obwohl sie einen Affen darstellen soll, hat die Maske häufig ein menschliches Gesicht. Bei Begräbnissen oder Totengedenkfeiern kündigt sie die Gruppe an.

Die Zeremonien zum Gedenken an die Toten werden erst Wochen, Monate oder Jahre nach dem Begräbnis begangen. Da sie die Lineage des Verstorbenen wirtschaftlich auf das äußerste belasten, sind

88 Maskengesellschaft bei einem Totengedenkfest in Oku

umfangreiche Vorbereitungen notwendig. Häufig müssen die Feiern aufgrund widriger Umstände immer wieder verschoben werden, oder man ist gezwungen, das über viele Jahre hin angesammelte Hab und Gut zu veräußern. Die Feierlichkeiten zum Totengedenken dienen nicht nur dazu, dem Verstorbenen einen den Regeln entsprechenden Übergang ins Jenseits zu ermöglichen, sie sollen auch den Reichtum, die Generosität und damit die soziale Stellung und den politischen Einfluß der Lineage zur Schau stellen. Dazu gehört, daß die Gäste – oft mehrere hundert oder tausend – von den Angehörigen des Toten bewirtet werden. Stirbt der Älteste einer Lineage, werden nicht nur alle Gesellschaften, denen er selbst angehörte, eingeladen, sondern auch die, denen seine Verwandten und Freunde beigetreten sind. So können leicht 50 Maskengruppen mit jeweils 10–30 Masken zusammenkommen.[220]

Eröffnet werden die Feierlichkeiten von *kwifon*, deren Masken zwei Tage lang auftreten, dann erst dürfen die übrigen erscheinen. Nach dem Auftritt *kwifons* wird der neue Lineageälteste inthronisiert. Erst nachdem sein Vorgänger gebührend geehrt und in Ruhe ins Jenseits eingehen konnte, vollzieht er das Opfer an die Ahnen. Danach trinken die Angehörigen der Lineage aus dem Trinkgefäß, das noch von ihren Vorfahren auf sie gekommen ist. Mit diesem Akt sind die normalen, geregelten Beziehungen zu den Ahnen wiederhergestellt, und zu diesem freudigen Anlaß tanzen dann die verschiedenen Maskenensembles. Jedes repräsentiert somit eine der wichtigen sozialen Gruppen der Gesellschaft und spiegelt sie auch in seinem inneren Aufbau wider. Es entsteht ein Wettbewerb zwischen ihnen. Die Zuschauer beurteilen die einzelnen Auftritte nach Schönheit der Masken und Können der Tänzer und Trommler.

Die Ethnographen des Graslandes betonen immer wieder, daß »die menschenfigurigen Masken keineswegs die Ahnen sind, sondern diese bestenfalls darstellen – Masken sind ›lediglich‹ Medizin.«[221] Die Masken repräsentieren – wie die Kunstformen des Graslandes allgemein – die soziale Organisation. Sie inszenieren die Stellung der wichtigsten gesellschaftlichen Gruppen, bilden sie jedoch nicht nur ab. Ein so verstandener Maskenauftritt folgt seinen eigenen Regeln und impliziert, indem er das soziale Leben repräsentiert, ein dynamisches Element, was natürlich die figürliche Plastik der Herrscher, die die Kontinuität von Macht und Autorität veranschaulicht, nicht haben kann. Es wäre undenkbar, diese in Gestaltung, Inhalt und Aufgaben so verschiedenen Kunstformen miteinander zu vergleichen.

Das repräsentierende Verhältnis der Masken zur sozialen Organisation findet sich schließlich auch in den Gestalten, die die gesellschaftliche Ordnung verneinen, bestätigt, den »schlechten Medizinen«, wie sie im Grasland genannt werden.[222] Diese Masken gehen gegen Hexen vor und bedienen sich zu diesem Zweck eben derselben Mittel wie die sich gegen die menschliche Lebenswelt wendenden Gestalten: Der Träger hat eine Medizin zu sich zu nehmen, die es ihm zusammen mit dem Maskenkostüm gestattet, die sonst unsichtbaren Hexen und Hexer zu erkennen und gegen sie vorzugehen. Die verwendeten Medizinen sind geheim und dürfen keinesfalls Außenstehenden, vor allem nicht Frauen, offenbart werden. Die Masken sind anders gestaltet als die ›schönen‹ und ›guten‹ der übrigen Bünde und Vereinigungen (Farbabb. 14). Sie bestehen ganz aus pflanzlichen und zum Teil tierischen Materialien, während ihnen das hölzerne Gesicht bzw. der Aufsatz der anderen Masken fremd ist. Ihnen fehlen also die leicht wiedererkennbaren Zeichen der menschlichen Gesellschaft. So weist sie schon ihr Aussehen als Außenstehende aus, die den Masken der Bünde und Lineages ihre Grenzen zeigen.

Die Senufo

Im Norden der Republik Elfenbeinküste, im Südosten Malis und im Südwesten Burkina Fasos (früher Obervolta) leben die Senufo. Große Reiche, wie einige ihrer Nachbarvölker, gründeten sie nie, obwohl unter dem Einfluß der Mandé – im 19. Jh. im Norden Kénédougou – einige Fürstentümer entstanden. Deren Herscher verstanden sich in aller Regel als ›Dyula‹ (Händler) und bekannten sich zum Islam. Ihre Beziehungen zu den bäuerlich lebenden Senufo hatten immer den Charakter einer fremden Dominanz, die jedoch selten über eine oberflächliche Kontrolle der Dörfer hinausging. Daneben gab es auch weite Gebiete, die nicht unter der Herrschaft eines Fürsten standen. Hier bildeten die wirtschaftlich weitgehend selbständigen Dörfer zugleich die größten politischen Einheiten. Der Handel mit den Nachbardörfern konnte regionale Ernteeinbußen ausgleichen, während Handwerker ihre Produkte über etwas größere Entfernungen vertrieben. Nur wenige relativ wertvolle Waren wurden über den Fernhandel ausgetauscht: Salz aus den fossilen Lagerstätten der Sahara, Kolannüsse, aufwendig gestaltete Stoffe, einige Metalle, besonders Kupfer und Messing, Glasperlen und Vieh, vor allem Rinder. Allgemein gebräuchliches Zahlungsmittel waren Kaurischneckengehäuse. Erst in neuerer Zeit verlieren die Senufo mehr und mehr ihre Selbständigkeit. Der immer direkter wirkende Zugriff des Staates bindet sie allmählich enger an die Warenwirtschaft. Trotzdem besteht in vielen Gegenden noch jene soziale Organisation zur Sicherung des friedlichen Zusammenlebens im Dorf, mit der die hier vorgestellten Rituale und Kunstformen so verbunden sind.

Die dörfliche Gesellschaft der Senufo ist aus einer mehr oder weniger großen Zahl einander ähnelnder Einheiten aufgebaut. Sie haben innerhalb eines gewissen Spielraumes die gleiche Größe und untereinander dieselben Rechte und Pflichten. Die Mitgliedschaft wird durch Geburt von der Mutter an die Kinder weitergegeben.[223] Diese auf matrilinearer Abstammung basierenden Einheiten (Matrilineages) sind die wichtigsten gesellschaftlichen Segmente im Alltag: Für jedes Mitglied können, zumindest im Prinzip, die genauen verwandtschaftlichen Beziehungen zu den anderen angegeben werden. Es gibt einen hauptsächlich von Frauen getragenen Bund, der über den Zusammenhalt und die Einheit der Matrilineages wacht. Die Senufo sagen, er soll für die ›Reinheit‹ der Gruppe sorgen.[224]

Die Matrilineages eines Dorfes kennen untereinander keine Hierarchie. Zwar hat jeder Ort einen Repräsentanten, der meistens irreführend als ›Dorfchef‹ bezeichnet wird, aber dieser ist weit davon entfernt, ein Autokrat zu sein, der nach eigenem Gutdünken schalten und walten könnte. Er ist in der Regel der Vertreter der Lineage, die als erste auf dem Gebiet des heutigen Dorfes siedelte. Im Kreis der Repräsentanten anderer Matrilineages zählt seine Stimme kaum mehr als die übrigen. Er ist vielmehr Sprecher und Vertreter der dörflichen Interessen als Potentat.

Doch gerade das Fehlen politischer Zentralinstanzen verlangt nach einer Regulierung des Zusammenlebens im Dorf, sollen nicht einzelne oder Gruppen ihre Interessen ohne Rücksicht auf gemeinsame

Ziele und Notwendigkeiten durchsetzen können. Dem sonst drohenden Auseinanderbrechen des Dorfes wird vor allem durch ein dichtes Netz gegenseitiger Verpflichtungen und Allianzen vorgebeugt. Nahezu alle Matrilineages eines Dorfes sind untereinander durch Heiraten verbunden. Frauen werden in eine Ehe ›gegeben‹, wie sich die Senufo ausdrücken, und so eine Gabe ist der wichtigste Ausdruck einer Allianz zwischen zwei Gruppen im Dorf. Wer von seiner Nachbarlineage eine Frau erhalten möchte, wird sich ihren Mitgliedern gegenüber freundlich zeigen, und wer bereits eine Frau von dort erhalten hat, bleibt es auch, denn sonst könnte diese ihre ›Gabe‹ zurückziehen, also eine Scheidung provozieren. Die Allianzen und Heiraten, die zwischen den Lineages eines Dorfes geknüpft werden, bestimmen die Einstellungen zu den Nachbarn im Dorf. Nahezu jeder gehört zu einer Lineage, der man auf die eine oder andere Art verpflichtet ist.

Neben dem Tausch von Frauen gibt es eine weitere Institution, die vor allem den Ausgleich wirtschaftlicher Ungleichgewichte besorgt. Das ist der gewöhnlich als Geheimbund bezeichnete *poro* und das mit ihm verbundene Altersklassensystem.[225] In dem Bund sollen alle jungen und gesunden Männer eines Dorfes aufgenommen werden. Die Initiation findet etwa im Alter von 20–27 Jahren statt, doch vorher schon durchlaufen die jungen Männer zwei vorbereitende Altersklassen. Es ist nicht übertrieben zu sagen, daß die jungen Leute regelrecht in den *poro* hineingezogen werden: Während dieser Zeit vor der eigentlichen Initiation stehen spielerische und unterhaltende Aspekte im Vordergrund. Unter anderem organisiert man Feste, in deren Verlauf sich die Jugendlichen über die Älteren, die über ihnen stehen, lustig machen können. Die teilweise auch sehr ernst gemeinte Kritik wird in Gesängen vorgetragen:

> Seitdem es Schnaps gibt,
> verherrlichen sich die Alten.
> Der Tod will die Alten nicht mehr holen,
> da bleiben nur die Jungen.
> Was kann da noch das Leben angenehm machen?[226]

Die Mitglieder der einzelnen Altersklassen dürfen, wie später beim *poro* selbst, nicht miteinander verwandt sein. Um dieser Regel genüge

89 Beerdigungsfeierlichkeiten der Senufo: der Zug der Trauernden um den Toten; rechts eine *yarajo*-Maske

zu tun, müssen Brüder einer Lineage – also alle männlichen Mitglieder eines Alters, auch wenn sie nicht dieselben Mütter haben – sich verschiedenen Altersklassen zuwenden. Nach der Initiation wird das, was vorher noch eine mehr oder weniger spielerische Übung war, zum Kern gesellschaftlicher Verpflichtungen. Während der siebenjährigen, sich an die Einführung in den *poro* anschließenden Lehrzeit haben die jungen Männer zahlreiche Aufgaben, denen sie gemeinsam nachkommen müssen. Allein schon diese die Lineagegrenzen überschreitende Kooperationsform verbindet sie. Doch darüber hinaus haben sie während dieser 7 Jahre regelmäßig Abgaben zu entrichten. Jedesmal, wenn sie von den älteren Mitgliedern des *poro* in den am Rande des Dorfes gelegenen Hain gerufen werden, müssen sie einige Kaurischneckengehäuse oder Geld, auch Nahrungsmittel und gelegentlich Hühner oder Schweine mitbringen. Jeder wird nach seiner persönlichen Leistungsfähigkeit und der seiner Lineage beurteilt. Nicht selten müssen die jungen Männer sich an die Verwandten ihrer Lineage wenden, weil sie selbst die verlangten Abgaben nicht aufbringen können. Im Hain werden dann die Tiere geschlachtet und zusammen mit den übrigen Lebensmitteln von allen Mitgliedern gemeinsam verzehrt.[227] Die

90 Beerdigung eines Seilers: Während des Einnähens erscheint eine zoomorphe Helmmaske

Kauris und das Geld werden gesammelt und gezählt und schließlich zu gleichen Teilen unter den älteren Mitgliedern des Bundes verteilt. Auch das ist eine Aufgabe der jungen Initiierten. Einzeln werden sie mit den in der Regel nicht sehr hohen Beträgen ins Dorf geschickt, wo sie sie den Älteren zu übergeben haben. Dieses ständige Hin und Her ist für jeden sichtbar, und oft kann man im Dorf Witze darüber hören. Der *poro* sammelt und verteilt die Reichtümer der einzelnen Lineages und sorgt so dafür, daß keine unter ihnen im Dorf eine dominierende wirtschaftliche Stellung erreichen kann.

Doch diese kontinuierliche Umverteilung allein reicht nicht aus. Es gibt noch eine zweite, die nur zu besonderen Anlässen, vor allem Beerdigungen, durchgeführt wird. Vorauszuschicken ist, daß die Senufo Überschüsse, wenn sie nur groß genug sind, in einige Luxusartikel und vor allem Rinder umsetzen. Zu den ersteren gehören große Baumwolltücher, die aufwendig dekoriert und dementsprechend teuer sind. Jede Lineage besitzt einen Vorrat solcher Tücher, die oft im Verlauf mehrerer Jahre erworben wurden. Beides, Rinder und Textilien, können in Notzeiten wieder in andere Waren eingetauscht werden. Sie stellen, wenn man so will, eine Art ›Sparkasse‹ dar. Diese

Güter sind verwandtschaftliches Eigentum. Wenn es notwendig werden sollte, profitieren alle Mitglieder einer Lineage davon.

Im Gegensatz zu dem persönlichen, gewöhnlich sehr bescheidenen Hab und Gut können diese Reichtümer nicht vererbt werden.[228] Sie werden bei der Beerdigung der Lineageältesten nahezu vollständig verbraucht. Dabei richtet sich der materielle und rituelle Aufwand nach dem sozialen Status und dem persönlichen Ansehen des Verstorbenen. Beerdigungen alter, hochangesehener Männer und Frauen gehören zu den umfangreichsten und beeindruckendsten Ritualen im Senufoland überhaupt. Sie können vier oder fünf Tage dauern. Während dieser Zeit kommen Angehörige, Freunde und Bekannte des Toten von überall her in das Dorf. Häufig zählen sie viele Hundert. Sie alle müssen untergebracht und beköstigt werden, was von der Lineage des Verstorbenen, will sie ihren sozialen Verpflichtungen nachkommen, die Mobilisierung aller, auch der letzten wirtschaftlichen Reserven verlangt.

Während die Lineage des Verstorbenen die materiellen Mittel aufzubringen hat, obliegt dem *poro* die rituelle Organisation der Feierlichkeiten. Er sorgt dafür, daß der Leichnam den Regeln entsprechend von seiner *nyui*,[229] seiner ›Seele‹ oder ›Lebenskraft‹, getrennt wird, er ist dafür verantwortlich, daß alle wichtigen sozialen Gruppen des Dorfes und der Umgebung offiziell von dem Trauerfall benachrichtigt werden. Dazu gehören auch alle *poro*-Bünde, zu denen der Tote irgendeine Beziehung hatte. Größere Dörfer beherbergen in ihrem Hain, dem Sitz des Bundes, zudem mehrere Initiationszentren, die alle ihre eigene Mitgliedschaft und ihre eigenen Masken besitzen. Vor allem sie, die Masken des Bundes, übernehmen wichtige rituelle Aufgaben. Nicht zuletzt obliegt es ihnen, über die korrekte Verteilung des Fleisches, also der Rinder, zu wachen. Mit der Durchführung all dieser rituellen Handlungen sind die jungen Initiierten betraut. Sie verbringen zu Beginn ihrer siebenjährigen Lehrzeit drei Monate im Hain des *poro*, wo sie u. a. auch in den Gebrauch der Masken eingeführt werden. Sie aber sind nur Teil eines größeren Zusammenhanges: eben des Übergangs vom Leben zum Tode. Für einige Masken, die schnell und geschickt tanzen sollen, wählt man nach einigem Üben den Begabtesten aus. Bei anderen genügt es, den Träger einfach zu bestimmen. Es gibt keinen individuellen Besitz an den Masken, auch könnte niemals

91 *kponyugu,* der Kopf des *poro,* Senufo. Holz, Pflanzenfasern, H 40 cm. Museum Rietberg, Zürich

eine Lineage eigene Masken besitzen, wie etwa im Kameruner Grasland. Schon die Zusammensetzung jeder Altersklasse aus einander nicht verwandten Männern steht dem entgegen. Unterhalt und Auftritt werden immer vom gesamten Bund getragen, vertreten durch die Altersklassen der neu Initiierten.

Die größte Geschicklichkeit aller Masken verlangt die *yarajo.*[230] Jeder *poro*-Bund, bzw. in größeren Dörfern jedes Initiationszentrum, besitzt eine solche Maske, die ganz aus Stoff, Raffiafasern, Federn und ähnlichen Materialien hergestellt ist (Farbabb. 5, 6, 7). Ein hölzerner Aufsatz oder Gesichtsvorsatz fehlt ihr, weshalb die *yarajo* nur selten in Museen oder Sammlungen gelangt ist. Das Gesicht des Trägers ist hinter einem Tuch verborgen, auf das in der Regel bunte Stoffreste oder auch Silberlitzen, spiegelnde Plastiksternchen und ähnliches genäht sind. Jedes *poro*-Zentrum hat hier, wie in vielen anderen Details, seine eigenen Muster, die es dem Betrachter erlauben, die Maske jedes Bundes ohne Schwierigkeiten wiederzuerkennen, wenn er einmal um deren Identität weiß. Jede *yarajo* trägt eine ›Frisur‹ aus langen farbigen Raffia, das links und rechts des Gesichtes gerade herunterhängt. Auf dem Kopf befindet sich ein mehr oder weniger hoher Wulst, aus dem eine oder mehrere Federn hoch aufragen. Bekleidet ist der Träger mit einem einteiligen Baumwollanzug mit langen Ärmeln und Beinen. Um die Hüfte trägt er einen Gürtel, durch den ein langer Gewebestreifen gezogen ist, wie ihn die Initiierten des Bundes tragen.

Die *yarajo* spricht. Dem Träger wird, bevor er das Kostüm anlegt, ein Mirliton vor den Mund gebunden, so daß seine Stimme deutlich, aber entstellt zu hören ist. Tatsächlich heißt ›yarajo‹ nichts anderes als »spricht Bla-Bla«.[231] Bald, nachdem der Tod eines alten *poro*-Mitgliedes durch Flintenschüsse im Dorf verkündet wurde, erscheint sie. Sie ist für alle sichtbar, also auch für Frauen und Kinder. Wenn nach ein oder zwei Tagen die Feierlichkeiten beginnen, läuft die Maske zwischen den Zuschauern hin und her und stellt ihnen scheinbar absurde Fragen, bietet ihnen ein paar Kaurischnecken an oder irgendeines der Dinge, die sie in einem großen Ledersack bei sich trägt: ein altes Plastikpüppchen ohne Arme, ein verrostetes Vorhängeschloß oder die zerrissenen Reste eines Schulheftes (Farbabb. 12). In der Hand hält die *yarajo* die hölzerne Attrappe einer Flinte, auf der sie sich mit einem Fuß abstützt, wenn sie nicht gerade damit auf etwas ›schießt‹.

Wegen ihres Verhaltens sind die *yarajo* bisweilen als ›Spaßmacher‹ oder ›Possenreißer‹ bezeichnet worden, doch hinter dieser Fassade verbirgt sich eine der wichtigsten Gestalten des *poro*. Die den Nichtinitiierten so absurd klingenden Fragen sind in Wirklichkeit Losungen, die alle Mitglieder des Bundes mit entsprechenden, gleichfalls unsinnig scheinenden Antworten erwidern. So erfährt der Träger der *yarajo* unbemerkt, wer den geheimen, nur den Initiierten erlaubten Teilen des Rituals beiwohnen darf und wer nicht.

Noch bevor die eigentlichen Begräbnisfeierlichkeiten beginnen, werden Kondolenzgaben überreicht. Dabei handelt es sich um die oben schon erwähnten Baumwolltücher, die früher aus kunstvoll gefertigten Schmalbandgewebestreifen zusammengesetzt waren. Heute werden mehr und mehr industriell gefertigte Stoffe und Decken verwendet. Darüber hinaus schenkt man kleinere Geldbeträge oder einige Kauris. Die Übergabe findet im Hof des Verstorbenen statt. Jedes Tuch wird in die Höhe gehalten, und laut verkündet ein Verwandter des Toten, wer es gebracht hat. Größe und Wert des Tuches sind Ausdruck der Beziehungen, die zwischen dem Toten oder seiner Lineage und den Gebenden bestanden. Viele Kondolenzgaben sind obligatorisch, doch einige sind einfach Zeichen einer Freundschaft, die den Verstorbenen mit diesem oder jenem im Dorf verband.

Danach werden die Tücher in zwei Haufen geteilt. Der eine kommt in den Vorrat der Lineage, die anderen Stoffe bringt man auf einen großen Platz, wo die anschließenden Riten vollzogen werden. Dort legen zwei Angehörige des Toten die Tücher sorgfältig übereinander. Anschließend holen sie den in ein weiteres Tuch eingewickelten Leichnam aus seiner Hütte, wo er die letzten Tage ruhte, und betten ihn auf die gestapelten Tücher. Während sie neben dem Toten niederknien, greifen die Musiker des Xylophonensembles zu ihren Instrumenten. Sie warteten am Rande des Platzes und spielen nun ein allein diesem Abschnitt der Begräbnisfeierlichkeiten vorbehaltenes Lied. Ertönt diese Musik, weiß jeder, daß der wichtigste Teil der Zeremonien beginnt. Verwandte, Freunde und Bekannte des Verstorbenen machen sich auf, und langsam füllt sich der Platz.

Wer dem Toten nahestand, reiht sich nun in eine immer länger werdende Schlange ein, die sich zunächst im Schrittempo um den in der Mitte liegenden Leichnam bewegt (Abb. 89). Um ihn herum

92 Beerdigung eines Seilers: Ehrung des Toten durch ihm Nahestehende nach dem Einnähen des Leichnams

hocken vier oder fünf Alte, die den Toten sehr sorgfältig in die Tücher einnähen, auf denen er liegt. Mehr und mehr Leute aus dem Viertel und dem ganzen Dorf kommen hinzu und tanzen mit den Angehörigen (Farbabb. 18). Wer ihnen nahe ist, faßt sie am Unterarm und hält ihn in die Höhe. So zeigt man, daß man sie auch in dieser Stunde unterstützt. Die Söhne des Verstorbenen tragen Frauenkleider und wie alle Angehörigen die besten Stoffe, die sie besitzen. Die Xylophonensembles aus den anderen Vierteln des Dorfes und benachbarten Orten kommen mit den fremden Gästen und betreten spielend den Platz. Am Rande des Geschehens stehen die jungen Initiierten des *poro* in ihren Lendenschurzen, während sich die *yarajo*-Masken der Bünde unter die Leute gemischt haben, alles beobachten und die Zuschauer auf ihre merkwürdige Art ansprechen. Die Verwandten des Toten überhäufen förmlich die Musiker mit Kauris, die sie hoch in die Luft werfen und auf sie niederregnen lassen. Auch die Initiierten werden so bedacht. Schnell bücken sie sich, um so viele Schneckengehäuse wie möglich einzusammeln. Sie werden sie in den Hain des Bundes tragen, wo die Alten sie zählen.

Wenn der Leichnam in das letzte Tuch eingenäht ist, wechselt plötzlich die Musik: Die Xylophonspieler legen ihre Instrumente nieder,

93 Beerdigung eines Seilers: Tanz über dem Leichnam

während in der Ferne schon die Trommeln des *poro* zu hören sind. Sie werden den Toten, so er denn ein Mitglied war, zum Grab geleiten. Alle Frauen, Kinder und Jugendliche, die noch nicht in den Hain des Bundes eingeführt wurden, haben jetzt den Platz zu verlassen. In wenigen Minuten ist er fast leer. Nur alte Männer und Frauen und natürlich die jungen Initiierten sind geblieben. Auch die Wege und Gassen des Dorfes haben sich geleert. Aus dem Hain kommend nähert sich der *poro*, und das ist nichts anderes als seine wichtigste Maske.

Das Wort ›*poro*‹ – korrekt eigentlich ›kporo‹ – steht nicht nur für den Bund als Institution, es bezeichnet vor allem die Maske, die im Mittelpunkt seiner Rituale steht. Für die Senufo ist sie der *poro*, obwohl man auch den langen Zug der alten und jungen Mitglieder oder im weitesten Sinne alles, was von ihnen getan wird, so nennen kann. Der *poro* als Gestalt trägt eine große hölzerne Stülpmaske, in der sich Elemente vieler Tierarten vereinen. Die Hörner sollen, so sagt man häufig, die einer Antilope oder die eines Büffels sein, der weit aufgerissene Rachen der eines Krokodils oder einer Hyäne, der man auch die langen, spitzen Ohren zuschreibt. Seitlich aus dem Rachen und dem Oberkiefer ragen oft große, nach hinten gebogene Hauer, die die langen Eckzähne der Warzenschweine zum Vorbild haben sollen.

Viele verschiedene Elemente sind hier zusammengefügt, und die meisten Zuschauer wissen sie nicht zu nennen. Nur die Schnitzer, die die hölzernen Stülpmasken herstellen und sie, um sie von der gesamten Gestalt zu unterscheiden, einfach ›Kopf des *›poro‹*[232] nennen, achten auf die Details. Die Mitglieder des Bundes, besonders die älteren, kennen zwar ›ihren‹ *poro* genau und unterscheiden ihn auch von den Masken der anderen, sie legen aber keinen sehr großen Wert auf die stilistische oder ikonographische Ausführung. Das ihnen geläufige zoomorphe Grundmuster muß zwar erhalten sein, wichtiger aber ist, daß die Maske die ihr obliegenden rituellen Handlungen den Regeln entsprechend ausführt. Und das ist natürlich eine Aufgabe des Initiierten, der die Maske trägt. Er ist während des Rituals nicht zu erkennen, da nicht nur sein Kopf durch die hölzerne Stülpmaske verborgen ist, sondern auch sein gesamter Körper von einem langen einteiligen Baumwollanzug verhüllt ist. Dieses Kostüm wird im Gegensatz zum hölzernen Teil der Maske von Mitgliedern des Bundes hergestellt. Besonderheiten, die nicht nur lokal bedingt sind, drücken sich daher eher im Kostüm als im ›Kopf des *poro*‹ aus. So tragen die Masken der Schmiede Lederhäute, die in großer Zahl an den unteren Rand des Kopfaufsatzes

94 Die Maske des *poro*-Bundes erscheint vor dem Leichnam

geknüpft sind und den Oberkörper des Trägers fast vollständig verdecken (Farbabb. 17).

Stammt die Maske aus dem Hain, in dem der Verstorbene initiiert war, ist ihr Kopf unter zahllosen frischen Laubzweigen versteckt und gar nicht mehr zu erkennen. Nähert sie sich dem Platz, wo der schon in die Tücher eingenähte Leichnam liegt, kann man nur grob die Gestalt des Trägers ausmachen (Abb. 90). Er hat eine kleine zweifellige Trommel umgehängt und hält in der Rechten einen kurzen Schlegel. Langsam geht der *poro* auf den Toten zu, zögert, kehrt um, läuft in eine andere Richtung und wendet sich wieder, während die großen Faßtrommeln des Bundes die Luft mit ihrem tiefen, dumpfen Klang erfüllen, ergänzt nur durch eine kleine, eiserne Schelle, die gewöhnlich das Kommen des *poro* ankündigt. Immer wieder kniet der *poro* nieder, legt seine kleine Trommel auf den Boden und versetzt ihr eine Reihe kurzer, immer schneller aufeinander folgender Schläge. Schließlich kniet er direkt vor dem Leichnam (Abb. 94) nieder und, nachdem er davor noch einmal seine Trommel geschlagen hat, legt sie oben auf die gut vernähten Tücher, etwa dort, wo sich die Brust des Verstorbenen befinden muß. Wieder hebt die Maske ihren Schlegel und läßt ihre Trommel ertönen, dreimal hintereinander. Das ist der entscheidende Akt, denn er trennt das *nyui* des Verstorbenen, seine ›Seele‹ oder ›Lebenskraft‹, vom Körper. Es gibt spezielle Vorschriften, die der Träger der Maske beachten muß.[233] Befolgte er sie nicht, führte er die Rite also schlecht aus, hätte man mit üblen Auswirkungen zu rechnen. Das Lebende und das Tote wären nicht eindeutig voneinander geschieden und könnten Unglück über die Nachfahren des Toten bringen.

Auch die Masken der anderen bei dem Begräbnis repräsentierten *poro*-Bünde führen die Rite aus, doch sie sind nicht entscheidend. Ihr Erscheinen unterstreicht eher die weitgespannten Beziehungen, die der Tote bzw. sein *poro* unterhielt. Die Angehörigen haben währenddessen aus langen Stöcken und Gestellen, die die Frauen sonst zum Holzholen verwenden, eine Bahre zusammengebaut. Auf sie wird nun der in die Tücher eingenähte Leichnam gelegt und festgebunden. Zwei junge Männer tragen ihn ein Stück auf den Köpfen und legen ihn dann wieder nieder. Andere, wie lange dünne Zylinder geformte Trommeln des *poro* werden jetzt geschlagen. Ihr Sprechspielen erzählt von der Zeit der Initiation, die der Verstorbene mit den

Kameraden seiner Altersklasse verlebt hatte. Auch das ist nur Mitgliedern des Bundes verständlich. Wieder erscheinen Masken. In einigen Gegenden reitet der *poro* nun auf dem Bündel, in anderen legt er seine Stülpmaske ab und nimmt den eingenähten Toten, wälzt sich mit ihm im Staub, wirft ihn umher, soweit er es vermag, so daß man kaum mehr glauben mag, daß das Bündel mehr enthält als bloß Tücher.[234] Meistens steht die Sonne zu dieser Zeit schon tief, und nun muß alles sehr schnell gehen: Die Regeln verlangen, daß der Leichnam noch vor der Dunkelheit im Grabe liegt, begleitet von einigen persönlichen Gegenständen.

Die folgende Nacht wird ›die Wacht‹ genannt. Nachdem sich die Musiker der Xylophonensembles eine zeitlang ausgeruht haben, beginnen sie von neuem im Hof des Verstorbenen zu spielen. In der Mitte des Platzes brennt jetzt ein großer Holzhaufen, und am Rande haben die älteren Angehörigen Liegestühle, Hocker und Bänke aufgestellt. Dort werden sie bis zum nächsten Morgen ruhen, während die Jungen und Mädchen des Hofes, des Viertels und des ganzen Dorfes zur Musik

95 Auf dem Weg zum Grab schlagen zwei Masken des Bundes ihre Trommeln

96 Ein den Leichnam repräsentierender Stab ist auf einen hölzernen Katafalk gelegt, darüber eine *yarajo*-Maske

der Xylophone tanzen. In der Nacht spielt man keine speziellen Lieder, es sind die, die gerade beliebt sind, und die Mädchen begleiten die Musiker oft durch Klatschen und Singen. So geht es bis zum Morgengrauen, denn dem Toten zu Ehren soll man in dieser Nacht nicht schlafen. Viele junge Leute nutzen die Gelegenheit, um neue Bekanntschaften zu machen und Freundschaften zu schließen.

Am nächsten Tag geschieht erst einmal wenig. Man ruht sich von der durchwachten Nacht aus. Am Nachmittag aber werden die Riten des Vortages fortgeführt. Wieder erscheinen die Initiierten und Masken des *poro*, doch diesmal ersetzt ein ebenfalls in ein Tuch geschlagener Holzstab den Körper des Toten. Man beginnt nicht im Hof des Verstorbenen, sondern an der *kpaala*. Das ist ein aus Knüppelholz und Baumstämmen errichteter Unterstand, den jedes Initiationszentrum im Dorf besitzt. Unter ihm saßen bereits während der vorangegangenen Tage die Alten des Bundes, und hier bereiteten sich auch die jungen Initiierten auf die Riten vor. Heute steht daneben ein großer Katafalk aus Holz, auf dem der eingeschlagene Stab liegt. Zunächst spielt man wieder die langen Zylindertrommeln. Dann kommen die *yarajo*-Masken. Sie springen auf den Katafalk, setzen sich rittlings auf ihn, werfen sich hin und her, springen wieder herunter und tanzen rasend schnell davor und dahinter (Abb. 96). Nachdem alle *yarajo* aufgetreten sind, nehmen zwei Männer den Stab und tragen ihn aus dem Dorf heraus auf einen Weg, der in die Wildnis führt. Dort legen sie ihn nieder, und wieder tanzen die *yarajo*, eine nach der anderen, während die Zylindertrommeln des *poro* noch einmal von den Erfahrungen künden, die der Verstorbene im Bund gemacht hat (Abb. 97, 98). Auch die große Maske, der *poro* selbst, erscheint und wiederholt, was sie am Tag zuvor getan hat: Nur legt sie diesmal eben ihre Trommel nicht mehr auf den Leichnam, sondern auf den Stab. Ein letztes Mal wird der Stab weitergetragen. Doch nun nimmt ein junger Initiierter ihn aus dem Tuch heraus und hält ihn senkrecht in den Händen, während hinter ihm die *yarajo* um den schon leeren Stoff tanzen. Nach diesem dritten Halt bringt er den Stab – unbemerkt von der Mehrheit der Zuschauer, die noch auf die Masken achten – fort in die Wildnis, wo er an einem unzugänglichen Ort verborgen wird. Auch das muß wieder vor Sonnenuntergang geschehen, und während es dunkelt, verlieren sich die letzten Weggefährten des Toten und gehen ins Dorf zurück.

In der kommenden Nacht ruhen sich alle von den Anstrengungen der vorangegangenen Tage aus. Aber erst am nächsten oder übernächsten Nachmittag werden die Feierlichkeiten endlich abgeschlossen sein. Dann treten nämlich die *kodal*-Masken der Altersklasse auf, die kurz vor der Initiation steht, und im Hain des Bundes zählen die Alten stundenlang die Gaben, die die Initiierten und die *yarajo*-Masken erhalten haben. Die Verteilung der Gaben ist eine sehr ernste Angelegenheit. Der Tanz der *kodal*-Masken dagegen hat keine rituelle Funktion, er dient allein dem Amüsement. An diesem letzten Tag dürfen auch Frauen und Kinder zuschauen.[235]

Schwerwiegende Konflikte bedeuten alle Streitigkeiten, die während der Beerdigungsfeierlichkeiten um die Verteilung des Fleisches entstehen. Sie werden in der Regel von der *yarajo* des Bundes, zu dem der Verstorbene gehörte, beigelegt. Sind in die Auseinandersetzungen mehrere Bünde verwickelt, kann man die *yarajo* sehr heftig miteinander diskutieren sehen. Obwohl der *yarajo* des veranstaltenden *poro* hier die größte Autorität zukommt, haben doch alle Beteiligten ihre Rechte und natürlich werden sie versuchen, diese auch durchzusetzen. Der Gleichheitsgrundsatz muß immer befolgt werden.

Was ist nun das Wesentliche an den Beerdigungsfeierlichkeiten und ihren Ritualen? Einmal ist hier eine Trennung von darstellender und bildender Kunst oder von Musik und Plastik oder jeder anderen europäischen Kunstgattung nicht möglich. Eben diese Einheit der Gattungen ist das besondere Kennzeichen fast aller Rituale in afrikanischen Gesellschaften. Wichtig scheint mir der ausgleichende, vermittelnde und in wesentlichen Teilen über den sozialen Gruppen, den Lineages des Dorfes, stehende Charakter des *poro* und seiner Masken zu sein. Schon in seiner Organisation verbindet er ja die einzelnen gesellschaftlichen Segmente miteinander, aber in den Ritualen wird diese Aufgabe des Bundes noch deutlicher. Die Masken treten niemals als Repräsen-

97 Eine *yarajo*-Maske kniet auf dem Stab

98 Auf dem Weg in die Wildnis tanzen die *yarajo*-Masken zu den Trommeln des Bundes

tanten einer Gruppe im Dorf auf, wie etwa im Kameruner Grasland, sondern sie stehen immer für ein Netz, in das der Tote eingebunden war. Und dieses Netz steht über den Lineages. Es ist aus den sonstigen sozialen Identitäten herausgehoben und schafft seine eigene, eine allgemein menschliche Identität. Der Bund vermittelt aber nicht nur ganz praktisch zwischen den Lineages, indem er für wirtschaftlichen Ausgleich sorgt. Der *poro* vermittelt auch zwischen zwei bedeutenden kulturellen Kategorien: der Welt des Dorfes und der Wildnis. Dort, wo das individuelle Leben zu Ende ist, geleitet er die Verstorbenen in jene andere Welt hinüber. Er trennt Körper und Seele, und er tut dies nicht als Vertreter irgendeiner bestimmbaren Macht im Dorf. Der *poro* ist in diesem Moment selbst ein anonymes, nicht mehr einzuordnendes Wesen, eine Gestalt, in der viele wilde Tiere zusammenfließen, eine Maske, die die unterschiedlichsten Dinge gleichzeitig integriert. Gerade weil die Maske eine solche Chimäre ist, kann sie den Toten aus dem menschlichen Dasein herauslösen, kann sie ihn seinen Angehörigen entfremden. Die Mittel, derer sich die Maske bedient, sprechen für sich. Sie gibt letztlich dem Leichnam eine andere Identität, indem sie die nun nicht mehr zusammengehörenden Teile trennt und ihnen den gebührenden Ort zuweist. Diese Trennung ist auch räumlich zu verstehen. Die Friedhöfe liegen im Senufoland gewöhnlich einige Gehminuten außerhalb des Dorfes, nur die Ältesten haben das Vorrecht, im eigenen Gehöft beerdigt zu werden. Noch deutlicher wird die Separation am folgenden Tag, wenn man den Stab hinaus in die Wildnis trägt – ein völlig ins Unpersönliche gewendeter Akt.

Dementsprechend ist auch die Gestaltung der Maske unpersönlich. Für die Zuschauer und Teilnehmer an den Ritualen ist es auch ohne Bedeutung, wer die Maske hergestellt hat. In der Öffentlichkeit bleiben die Schnitzer anonym, selbst wenn sie untereinander ihre Stücke wiedererkennen und nach qualitativen Merkmalen unterscheiden. Sie sind außerdem in Berufsgruppen eingebunden, zu denen man nur durch Geburt Zugang hat. Dieses Zurücktreten des Künstlers hinter sein Werk scheint aus den Aufgaben der Masken zu folgen, zumindest jedoch damit zu korrespondieren. Das folgende Kapitel wird zeigen, daß das nicht in jeder segmentären Gesellschaft so sein muß.

Persönlichkeit und Stil: Die Dan

Im Nordosten Liberias und im äußersten Westen der Elfenbeinküste, wo sich tropischer Regenwald über Hügel und Berge hinzieht, leben die Dan. Wie den Senufo sind ihnen zentrale politische Organisationsformen fremd, doch im Gegensatz zu diesen konnten sie sich gegen die Übergriffe ihrer Nachbarn stets gut behaupten. Bis zur Kolonialzeit waren die Dörfer der Dan weitgehend selbständig und verbanden sich nur in Kriegszeiten zu größeren Einheiten.

Die Lebensgrundlage der Dan ist die Landwirtschaft. Traditionell werden vor allem Reis sowie Maniok, Yams und Süßkartoffeln angebaut, ergänzt durch etwas Gemüse und Gewürze. Daneben gewinnen heute Kakao-, Kaffee- und Gummipflanzungen für den internationalen Markt an Bedeutung. Eine untergeordnete Rolle spielt dagegen die früher sehr wichtige Jagd auf große Säugetiere. Sie war auch in der Kultur dieses Volkes mit hohem Ansehen verbunden[236] und bot dem einzelnen Gelegenheit, sich gegenüber den Mitbewohnern des Dorfes auszuzeichnen. Herausragende persönliche Leistungen verleihen auch gesellschaftliches Prestige – ganz anders als bei den Senufo, wo vor allem die stillschweigende, ja unauffällige Pflichterfüllung Anerkennung findet. Dort ist es ein Kompliment, wenn man von jemandem sagt, daß er »ruhig« sei, bei den Dan versucht jeder, »sich einen guten Namen zu machen.«[237] Es gibt viele Möglichkeiten, zu solcher Berühmtheit zu gelangen, die Jagd ist nur eine davon. Eine andere ist das gesteigerte Ansehen, daß man sich als generöser Gastgeber großer Feste erwerben kann. Auch konnte sich früher jeder Mann Verdienste als Krieger erwerben, was heute der Ringkampf ersetzt.

Doch daneben kann man sich besonders durch künstlerische Fähigkeiten hervortun. Frauen haben die Möglichkeit, als Töpferinnen oder Korbflechterinnen bekannt zu werden, Männer als Schmiede, Schnitzer, Metallgießer oder Musiker und Tänzer. Die Spezialisierung ist am Ende weniger wichtig als die Qualität: »Es ist gleichgültig, was man tut; aber das, was man tut, muß man besser tun als jeder andere: Man muß immer der Beste sein, sei es als Schmied, als Krieger, Häuptling, Trommler, Schnitzer oder Maskenträger, als Frauenverführer oder als Dieb.«[238] Schnitzen oder Tanzen gelten zwar nicht eigentlich als bevorzugte künstlerische Ausdrucksformen, doch da die Masken nicht selten in spektakulären Auftritten erscheinen, können sie einen Schnitzer oft rasch bekannt machen. Auch das ist ein Unterschied zu den Senufo, wo einzelne Schnitzer nur in den Kreisen des *poro*-Bundes, so gut wie niemals aber in der Öffentlichkeit bekannt werden. Das Schnitzen ist dort ein Handwerk, dem man durch Geburt verpflichtet ist, und außergewöhnliche Meisterschaft erlangt man durch Üben. Bei den Dan hingegen nehmen die besten Schnitzer nicht nur eine besondere Begabung für sich in Anspruch, sondern sie sehen das Schnitzen nicht selten als ausdrückliche persönliche Berufung an.

Eben dieses Verhältnis von Persönlichkeit und Stil bei den Dan war Gegenstand der Untersuchungen von Hans Himmelheber und Eberhard Fischer Ende der sechziger Jahre. Doch obwohl die von ihnen aufgeworfenen Fragen seitdem wiederholt diskutiert wurden, fehlen auf diesem Feld bis heute weitergehende und vor allem allgemeinere vergleichende Studien.[239] Fischer wählte für seine Untersuchung vier Schnitzer aus zwei benachbarten Dörfern im nördlichen Liberia. Während er sie beim Schnitzen beobachtete, fragte er sie nach ihrem Lebensweg und ihrer Motivation für die Schnitzkunst. Anschließend verglich er seine Aufzeichnungen mit den Werken der Schnitzer.

Der erfahrendste der Schnitzer war Tame. Wie die anderen Schnitzer der Gegend stammte er aus der Familie der Butuo, die stets die Schmiede im Dorf stellten. Einige unter ihnen schnitzten auch. Tames Vater selbst war Schnitzer, galt aber nicht als außergewöhnlich begabt. Masken stellte er nicht her, nur Haushaltsgegenstände, Trommeln und die großen Löffel, mit denen die besonders gastfreundlichen Frauen bei Verdienstfesten Reis oder Münzen präsentieren. Dennoch ist Tame von seinem Vater auf vielfältige Art unterstützt worden.

Tame hatte drei Lehrmeister: seinen Vater und die Schmiede Gbäa und Uopie. Er selbst berichtet von den Anfängen: »Als ich noch ein kleiner Bub war, war ich so vorwitzig, daß ich immer meinem Vater zwischen die Beine kroch, wenn er schnitzte. Das ärgerte ihn, und er gab mich darum dem Uopie in die Lehre, den er selbst das Schnitzen gelehrt hatte.«[240] Zu dieser Zeit muß Tames Vater aber bereits sehr alt gewesen sein, denn er arbeitete nur noch für sich, nicht mehr im Auftrag anderer. Uopie hatte bei Tames Vater gelernt und unterrichtete nun

99 Eine *dea*-Maske bittet um Essen für die Initianden

dessen Sohn, der später wiederum Uopies jüngeren Bruder Tompieme das Schnitzen lehren sollte. Gbäa, der älteste seiner Meister, muß von Tames Begabung sehr beeindruckt gewesen sein. Er berichtete von dem jungen Schnitzer anerkennend, daß er ihn nicht habe zum Arbeiten auffordern müssen: »Ich habe Tame das Schnitzen nicht gelehrt. Als Tame noch ein kleiner Junge war, war sein Herz schon vom Schnitzen erfüllt.«[241] Das Verhältnis zu Uopie stellt Tame dagegen anders dar. Dort mußte er zunächst einen Gewehrkolben schnitzen und bekam dann eine Maske vorgelegt, die er kopieren sollte. War sie nicht gut gelungen, schlug Uopie ihn. Andererseits bestand der Unterricht auch dort hauptsächlich aus Beobachtung: Tame sah, wie Uopie schnitzte, und versuchte, es ihm gleichzutun.

Nachdem sein Vater gestorben war, errichtete Tame seine eigene Schmiede. Da er vorher in einer anderen Schmiede zu seinen eigenen Gunsten gearbeitet hatte und deshalb dort hinausgeworfen wurde, versuchte man ihm Schwierigkeiten zu machen, als er sich einen Amboßstein aus dem Wald holen wollte: Der Ausrufer von Bekanntmachungen verbot allen Leuten, das Dorf zu verlassen. Doch Tame gelang es mit einem Trick, das Verbot zu umgehen und sich in den Besitz des Amboß zu bringen. Er wurde schließlich Dorfschmied, während alle anderen Schmiede ihre Werkstätten draußen auf ihren Pflanzungen hatten. Tame war bald ein bekannter Schmied. Bei einem Wettstreit besiegte er alle anderen Schmiede der Region und sogar einen Malinké, die den Dan als überlegen gelten. Zu diesem Ruhm gesellte sich der als Schnitzer. Während sich Eberhard Fischer bei den Dan aufhielt, war es ein Zeichen hoher Qualität, wenn man von einer Maske sagen konnte, daß sie von Tame geschnitzt sei.[242]

Gleichwohl hatte Tame zu dieser Zeit schon ein gebrochenes Verhältnis zu diesem Zweig seiner Arbeit: »Das Schmieden gefällt mir heute am besten. Schnitzen ist nicht für jeden Tag. Masken macht man nur, wenn man will, Schmieden kann ich immer. Löffel oder Masken schnitze ich nur, wenn mich jemand darum bittet, und auch dann sage ich heute oft: ›Geh' zu Tompieme [Tames Schüler], der macht das für dich.‹ Ich repariere eigentlich die ganze Zeit Flinten. Ich schnitze zwar auch heute noch, aber das war eine der Sachen, die zu lernen ich meine Zeit verschwendet habe. Manchmal fühle ich, daß ich schnitzen sollte, aber meist habe ich zu viel anderes zu arbeiten und keine Zeit zum Schnitzen. [...] Ich habe alle Maskenformen, die ich, seit ich ein kleiner Bub war, gesehen habe, auch geschnitzt.«[243]

Tame ging es zuerst um sein Ansehen im Dorf und um seinen Ruhm über die Dorfgrenzen hinaus. Als Dorfschmied war er ein einflußreicher und von manchen sicher auch gefürchteter Mann. Dem Ethnographen berichtete er, wie er sich immer wieder mit Tricks, die wir in einem fairen Wettkampf kaum gutheißen würden, gegen seine Konkurrenten durchzusetzen verstand. Um überall der Beste zu sein, bediente er sich zauberischer Mittel: bei der Jagd, beim Schmieden, beim Gelbguß, beim Ringen und natürlich auch beim Schnitzen. Er besaß ein Mittel, um Aufträge zu bekommen, und eines, damit die Ausführung auch gelang. Dazu benutzte er ein Blatt, das mit ein wenig Haus-

100 Eine *dea*-Maske grüßt die Reis stampfenden Frauen in Nyor Diaple

putz zusammen zu einer Paste zerstoßen wird. Damit rieb sich Tame die Hände ein, bevor er mit dem Schnitzen begann: »Jetzt aber zeigt einem das Mittel, das in den Händen ist, die verschiedensten Formen, alle, die die Menschen jemals gemacht haben. Sie tauchen in meinem Kopf auf wie etwas, das an die Oberfläche des Wassers kommt. Dann stelle ich mir den *zo* [wörtl. ›Meister‹] vor, der die Maske tragen wird und wie er wohl damit tanzt, und dann weiß ich, wie ich die Maske zu schnitzen habe.«[244] Darüber hinaus war Tame nicht nur ein berühmter Maskenschnitzer, er begleitete die Masken bei ihren Auftritten auch als Sänger. Er war nicht bescheiden, wie es bei den Senufo eine Tugend ist, sondern setzte seine Mittel sicher und selbstbewußt zur Einschüchterung seiner Gegner ein und hatte damit Erfolg.

Ohne Zweifel war Tame das Schnitzen ein Bedürfnis – und er drückt dies auch aus: »Immer, wenn ich früher schnitzen wollte, sah ich im Traum eine Person. Es waren stets Männer, deren Gesichter mir aber vollkommen unbekannt waren. [Sie] sagten zu mir: ›Ich zeige dir im Wald ein Holz, das du beschneiden, beschnitzen sollst‹.«[245] Bei einer anderen Gelegenheit fügte Tame hinzu: »Manchmal schnitze ich am folgenden Tag eines der Gesichter, das ich im Traum gesehen habe;

aber ich schnitze es nur, wenn es schön war.«[246] In einem besonderen Fall erschien ihm eine Hexe *(dü),* die ihn in den Wald zerren wollte, um ihn zu töten: »In dem Augenblick, als die Hexe zur Tür hereintrat und ich ihr schönes Gesicht sah, schrie ich so laut auf, daß all die, die hinter ihr waren, davonrannten. Sie auch. Am folgenden Tag aber schnitzte ich das sehr schöne Hexengesicht in eine *dea*-Maske. Die habe ich aber weggegeben.«[247]

Dea oder *deangle* – der Zusatz ›gle‹ heißt etwa ›unheimliches Wesen‹ – ist eine Maske, die zu den Beschneidungslagern der Knaben gehört.[248] Sie ist eine freundliche, scherzende und lachende Gestalt (Abb. 99, 100). Während der sechs Wochen, die die Jungen in dem vielleicht 200 m außerhalb des Dorfes im Wald gelegenen Lager verbringen, stellen die *deangle* die Verbindung zum Dorf her. Sie tanzen oder singen nicht, bewegen sich jedoch sehr anmutig und sprechen mit den Frauen in den Höfen, damit sie den Initianden Essen bringen. Diese Masken drücken sich mit einer ›gurrenden‹ Stimme aus und erlauben sich manchen Spaß mit ihren Gesprächspartnern. Jede trägt einen eigenen Namen. In Nyor Diaple, wo Himmelheber und Fischer ihre Feldforschungen durchführten, hießen die beiden Masken des Lagers *ble* und *mandorple.* Der erste Name bedeutet ›Termite‹, was darauf hinweisen soll, »daß diese Maske ganz sanft zu reden beginnt, sich dann aber ereifert, und am Ende bringt sie die Angeredeten doch in Schwierigkeiten.«[249] Der zweite Name steht für ›ich habe es schon gewußt‹ und spielt darauf an, daß sie immer schon weiß, wohin sich die Leute flüchten, die ihren Verpflichtungen gegenüber ihren Initianden nicht nachkommen wollen.

Wie alle unterhaltenden Masken tragen die *deangle* ein weibliches Gesicht. Sie sind Beispiele für liebliche, feminine Masken, weshalb Tame das geträumte Gesicht der schönen Hexe wohl diesem Typus zuordnete. Dieser Kategorie stehen zwei andere gegenüber: die männlich-grotesken und die furchteinflößenden, imposanten Masken.[250] Die *deangle* sollen hingegen das Schönheitsideal der Dan verkörpern. Und betrachtet man eine solche Maske aus der besten Zeit Tames, so finden sich alle Elemente dieses Schönheitsideals in ihr wieder (Abb. 101): Ziel ist eine möglichst harmonische, Ruhe ausstrahlende Gliederung. Der Umriß soll oval sein, nur das Kinn soll etwas spitz auslaufen. Nase und Lippen dürfen nicht zu breit oder zu flach sein. Die Augen sollen halb geschlossen sein und wenig vertieft liegen, während die Stirn möglichst sanft aus der Augenvertiefung aufsteigen soll. Die Augenbrauen sollen kaum in Erscheinung treten. Die Haare schließlich sollen die Stirn in einem klar gezogenen Bogen begrenzen. Dieses Bild entspricht der Idealvorstellung von einer schönen Frau und zugleich der von einer gelungenen Maske (Abb. 102).[251]

Tames Maske betont diese Merkmale zusätzlich: Die hohe, sehr sanft geformte Stirn wird durch eine senkrechte, erhaben gegebene Ziernarbe geteilt. Sie hebt die Symmetrie des Gesichtes hervor, in der sich natürlich auch Ruhe und Harmonie ausdrücken. Augenbrauen sind dagegen nicht einmal angedeutet, auch Wimpern und Jochbögen fehlen. Die Lippen sind nahezu gleich groß und treten deutlich hervor. Sechs Aluminiumstifte stellen die Zähne dar, die eine hübsche Frau zeigen soll. Die Frisur ist durch einen Kranz aus Glasperlen dargestellt. Das Holz der ganzen Maske trägt eine hell- bis mittelbraune Patina. Eberhard Fischer charakterisiert diese Maske als ambivalent: »Diese Augen [...] scheinen ein lauerndes, sich jederzeit enthüllendes Verderbnis verstecken und doch andeuten zu wollen. Sie sind abschreckend. Der Mund dagegen ist lockend. Er will den Fernsten noch bannen und anziehen, das zu hören, was die Maskengestalt fordern wird.«[252] Diese Interpretation gewinnt an Deutlichkeit, wenn man diesem Stück eines aus Tames Spätzeit gegenüberstellt.

Den Ausdruck dieser Maske beschreibt Fischer als »unzufrieden-lüstern.«[253] Diese Empfindung ist vor allem auf die veränderte Mundform mit seinen herabgezogenen Winkeln zurückzuführen. Doch auch die Nase ist im Verhältnis zur ersten Maske grob und unförmig wiedergegeben. Und die Augen haben nicht mehr den halb verbergenden, halb andeutenden Charakter, sie blicken etwas schräg nach vorne, während die leicht nach oben gezogenen äußeren Augenwinkel dem Gesicht einen Ausdruck verleihen, den Fischer als verächtlich beschreibt. Er resümiert: »Diese Maske hat einen feststehenden Gefühlsausdruck bekommen, wie er sich in menschlichen Gesichtern widerspiegelt, hier ›Verachtung und Mißgunst‹.«[254] Diese Entwicklung, die sich noch durch weitere Werke aus den verschiedenen Schaffensperioden von Tame belegen ließe, führt er auf die Lebensgeschichte des Schnitzers zurück: Tame, der früher alle Felder, auf denen sich ein Mann der Dan hervortun konnte, beherrschte, ver-

101 Eine *dea*-Maske des Schnitzers Tame. Holz, H 23 cm. Privatsammlung

lor mehr und mehr seine Rolle als ›Alleskönner‹. Mit der fortschreitenden Gebietserschließung und der Integration der Dan in den modernen Staat verloren die Masken ihre ursprünglichen Aufgaben: Viele Konflikte dürfen nicht mehr im Dorf geregelt werden, sondern man muß sich an ein Gericht wenden; viele Jungen werden zunehmend von Missionsärzten beschnitten; die Lager im Wald werden kleiner und umfassen nicht mehr so viele Initianden. Nur sechs Jahre zuvor sagte Tame von sich: »Niemand kann so gut schnitzen wie ich. Was ich schnitze, überragt alle anderen Werke. Wenn man meine Schnitzereien anderen Künstlern zeigt, geben sie unumwunden zu, daß sie es so nicht machen können.«[255] Nun aber meinte er, an die Schnitzereien ›seine Zeit verschwendet‹ zu haben. Die Ethnographen schließlich filmten nicht mehr nur ihn bei der Arbeit, sondern auch seinen Schüler Tompieme, den er zu diesem Zeitpunkt noch nicht einmal aus der Lehre entlassen hatte.

Auch Tompieme stammt aus der Butuo-Familie. Sein Vater starb, als er noch ein kleiner Junge war. Seine Mutter, an die er sich gut erinnert, war eine ausgezeichnete Sängerin, die ihre Begabung Tompieme vererbte. Tompieme ist der jüngere Bruder Uopies, der Tame das Schnitzen lehrte: »Es gibt nur Tame und mich als Schüler von Uopie, meinem Bruder. So war ich, bis mein Bruder starb, immer bei ihm in der Schmiede und lernte auf diese Weise von ihm. Eines Tages schnitzte ich mir eine *kagle*-Maske [Unterhaltungsmaske, die aber erschreckt und die Zuschauer mit einem Hakenstock belästigt; die

102 Ein das Schönheitsideal der Dan verkörperndes Mädchen

104 Eine *bie*-Maske tanzt mit Dorfbewohnern, Do-Dan ▷

103 Eine *gaopede*-Kriegsmaske der Dan wird von Frauen begrüßt

Holzmaske stellt ein stark stilisiertes Affengesicht dar (Farbabb. 9)], und ich stellte mir den Bastrock dazu her. Ich wurde des *kagle zo* [Meister]. Immer, wenn ich die Maskengestalt war, folgten mir meine Freunde – ich tanzte und sie sangen.«[256] Nach dem Tode Uopies setzte Tompieme seine Lehre bei Tame fort, und obwohl er zur Zeit, in der Fischer seine Feldforschung betrieb, bereits 40 Jahre alt war und mehrere Frauen hatte, blieb er immer noch Tames Lehrling. Solange dieser ihn nicht freisprach, mußte er jedesmal, wenn er einen Auftrag erhielt, erst seinen Lehrer fragen, ob er ihn annehmen dürfe. Aus dem gleichen Grunde hatte Tompieme auch kein Amt im Dorfe inne.

Gleichwohl galt er als der beste Sänger des Ortes. Er begleitete die Maskengestalten während ihrer Auftritte. Da dabei nur die Melodie vorgeschrieben ist, der Text aber frei improvisiert werden kann, muß ein guter Sänger eine außergewöhnliche dichterische Begabung besitzen. Tompieme hat sich dadurch viele Sympathien erworben. Fischer beschreibt ihn als einen überall beliebten und fröhlichen Menschen.[257] Auch Tompieme war ein berufener Schnitzer. Während er im Wald

105 Der Schnitzer Tame als Sänger der *gau*-Maske in Nyor Diaple

jagte, erschien ihm einst sein Vater im Traum. »Da fragte mich mein Vater: ›Warum hast Du aufgehört zu schnitzen? Was jagst Du hier in fremdem Gebiet?‹ [Tompieme hielt sich zu dieser Zeit in der Elfenbeinküste auf, nicht in Liberia] Gleich nachdem ich aufgewacht war, ging ich nach Suangwe zum Schmied und kaufte einen Dechsel. Dann begann ich gleich zu schnitzen. Ich machte eine *dea*-Maske. [...] Sie hat das Gesicht eines schönen Mädchens. Diese *dea*-Maske war meine erste ›richtige‹ Maske.«[258] Tompieme konnte ein breites Spektrum verschiedener Masken schnitzen, stellte darüber hinaus aber auch Löffel, Figuren und Spielbretter her. Im Gegensatz zu Tame, für den die Schnitzerei ihre übergeordnete Bedeutung verloren hatte, arbeitete Tompieme auch ohne Auftrag: »Wenn ich einmal gar nichts tun will, so schnitze ich dennoch. [...] Ich arbeite nicht, um Geld zu verdienen; der Ruhm ist mir wichtiger. Es ist nur wesentlich, daß unser Name nicht verloren geht, wenn wir sterben.«[259] Auch für diesen Schnitzer verband sich seine Arbeit mit Ansehen in der Gesellschaft und war ein Teil seiner persönlichen Identität. Doch während für Tame, den Älteren,

106 Eine *dea*-Maske der Familie von Tompieme

die Schnitzerei keine Zukunft mehr zu haben schien, sah Tompieme in ihr noch eine Möglichkeit, etwas Besonderes aus seinem Leben zu machen, sich von den übrigen Bauern im Dorf abzuheben.

Natürlich hatte die Lehrzeit bei Tame großen Einfluß auf Thema und Stil von Tompiemes Masken. Prägend für seine Arbeit wurde aber auch noch eine alte Maske, die die Butuo verwahren und die wie die *deangle* ein schönes weibliches Gesicht zeigt (Abb. 106). Sie trat zur Zeit der Feldforschung Fischers schon lange nicht mehr auf, doch für Tompieme war sie ein Vorbild für seine eigenen Masken. Ihre Form ist eher elliptisch, fast rund, und ihr Kinn ist weniger spitz als bei Tames Masken. Die Stirn wirkt deutlich gedrungener. Wie bei schönen weiblichen Masken üblich, wird sie durch eine senkrechte Ziernarbe geteilt. Die Lippen sind gleich groß, liegen fast waagerecht übereinander und lassen einen kleinen, zu den Mundwinkeln leicht herabgezogenen Spalt offen. Sie ist, so faßt Fischer zusammen, »mehr als ein menschliches Gesicht [...] in eine geistige Welt zurückgezogen.«[260] Sie entspricht damit dem Bild, das sich die Dan von den verborgenen und dem Menschen nicht sichtbaren Wesen der Wildnis machen, die die Maskengestalten ja darstellen. Tompieme sagte dazu, er habe seine Masken nach dieser »aus dem Herzen geschaffen.«

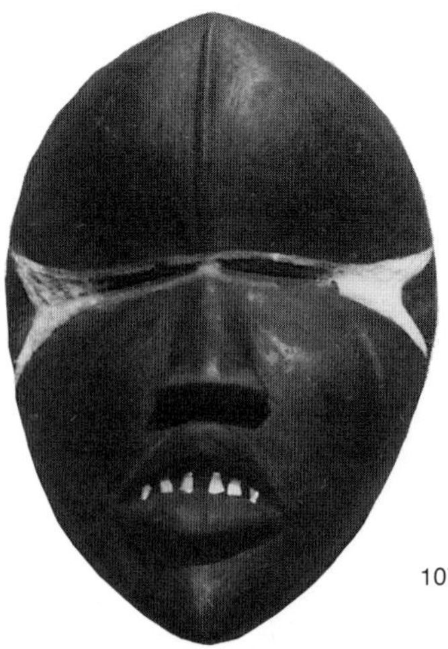

107 Eine *dea*-Maske des Schnitzers Tompieme um 1960. Privatsammlung

108 Löffelkopf des Tompieme mit Vorbild um 1960. Privatsammlung

Tompieme schuf zahlreiche, sich gleichende *deangle*, die das Vorbild deutlich erkennen lassen (Abb. 107). Häufig ist die Stirn noch gedrungener als dort und läuft leicht spitz aus. Die Augenhöhlen werden zusätzlich durch eine weiße Bemalung akzentuiert, während die waagerechten Augenschlitze sehr schmal gehalten sind.[261] Die Lippen sind weniger ausgeglichen gegeben, und die Mundwinkel weisen klar nach unten. Auch in dieser Maske sieht Fischer »das Nichtmenschliche einer Maskengestalt in dem menschlichen Gesicht«,[262] wenn auch weniger wirkungsvoll als bei der alten Maske.

Als jüngerer Schnitzer, der Tompieme war, arbeitete er aus Freude am Kunstwerk, und seine Masken lassen das in doppelter Hinsicht erkennen. Wie frei Tompieme mit seinen Vorbildern umgehen und die gestalterischen Mittel nutzen konnte, zeigt schließlich noch ein anderes Beispiel. 1960 schnitzte er zum ersten Mal einen jener großen Festlöffel, deren Griff meistens in einem Beinpaar oder einem menschlichen Gesicht ausläuft. Auch diese Gesichter stellen Geistwesen dar: die Hilfsgeister der Frau, die mit ihrer Hilfe ihre Gäste bewirtet. Genausowenig wie die Masken sind es Abbilder von lebenden Frauen, etwa den Eigentümerinnen. Tompieme aber nahm sich für einen Löffelkopf das Gesicht seiner Tochter zum Vorbild (Abb. 108). Die anderen Schnitzer des Ortes kritisierten ihn prompt, er habe nicht den Kopf eines Löffels, sondern eine »Photographie« geschaffen.[263] Ein etwa zehn Jahre später geschnitzter Löffel zeigt noch die gleichen Charakteristika wie etwa die stark betonten Augenbrauen (Abb. 109). Deutlicher noch läßt sich die Zuordnung nachvollziehen, stellt man ihm einen Löffel von Tame gegenüber. Er zeigt die hohe gerundete Stirn, die schon seine *dea*-Maske kennzeichnete. Auch der Mund mit der etwas kleineren Unterlippe findet sich wieder.

Beide, Tame und Tompieme, haben ihre eigenen künstlerischen Ausdrucksformen, und beide haben ihre eigene Geschichte. Tompiemes relative Freiheit in der Gestaltung kann, so Fischer, zu einem guten Teil auf seine Persönlichkeit und Lebensgeschichte zurückgeführt werden. Er, der beliebte und umgängliche Sänger, hatte auch einige Jahre in der Fremde, der Elfenbeinküste, zugebracht, wo er eine andere, in vielem sicher für ihn neue Welt kennenlernte. Tame verlor hingegen einen Teil seiner Identität: Was früher in der Lebenswelt der Dan Sinn machte, hat keine Geltung mehr. Tame kann diesen Verlust nicht durch eigene Erfahrung ausgleichen. Ihm beginnen die Dinge zu entgleiten, und von der früheren Meisterschaft bleibt dem Schnitzer nur mehr der Wille, sein altes Ansehen zu bewahren. Auch dieser Versuch spiegelt sich in den späteren Arbeiten wider.

Fischer hat bei seiner Untersuchung eine Methode gewählt, bei der nur die physiognomischen Merkmale der Maskengesichter verglichen werden, also allein der geschnitzte Teil der eigentlichen Maskengestalt. Durch diese Beschränkung konnte er die Interpretation des Gesichtsausdruckes zum Mittelpunkt seiner Untersuchung machen. Spezifische kulturelle Deutungsmuster – etwa für Zorn, Wut oder andere Emotionen – spielen in diesem Bereich eine untergeordnete Rolle; den Gesichtsausdruck eines geängstigten Menschen erkennen wir über alle kulturellen Grenzen hinweg. Deshalb braucht Fischer seine Interpretation der Masken auch nicht durch örtliche Informanten zu stützen. Wenn es jedoch, wie bei den *dea*-Masken, um ein Schönheitsideal geht, liegen die Dinge anders. Eine solche Vorstellung ist niemals nur persönlich, sondern immer kulturell gebunden. Ein Blick auf die Geschichte unserer eigenen Kultur bestätigt das sofort. Einzelne mögen hier bestimmte Vorlieben haben, doch wenn sie öffentlich, also in der

109 Löffelkopf des Schnitzers Tompieme. Holz, H ca. 50 cm. Privatsammlung

Gesellschaft, wirken wollen, kommen sie nicht umhin, die gemeinhin bekannten und anerkannten Postulate – von Schönheit z. B. – sich anzueignen, sie zu ihren Ausdrucksformen zu machen. Das geschieht in mehr oder weniger großem Maße, und neben der zweifellos gegebenen Individualität zeigen die Masken von Tame und Tompieme auch dies: Beide Schnitzer beherrschen die Formensprache der Schönheit, die ihre Gesellschaft hervorgebracht hat. Andersherum gewendet müßte Fischers Fragestellung neu aufgegriffen werden: Das Problem scheint nicht mehr darin zu liegen, einzelne Werkstätten oder Künstler in Afrika zu identifizieren, vielmehr wäre zu überlegen, woran die Angehörigen einer afrikanischen Gesellschaft selbst die Individualität ihrer Kunst wie die ihrer Künstler festmachen.

Diesem Spannungsfeld aber hat sich die Forschung noch kaum gewidmet, hieße es doch, auch alles wieder aufzugreifen, was in den beiden vorangegangenen Kapiteln über Kultur und soziale Organisation gesagt wurde. Für einen Schnitzer der Senufo, der in seinen Beruf hineingeboren wurde, besteht kaum Anlaß, seinen Masken eine persönliche Identität zu übertragen – er bleibt ohnehin anonym. In seiner Gesellschaft würde eine solche ›Profilierung‹ negativ bewertet: sie brächte ihm kein Ansehen in der Öffentlichkeit. Und dennoch gibt es auch bei den Senufo Werkstätten und sogar einige wenige Schnitzer, die, wenngleich nur unter ihresgleichen, weithin bekannt sind. Wenn ich es recht überblicke, steht bei ihnen aber weniger ein eigener Stil in der Gestaltung allgemein geläufiger Ausdrucksformen im Mittelpunkt. Sie kombinieren und schaffen eher neue ikonographische Elemente, etwa figürliche Aufsätze auf Masken oder gleich ganze Maskengestalten, die es früher gar nicht gab. In den mir bekannten Fällen wurde das fast immer mit veränderten rituellen Notwendigkeiten begründet. Doch im Ritual spiegelt und bildet sich ja immer gleich die gesamte Lebenswelt einer Gesellschaft. Und schließlich sei noch angemerkt, daß gerade Tames Lebensgeschichte und sein persönlicher Stil auf gesellschaftliche Entwicklungen zurückverweisen: Seine Orientierungskrise war doch nicht zuletzt aus den Störungen in der kulturellen Tradition der Dan herzuleiten: Was er in seiner Jugend noch als ›gültig‹ kennengelernt hatte, verlor jetzt seinen Sinn. Wenn wir von künstlerischer Ausdrucksform in Afrika sprechen, werden wir immer von drei Dingen zugleich reden müssen: Von der Kultur, von der Gesellschaft und von der Person.

Anhang

Anmerkungen

Vollständige bibliographische Angaben der häufig zitierten Literatur s. Literaturverzeichnis S. 256

1 Im Gespräch mit André Malraux (La tête d'obsidienne, Paris 1974, S. 17–19); zitiert nach Paudrat 1984, S. 151 f.; vgl. Rubin 1984, S. 262 f.

2 Rubin 1984, S. 263.

3 Vgl. hierzu Paudrat 1984, S. 138 und C. Coquery-Vidrovitch, Brazza et la prise des possession du Congo, Paris 1969. Zu der Skulptur der Kota: L. Perrois, Art ancestral du Gabon, Genf 1985 und A. u. F. Chaffin, L'Art Kota. Les figures de reliquaire, Paris 1979.

4 Die einfacher gestalteten Wächterfiguren der Mahongwe zeigen jedoch kleine, runde Augen; vgl. Perrois 1985 und Leuzinger 1976, S. 272, Abb. R 10, R 13.

5 Zur näheren Information s. E. W. Müller, Der Begriff der ›Verwandtschaft‹ in der modernen Ethnosoziologie, Berlin 1981.

6 G. Tessmann, Die Pangwe, Berlin 1913, Bd. 2, S. 113–117; vgl. auch J. Fernandez, Bwiti, Princeton 1982, L. Perrois, Arts du Gabon, Arnouville 1979 und Perrois 1985.

7 Vgl. Kemp 1987, S. 217.

8 Kemp 1987, S. 225.

9 Hier und im folgenden nach E. Fischer u. L. Homberger, Die Kunst der Guro, Elfenbeinküste, Zürich 1985, S. 98–112.

10 Fischer u. Homberger 1985, S. 109 f.

11 Vgl. Duerden 1975.

12 R. Lasch in: G. Buschan, Illustrierte Völkerkunde, Stuttgart 1910, S. 23; vgl. E. Grosse, Die Anfänge der Kunst, Leipzig 1894 und M. Heydrich, Afrikanische Ornamentik, Diss. Leipzig 1914.

13 Es erscheint wie eine schlechte Anekdote, daß Felsbilder, die bereits einmal Anlaß zu Spekulationen in Europa gaben, heute wieder eine ähnliche Interpretation erfahren. Damals wie heute waren ›Uranfang und Ursprung‹ das Thema, nur werden diese jetzt zeitgemäßer extraterristischen Wesen zugeschrieben.

14 Herrmann 1958, S. 21.

15 Vgl. hierzu W. Mühlmann, Geschichte der Anthropologie, Frankfurt/M. 1986, S. 126–129 sowie L. Frobenius, Der Ursprung der afrikanischen Kulturen, Berlin 1898 und ders., Kulturgeschichte Afrikas, Zürich 1933.

16 Radcliffe-Brown in einem Gespräch mit Max Gluckman, in: Politics, law and ritual in tribal society, Oxford 1965, S. 2; vgl. auch Evans-Pritchard 1968, S. 58 u. 81.

17 Vgl. auch z.B. J.F. Thiel, Grundbegriffe der Ethnologie, St. Augustin 1977, S. 135–148 und M. Eliade, Das Heilige und das Profane, Hamburg 1957 sowie zur Kritik J. Skorupski, Symbol and theory, Cambridge 1976.

18 Vgl. Lavachery 1954, S. 69, L. Perrois, La statuaire Gabon, Paris 1972, S. 25 und F. Neyt, Arts traditionnels et histoire au Zaire, Brüssel 1981, S. 45.

19 Einen guten Überblick dieser Art vermittelt Leuzinger 1976.

20 Vgl. Ki-Zerbo 1979, S. 23–27.

21 Leuzinger 1976, S. 5.

22 Einen guten Überblick über methodische Fragen gibt Vansina 1985 und eine kurze Einführung J. Cauvin, Les Contes, Issy les Moulineaux 1980.

23 J. Barrow, An account of travels into the interior of Southern Africa in the years 1797 and 1798, London 1801, Vol. I, S. 239f. (Übers. v. Autor).

24 Zu den Felsbildern der Sahara s. Sahara. 10 000 Jahre zwischen Weide und Wüste, Köln 1978 (Ausstlg. Kat.), H. Lhote, Vers d'autres Tassilis, Paris 1976 und ders., Les chars rupestres sahariens, Toulouse 1982.

25 Lewis-Williams 1983, S. 11.

26 Willcox 1963, S. 52 und Willcox 1984, S. 121.

27 Rudner u. Rudner 1978, S. 71.

28 Lewis-Williams 1983, S. 24.

29 ›/Xam‹ ist die Bezeichnung der südlichen San (›Buschmänner‹), die früher in der Region der heutigen Republik Südafrika lebten. Die phonetischen Zeichen /, ! und // stehen für verschiedene Schnalzlaute, die für die Khoisan-Sprachen des südlichen Afrika kennzeichnend sind und für die es im Deutschen keine Entsprechung gibt. S. hierzu J. C. Winter, Khoisan, in: Die Sprachen Afrikas, hg. v. B. Heine et al., Hamburg 1981, S. 329–374. Die Überlieferung des Malvorganges stützt sich auf M. How, The Mountain Bushman of Basutoland, Pretoria 1962, S. 34–38.

30 Nach How, a. a. O., S. 62 und Lewis-Williams 1981, S. 72f.

31 Vgl. M. Luppacciolu, The absolute dating of the earliest Saharan rock art, in: Paideuma 24 (1978), S. 43–51.

32 Versuche, solche relativen Chronologien zu erstellen, unternahm v. a. Abbé H. Breuil; H. Breuil, Some foreigners in the frescoes on rocks in Southern Africa, in: South African Archaeological Bulletin 4 (1949), S. 39–50; vgl. auch Butzger et al. 1979.

33 Vinnicombe 1976, S. 139–141.

34 Nach E. Denniger, The use of paper chromatography to determine the age of albuminous binders and its application to rock paintings, in: Rock Paintings of Southern Africa, hg. v. M. Schoonraad, Johannesburg 1971; vgl. Pager 1971, S. 357–359.

35 Vgl. Rudner u. Rudner 1978, S. 72.
36 E. W. Wendt, ›Art mobilier‹ aus der Apollo-11-Grotte in Südwest-Afrika, in: Acta Praehistorica et Archaeologica 5 (1972), S. 1–61.
37 Lewis-Williams 1981, S. 23f.
38 Eine gute Einführung in Geschichte und Ethnologie gibt The Bushmen, 1978. Zur Verbreitung vgl. Tobias, in: The Bushmen, 1978, S. 19f.
39 Vgl. hierzu O. Köhler, Geschichte und Probleme der Gliederung der Sprachen Afrikas, in: Die Völker Afrikas und ihre traditionellen Kulturen, Wiesbaden 1975, Bd. 1, S. 135–373.
40 Zur Ethnographie der /Xam allgemein s. D. Bleek 1924, W. Bleek u. Lloyd 1911, hier nach Lewis-Williams 1983, S. 15–25.
41 Willcox 1963, S. 84 (Übers. v. Autor).
42 Willcox 1973, Rudner u. Rudner 1978.
43 Lewis-Williams 1983, S. 43 (Übers. v. Autor).
44 Hier und im folgenden nach Lewis-Williams 1981, 1983 und Vinnicombe 1972, 1976; statistische Angaben nach Lewis-Williams 1981, S. 133–135.
45 Vertreter dieser Richtung sind u. a. L. Frobenius, Madsimu Dsangara, Berlin 1931, E. Holm, Tier und Gott, Mythik, Mantik und Magie der südafrikanischen Urjäger, Basel 1965 und B. Brentjes, African Rock Art, London 1969.
46 Lewis-Williams 1983, S. 43.
47 Pager 1971.
48 Bleek 1874, S. 13 (Übers. v. Autor).
49 Lewis-Williams 1981, S. 121–124.
50 Bleek 1924, hier nach Lewis-Williams 1983, S. 45.
51 Andere Bezeichnungen waren /ko:õde und //ke:n, die wohl weitgehend synonym gebraucht wurden; hierzu Lewis-Williams 1981, S. 69–101 und ders. 1983, S. 46f.
52 Vgl. L. Marshall, The medicine dance of the !Kung Bushmen, in: Africa 39,4 (1969), S. 347–381.
53 Nach Lewis-Williams 1983, S. 47f.
54 S. hierzu M. Biesele, Religion and Folklore, in: The Bushmen, 1978, S. 162–172; zu Tanz und Trance s. ebd. S. 165–169.
55 Nach D. F. Bleek, Reliefs and customs of the /Xam Bushmen, pt. VII: Sorcerors, in: Bantu Studies 9 (1935), S. 1–47; zu den !Kung s. R. B. Lee, Trance cure of the Bushmen, in: Natural History 76,9 (1967), S. 31.
56 M. Biesele, Religion and Folklore, a. a. O., S. 168f. (Übers. v. Autor). S. dort auch Abb. 12.3–12.13.
57 Vgl. Anm. 39.
58 Hierzu J. C. Trevor, The physical characters of the Sandawe, in: Journal of the Royal Anthropological Institute 77 (1947), S. 61–78.
59 Lewis-Williams 1986, S. 96f. (Übers. v. Autor).
60 Lewis-Williams 1986, S. 98f.
61 Ten Raa 1971.
62 Vgl. Lewis-Williams 1986.

63 Vgl. Garlake 1975, ders. 1978 und Connah 1987, S. 186f.

64 Nach A. Whitty, Architectural style at Zimbabwe, in: Occasional Papers of the National Museum of Southern Rhodesia III, 23 A, Salisbury 1961, S. 294–299.

65 So nach den Zeugnissen der hier ansässigen Karanga gegenüber C. Mauch; Mauch 1874, vgl. Garlake 1975, S. 29 und Sommerlatte 1987, S. 168.

66 Garlake 1975, S. 12.

67 Hufmann 1985.

68 Mauch 1874, vgl. Garlake 1975, S. 68 und Sommerlatte 1987, S. 162–169.

69 de Barros 1552, Dekade 1, Buch 10, Kap. 1, hier zitiert nach Theal Bd. 6, S. 267f.

70 de Barros 1552, a. a. O., hier zitiert nach Theal Bd. 6, S. 268f.

71 F. J. dos Santos, Ethiopia Oriental, Lissabon 1891 (zuerst 1609), Buch 2, Kap. 11, hier zitiert nach Theal Bd. 7, S. 275–280.

72 Mauch 1874, Eintrag vom 23. 7. 1871.

73 Mauch 1874, Einträge vom 11. 9. 1871, 6. 3. und 21. 5. 1872; vgl. Garlake 1975, S. 67–69 und Sommerlatte 1987, S. 12, 199, 206, 231. Zu Mauchs Revision s. Sommerlatte 1987, S. 208 und 278. Anzumerken ist weiterhin, daß bereits in den Abhandlungen der anthropologischen Gesellschaft in Berlin im Jahre 1876 der fremde Ursprung ›Zimbáoés‹ angezweifelt wurde.

74 Aus einem Brief von Rhodes an W. T. Stead vom 19. 8. und 3. 9. 1891, hier zitiert n. R. N. Hall, Ancient architecture at Great Zimbabwe, in: Journal of the Society of Arts 1905, S. 563–568.

75 J. T. Bent, The ruined cities of Mashonaland, London 1893, S. 2.

76 Garlake 1975, S. 78.

77 R. N. Hall, Prehistoric Rhodesia, London 1909, S. 246.

78 D. Randall-MacIver, Mediaeval Rhodesia, London 1906, S. 62f.

79 Hall 1909, a. a. O., S. 13, Garlake 1975, S. 83–103.

80 Garlake 1975, S. 11.

81 Hufmann 1981, S. 1.

82 Hufmann 1977 und ders. 1985. Die Zahl der Erwachsenen ist mit etwa 5–9000 anzusetzen; vgl. Sinclair 1984.

83 Hufmann 1972, S. 365 und Garlake 1975, S. 218f.

84 Zur Architektur in Afrika s. Denyer 1978, Shelter in Africa 1971; zu den Grundlagen D. Forde, Habitat, economy and society, London 1934; P. J. Ucko et al., Man, settlement and urbanism, London 1972; E. Guidoni, Architektur der primitiven Kulturen, Stuttgart 1976.

85 Die Herleitung der Herrscherdynastie von einem ›göttlichen‹ Ursprung ist in diesem Sinne nur eine Erweiterung der historischen Legitimation.

86 Vgl. hierzu P. A. Allison, Historical inferences to be drawn from the effect of human settlement on the vegetation of Africa, in: Journal of African History 3.2 (1962), S. 241–249 sowie P. W. Rochards, The tropical rain forest: An ecological study, Cambridge 1952.

87 Pferde hatten eher als Mittel zur Kriegsführung Bedeutung; vgl. R. Law, The horse in West African history, Oxford 1980.

88 T. E. Bowdich, Mission from Cape Coast Castle to Ashantee, London 1966, S. 20f. (zuerst 1819, hier zitiert n. Connah 1987, S. 124). Bowdich unternahm seine Reise im Jahr 1817.

89 Connah 1987, S. 124.

90 Zur Nok-Kultur s. Fagg 1977, Willett 1967, S. 163–173. Eine Einführung steht in Eyo u. Willett 1983, S. 13–17 und 33–36.

91 Willett 1967, S. 164–167 und Eyo u. Willett 1983, S. 34f.

92 Willett 1967, S. 167f.

93 Eyo u. Willett 1983, S. 34.

94 Wie problematisch eine solche Interpretation sein kann, zeigen Funde, die unter dem Namen des Fundortes Igbo-Ukwu bekannt geworden sind. Die Erzeugnisse dieser Kultur werden gewöhnlich auf das 9.–10. Jh. datiert, sind aber weder zeitlich noch stilistisch klar einzuordnen. Der Hauptfund bestand aus einem Grab, in dem sich ein aufwendig geschmückter Leichnam mit reichen Beigaben befand. Ob es sich um einen politischen oder religiösen Führer handelte, ist nicht zu entscheiden. Vgl. hierzu T. Shaw, Igbo-Ukwu, London 1970 und ders., Unearthing Igbo-Ukwu, London 1977 sowie B. Lawal, Dating problems at Igbo-Ukwu, in: Journal of African History 14.1 (1973), S. 1–8.

95 Die wichtigste Quelle zur Kunst und Kultur von Ife ist Frank Willetts zuerst 1967 erschienenes Werk. Neuere Schriften sind Eyo 1974, Garlake 1977, Willett 1977 und Adepegba 1982.

96 Zur Datierung der Siedlungsgeschichte von Ife s. T. Shaw, New data on the pre-European civilizations of Southern Nigeria, in: Proceedings of the 8th Panafrican Congress of Prehistory and Quarternary Studies, Nairobi, 5 to 10 September 1977, hg. v. R. Leakey u. B. Ogot, Nairobi 1980, S. 376–378, hier Fig. 1, sowie Garlake 1977 und Eyo u. Willett 1983, S. 39.

97 Zu den Ausgrabungen in Yelwa s. A. J. Priddy, RS/63/32: An iron age site near Yelwa, Sokoto province: Preliminary report, in: West African Archaeological Newsletter 12 (1979), S. 20–32.

98 Vgl. L. Frobenius, Und Afrika sprach, Berlin 1912, Bd. 1: Auf den Trümmern der klassischen Atlantis.

99 Frobenius hatte den Kopf für £ 6, eine Flasche Whisky und ein Maß Bier erworben. Dieser ›Kauf‹ wurde rückgängig gemacht; vgl. Eyo u. Willett 1983, S. 20.

100 Ein Gipsabdruck befindet sich heute im Nationalmuseum in Lagos, s. Eyo u. Willett 1983, S. 21 und Abb. 6.

101 Vgl. L. Frobenius, Kulturgeschichte Afrikas, Zürich 1933, im Verhältnis zur afrikanischen Kunst besonders deutlich S. 209–213 sowie S. 206, Karten 26, 27.

102 W. M. Flinders Petrie, Memphis I, London 1909, S. 36–41 und ders., Ancient Egypt, London 1914, Bd. 4, S. 169, hier zitiert nach Willett 1967, S. 28.

103 Vgl. Willett 1967, S. 101.

104 Willett 1967, S. 27.

105 Zwei Köpfe wurden von dem amerikanischen Ethnologen William Bascom erworben, aber später nach Nigeria zurückgegeben. Ein dritter Kopf befindet sich heute im Museum of Mankind in London; vgl. Eyo u. Willett 1983, S. 20.
106 Latex wird aus dem Saft einer Sukkulente hergestellt (Euphorbia kamerunica); Willett 1967, S. 255.
107 Die weiter westlich im heutigen Ghana und in der Elfenbeinküste sowie im Kameruner Grasland weit verbreitete Wachsfadentechnik war den Gießern aus Ife offensichtlich unbekannt. Vgl. auch Förster 1987 a.
108 Es handelt sich um in den Gußkern eingelassene Eisenstifte, die diesen mit dem äußeren Tonmantel verbinden.
109 Insofern sind die gebräuchlichen französischen und englischen Bezeichnungen des Verfahrens (›cire perdue‹, ›lost wax‹) leicht mißverständlich: Das Wachs geht in der Regel nicht verloren, es wird nur aus der Form ausgeschmolzen (Wachsausschmelzverfahren).
110 Vgl. Willett 1967, S. 68 f.
111 Z. B. an den sogenannten Tsoede-Bronzen, s. Eyo u. Willett 1983, S. 29, Abb. 14, 15, Nr. 96.
112 Willett 1967, S. 71 und Werner u. Willett 1975.
113 Zur Zusammensetzung der Ife-Plastiken s. F. Willett, Spectographic analysis of Nigerian bronzes, in: Archaeometry (1965), S. 81–83 und Werner u. Willett 1975.
114 Zu den Funden aus Tegidda n'Tesemt s. Danilo Grébénart, Le néolithique final et les débuts de la métallurgie, Niamey 1985; vgl. Willett 1967, S. 78 f.
115 S. Ibn Battuta, Extraits tirés des voyages, übers. v. R. Mauny et al., Dakar 1966; allgemein zu den arabischen Quellen über Westafrika R. Mauny, Tableau géographique de l'ouest africain au moyen age, Dakar 1961.
116 Vgl. Barker 1965 und Werner u. Willett 1975.
117 Eine Rekonstruktion der allgemeinen Handelsgeschichte wäre hier eine wertvolle Hilfe. Vgl. z. B. für den westlichen Sudan Förster 1987 a, Kap. 2.1, für Westafrika Posnansky 1977.
118 Eyo u. Willett 1983, S. 40.
119 Die Schöpfungslegende ist vielfach wiedergegeben worden, z. B. in A. B. Ellis, The Yoruba-speaking people of the slave coast of West Africa, London 1894, S. 89–92, hier nach Willett 1967, S. 178 f.
120 Willett 1967, S. 179.
121 Willett 1967, S. 29.
122 Fagg u. Willett 1960. Noch im 20. Jh. bedeckten die Oni von Ife ihren Mund, wenn sie in der Öffentlichkeit aßen, und der König von Oyo hielt sich einen Fliegenwedel vor den Mund, wenn er sprach; s. S. Johnson, The history of the Yorubas, London 1921, S. 65.
123 Fagg u. Willett 1960.
124 Hier und im folgenden nach Willett 1967, S. 52 f. und ders. 1972, S. 219–221.

125 Solche Zweit- oder besser Nachbestattungsfeierlichkeiten sind in Westafrika weit verbreitet.

126 Egharevba 1968, S. 3 sowie K. O. Dike, Benin: A Great forest Kingdom of medieval Nigeria, in: The Unesco Courier, No. 10 (1959), S. 12–14 und A. Talbot, The people of southern Nigeria, London 1969, S. 153 (1926), hier zitiert nach Ben-Amos 1980, S. 13.

127 Die Darstellung der Überlieferungen folgt weitgehend den Aufzeichnungen von Egharevba 1968 (zuerst 1934), der selbst aus der königlichen Familie Benins stammt. Zu den historischen Traditionen s. auch Bradbury 1957 und 1964.

128 P. Ben-Amos nennt dies eine »republikanische Regierung« (1980, S. 13). Willett spricht von einer Zeit der Anarchie (1967, S. 209).

129 Holzskulpturen wurden nach den Überlieferungen der Schnitzer erst später eingeführt; vgl. Egharevba 1968, S. 1, Ben-Amos 1980, S. 13.

130 Bradbury 1973, S. 263.

131 Egharevba 1968, S. 11.

132 Werner u. Willett 1975.

133 Willett u. Fleming 1976.

134 Vgl. z. B. Eyo u. Willett 1983, S. 136, Nr. 77.

135 Vgl. Eyo u. Willett 1983, S. 136 f., Nr. 77, 78, Fagg 1978, S. 16 f. pls. 6, 7. Terrakottaköpfe werden heute nur auf den Schreinen der Gießerfamilien verwendet.

136 Fagg 1963, S. 32–37 und ders. 1978, S. 14–17.

137 Ben-Amos 1980, S. 18 f. pls. 15, 16 und Schaefer 1983, S. 75.

138 Ben-Amos 1980, S. 18.

139 Fagg 1978, S. 18–20 und Eyo u. Willett 1983, S. 48 f.

140 Vgl. Strieder 1932.

141 ›Kettenglied aus Messing‹. Die Bezeichnung ist darauf zurückzuführen, daß die einzelnen Reifen zu langen Ketten zusammengefügt wurden.

142 Schaefer 1983, S. 75.

143 D. van Nyandael, A description of Rio Formosa, or, the river of Benin, in: A New and Accurate Description of the Coast of Guinea, hg. v. W. Bosman, London 1705, S. 534 (Übers. v. Autor).

144 Ben-Amos 1980, S. 28.

145 Eyo u. Willett 1983, S. 51 f.

146 Ebohon 1972, zitiert nach P. Ben-Amos, In Honor of Queen Mother, in: The Art of Power, The Power of Art, 1983, S. 79–83, hier 79 n. 2 (Ebohon dort ohne Referenz).

147 P. Ben-Amos, In Honor of Queen Mother, a. a. O., S. 82.

148 S. die Botenfiguren aus dem Anfang der mittleren Periode, Eyo u. Willett 1983, S. 139, Nr. 80 und Fagg 1978, S. 18 f. pl. 9 links.

149 Fagg 1978, S. 37–39, pl. 24.

150 Sie weisen einen hohen Anteil aus Importmetallen aus; vgl. Werner 1970 und Werner u. Willett 1975.

151 Bradbury 1973, S. 75.

152 Ben-Amos 1980, S. 43.
153 Ryder 1964.
154 Fagg 1959 und ders. 1978, S. 49.
155 Vgl. hierzu A. Tagliaferri u. A. Hammacher, Die steinernen Ahnen, Graz 1974.
156 Fagg 1959 und ders., Nigerian Images, New York 1963, pls. 54, 55 und Saltcellar, in: For Spirits and Kings, hg. v. S. Vogel, New York 1981, S. 132f.
157 Vgl. E. Kühnel, Die Kunst des Islam, Stuttgart 1962, S. 63, Tfl. 22a und ders., Die sarazenischen Olifanthörner, in: Jahrbuch der Berliner Museen I (1959) sowie ders., Die islamischen Elfenbeinskulpturen, Berlin 1971.
158 W. Fagg, in: For Spirits and Kings, a. a. O., S. 64–67.
159 Zum ›alten Kongo-Reich‹ s. A. Wilson, The Kongo Kingdom to the Mid-Seventeenth Century, Diss., London 1977; Randles 1968; J. C. Miller, The paradoxes of impoverishment in the Atlantic zone, in: History of Central Africa, Vol. 1 (1983), S. 118–159.
160 In diesem Punkt stütze ich mich auf O. Marques, History of Portugal, New York [2]1976, S. 247.
161 J. C. Miller, The paradoxes of impoverishment in the Atlantic zone, a. a. O., S. 130f. (Übers. v. Autor).
162 S. Anm. 161, Miller 1983, S. 135–137 sowie J. Thornton, Early Kongo-Portuguese relations, in: History in Africa 8 (1981), S. 183–204.
163 Nach W. Hirschberg, Religionsethnologie und ethnohistorische Religionsforschung, in: Wiener Ethnohistorische Blätter, Beiheft 1 (1976), S. 101–103, J. F. Thiel, Ahnen – Geister – höchste Wesen, St. Augustin 1977, S. 58f. Die Herleitung fußt auf dem portugiesischen Chronisten Rui de Pina.
164 Koloß 1987, S. 43, Nr. 2.
165 Solche Interpretationen bleiben immer spekulativ. S. z. B. J. F. Thiel, Ahnen – Geister – höchste Wesen, a. a. O., S. 140–143.
166 Obwohl auf Afrika beschränkt, ist die umfassendste Darstellung die von Kramer 1987, auf die ich mich im folgenden hauptsächlich beziehe; hier Kramer 1987, S. 9.
167 S. hierzu D. Birmingham, Trade und Conflict in Angola, Oxford 1966, S. 113–132.
168 Die Wanderungsbewegungen können nur annähernd rekonstruiert werden. Zur Geschichte der Pende s. G. Haveaux, La tradition historique des Bapende orienteaux, Brüssel 1954 und Vansina 1966, S. 96f.
169 Vgl. J. C. Miller, The slave trades in Congo and Angola, in: The African Diaspora, hg. v. M. Kilson u. R. Rotberg, Cambridge 1976, S. 75–113.
170 Vgl. Mumuhega 1975a, b, Sousberghe 1959, 1963, hier in der Interpretation nach Kramer 1987, S. 138–155, der sich in vielem auf die unveröffentlichte Magisterarbeit von U. Röschenthaler stützt (Die Mbuya-Masken der Pende, FU Berlin 1985).
171 Kramer 1987, S. 142.

172 Kramer 1987, S. 149.
173 Kramer 1987, S. 150.
174 Kramer 1987, S. 150f.
175 Kramer 1987, S. 151; vgl. L. de Sousberghe, De la signification des quelques masques Pende: Shave des Shona et Mbuya des Pende, in: Zaire 14 (1960), S. 505–531.
176 Silbermann 1979, S. 126.
177 S. hierzu die sehr kurzen Bemerkungen von Z. Barbu, Kunst und Literatur in soziologischer Sicht, in: Kunstsoziologie 1979, S. 50–53.
178 Den Begriff verwende ich in Anlehnung an die verstehende Soziologie (A. Schütz, Der sinnhafte Aufbau der sozialen Welt, Wien 1960 und ders. u. T. Luckmann, Strukturen der Lebenswelt, Frankfurt/M. 1979), den Begriff der Lebenswelt in der Interpretation durch J. Habermas, Theorie des kommunikativen Handelns, Frankfurt/M. 1981.
179 Ausführlich in J. Habermas, Theorie des kommunikativen Handelns, a.a.O., Bd. 2, S. 182–228. Entsprechende ethnographische Beispiele in Förster 1985, ders. 1987c.
180 C. Einstein, Negerplastik, München 1915, S. XIII.
181 C. Einstein, Negerplastik, a. a. O., S. XV.
182 Griaule 1983a, b.
183 Griaule 1970.
184 Griaule 1970, S. 94.
185 Griaule 1938b, S. 36–38 und ders. 1970, S. 97–111.
186 Vgl. Griaule 1938b, S. 66 n. 1.
187 Die mythischen Überlieferungen sind nach der von Griaule 1938b, S. 52–74 veröffentlichten Version gekürzt wiedergegeben.
188 Griaule 1938b, S. 229–237.
189 Griaule 1938b, S. 181–183.
190 Griaule 1938b, S. 200f.
191 Die Beschreibung des *sigi* nach Griaule 1938b, S. 198–217, in den Einzelheiten jedoch gekürzt.
192 Griaule 1938b, S. 280–286.
193 Griaule 1938b, S. 325.
194 Leider fehlen solche Skizzen jedoch für die Totengedenkfeiern (›dama‹), wo sie wegen der großen Zahl der dabei auftretenden Masken besonders hilfreich sein können.
195 Griaule 1938b, S. 475–477.
196 Griaule 1938b, S. 583–587.
197 Diese Charakterisierung bezieht sich allgemein auf Afrika. Ob z. B. die Gesellschaften des Kameruner Graslandes im soziologischen Sinn als geschichtet bezeichnet werden können, ist zumindest zweifelhaft; Koloß 1988 pers.
198 Zu den Bamiléké allgemein Tardits 1960, Le Coq 1953 sowie R. Delaroziére, Les institutions politique et sociales des populations dites Bamiléké, Duala.

199 *tro* heißt ›Nacht‹. In anderen Gebieten des Graslandes ist der Name *kwifo* oder *kwifon* gebräuchlich. Zur Kunst der Bamiléké s. v. a. die Arbeiten von Brain u. Pollack 1971 und Brain 1972.
200 Vgl. M. D. W. Jeffreys, A genealogy of the Bamum Kings and Queens, in: Afrika und Übersee 54.1–2 (1971), S. 100–109.
201 Vgl. hierzu Gebauer 1979, S. 77–81, für die Zeit der deutschen Kolonialisierung H. Baumann u. L. Vajda, Bernhard Ankermanns völkerkundliche Aufzeichnungen im Grasland von Kamerun 1907–1909, in: Baessler Archiv N.F. 7 (1959), S. 217–317.
202 Koloß 1980, S. 19f.
203 Vgl. Ferretti 1975.
204 Koloß 1980, S. 20.
205 Northern 1984, S. 95f.
206 Leider finden sich in der Literatur keine Hinweise darauf, ob die Bewohner von Bekom der Darstellung eine Ähnlichkeit mit Yu zuschreiben. Zwar sind zwei Fotos des Herrschers erhalten und portraithafte Züge der Skulptur im Vergleich damit nicht offensichtlich, doch böte eine Antwort auf die Frage wichtige Aufschlüsse über die Konzeption der Figuren.
207 S. hierzu Koloß 1980, S. 22.
208 Koloß 1980, S. 21.
209 Vgl. hierzu den Katalog des Palastmuseums in Fumban, Geary 1983.
210 Geary 1981, S. 43.
211 Im folgenden v. a. nach Koloß 1980, 1985 a, b. Der Bund trägt in anderen Gegenden den Namen ›Nwerong‹. Überregional wird er ›Ngumba‹ genannt; s. Koloß 1980, S. 13.
212 Koloß 1980, S. 14.
213 Koloß 1980, S. 15.
214 Koloß 1980 passim.
215 Im folgenden nach Koloß 1980, S. 41–57.
216 Koloß 1980, S. 45.
217 Koloß 1980, S. 49.
218 ebd.
219 ebd.
220 Koloß 1980, S. 25.
221 Koloß 1980, S. 54.
222 In diesem Absatz nach Koloß 1985 b und ders., Götter und Ahnen, Hexen und Medizin. Zum Weltbild in Oku (Kameruner Grasland), in: Schwarzafrikaner, hg. v. Walter Raunig, Innsbruck 1980, S. 2–12.
223 In der Ethnologie spricht man von matrilinearer Deszendenz. Zu den Senufo s. Kientz 1979 a, b und Förster 1985, 1987 a.
224 Vgl. Förster 1985, 1987 a.
225 Vgl. Förster 1987 b.
226 Aufgezeichnet am 23. 5. 1985 in Nafoun, Sänger Namogo Tuo.
227 Dabei ißt die Altersklasse der gerade Initiierten jedoch getrennt von den übrigen; vgl. Förster 1987 b, S. 207–209.

228 Anders ist es mit den Produktionsmitteln, insbesondere den Nahrungsrechten an Grund und Boden. Rinder hingegen stellen für die Senufo kein Produktivkapital dar.
229 Zur korrekten Umschrift im Vergleich mit der hier verwendeten vereinfachten s. Förster 1987a, b und Förster 1988.
230 Vgl. Glaze 1981, S. 219f. sowie Förster 1987c, S. 199f. und ders. 1988.
231 Förster 1987b, S. 199f.
232 Diese Bezeichnung, ›kponyugu‹, wurde von vielen Ethnographen mit den eigentlichen Namen für die einzelnen Masken verwechselt. Vgl. Richter 1979, Glaze 1981, S. 215f. Die bei Glaze angegebene Etymologie ›Kopf des Toten‹ wurde mir gegenüber durchweg als irrig bezeichnet; vgl. Förster 1988.
233 Diese Regeln werden dem Träger während der Initiation beigebracht und sind nicht öffentlich, weshalb sie auch hier nicht dargestellt werden.
234 Die meisten Senufo äußern sich nicht zu ihren Empfindungen angesichts dieses Aktes. Sie tragen eine gewisse Teilnahmslosigkeit zur Schau, doch vermag ich nichts über die tatsächlichen Gefühle der Angehörigen zu sagen.
235 Auch im Hain des Bundes wird eine Wacht gehalten. Die Aktivitäten des *poro* dürfen hier jedoch nicht wiedergegeben werden.
236 Vgl. Himmelheber 1964.
237 Fischer u. Himmelheber 1976, S. 4.
238 Fischer u. Himmelheber 1976, S. 5.
239 Dieser Mangel hat u. a. auch den Grund, daß bei Ethnographen die Tendenz festzustellen ist, vergleichende Arbeiten, wozu eine zweite lange Feldforschung notwendig ist, zu vermeiden. Bücher mit vergleichenden Themen gehen kaum über eine mehr oder weniger willkürliche Ansammlung von Einzelstudien hinaus.
240 Himmelheber 1960, S. 182.
241 Fischer 1963, S. 172.
242 Fischer 1963, S. 174.
243 Fischer 1963, S. 174f.
244 Nach Fischer 1963, S. 178.
245 Nach Fischer 1963, S. 183.
246 ebd.
247 ebd.
248 S. zu dem Suffix ›gle‹ Fischer u. Himmelheber 1976, S. 9, zu den Beschneidungslagern Himmelheber 1979.
249 Himmelheber 1979, S. 19.
250 Fischer u. Himmelheber 1976, S. 31.
251 Vgl. Fischer u. Himmelheber 1976, S. 31f.
252 Fischer 1963, S. 186.
253 Fischer 1963, S. 187.
254 ebd.
255 Nach Himmelheber 1960, S. 188.

256 Nach Fischer 1963, S. 191. Zu den *kagle-* oder *kaogle*-Masken vgl. Fischer u. Himmelheber 1976, S. 105–113.

257 Fischer 1963, S. 193.

258 Nach Fischer 1963, S. 194.

259 Nach Fischer 1963, S. 195.

260 Fischer 1963, S. 199.

261 Die Mädchen der Dan bemalen sich auf diese Art, wenn sie aus dem Beschneidungslager entlassen werden; vgl. Fischer u. Himmelheber 1976, S. 31–34, Abb. 64 und Donner 1939, S. 80f. pl.

262 Fischer 1963, S. 200.

263 Fischer u. Himmelheber 1976, S. 36f.

Glossar

Bantu sprachwissenschaftliche Bezeichnung für die größte Sprachgruppierung Afrikas, die insgesamt ca. 90 Mio. Menschen im Gebiet südlich einer von Duala (Kamerun) bis Mombasa (Kenya) gedachten Linie umfaßt

Bronzeguß Legierung aus 9 Teilen Kupfer und 1 Teil Zinn; bei Zusatz von Zink auch als ›Rotguß‹ bezeichnet

Clan eine gewöhnlich aus mehreren Lineages gebildete Personengruppe, die ein deutlich ausgeprägtes Zusammengehörigkeitsgefühl verbindet
→ Deszendenz, → Lineage

Daga in Zimbabwe die Bezeichnung für mit Sand versetzten Lehm zum Hausbau

Dechsel kleines Beil mit quer zum Schaft gestellter Klinge

Deszendenz gesellschaftlich festgelegte Abstammungsregeln in mütterlicher oder väterlicher Linie, die die Gruppenzugehörigkeit festlegen
→ Lineage

Duiker kleine, etwa hundegroße Antilope

Geheimbünde in ganz Afrika häufig anzutreffende Organisationsform zur sozialen Integration. Im Gegensatz zu europäischen Bünden ist hier gewöhnlich nicht die Mitgliedschaft, sondern nur das vermittelte Wissen geheim

Gelbguß im Wachsausschmelzverfahren verwendete gelbleuchtende Kupfer-Zink-Legierung (Messing) in Westafrika
→ Wachsausschmelzverfahren

Guinea aus der Zeit der ›Entdeckungen‹ stammende Bezeichnung für die afrikanischen Westküsten südlich des Wendekreises des Krebses; heute Name mehrerer moderner Staaten

Initiation rituell überhöhte Einführung in einen neuen Lebensabschnitt, Bund, Verband oder eine Altersklasse; im strengen Sinn Bezeichnung für Riten und Gebräuche, die bestimmte Kandidaten in geschlossene Gruppen wie z. B. Geheimbünde einführen. Die eine ganze Altersklasse betreffenden Zeremonien, die den Übergang von einem Status in einen anderen zum Ziel haben, werden auch als ›rites de passage‹ (Übergangsriten) bezeichnet

Kaolin weiße Tonerde, gewöhnlich zur Herstellung von Porzellan verwendet

Kolannüsse coffeinhaltige Frucht eines im Regenwald wachsenden Baumes; begehrte Handelsware und häufige Opfergabe

liminaler Status Phase während solcher Übergangsriten wie Initiation etc., bei der die Einzuführenden von der übrigen Welt getrennt und in physische und psychische Grenzsituationen gebracht werden

Lineage Verwandtschaftsgruppe, deren Mitglieder ihre Abstammung in direkter Linie auf einen gemeinsamen Vorfahren zurückführen. Die Gruppenzugehörigkeit wird nur nach Abstammung in der mütterlichen (Matrilineage) oder väterlichen Linie (Patrilineage) festgelegt
→ Deszendenz

Mihrab Gebetsnische in Moscheen

Mirliton vor den Mund gehaltenes, die Stimme durch Vibration veränderndes Instrument

Oba Herrscher des Königreiches Benin im südlichen Nigeria

Ocker aus Erden gewonnene Mineralfarben mit Tönen vom hellen Gelb bis dunklen Rot

Olifant, Olifanthorn Jagd- oder Kriegshorn aus Elfenbein, meist verziert

Oni Herrscher von Ife im südwestlichen Nigeria und religiöses Oberhaupt der Yoruba

Paraphernalien zeremonielle Gegenstände, die den Status eines Herrschers anzeigen

Petroglyph Felsgravierung im Gegensatz zu Felsmalerei

Pigment farbgebende Substanzen, ausschließlich in Pulverform

Radiokarbonuntersuchung Datierungsverfahren, das sich des radioaktiven Kohlenstoffisotops C 14 bedient, das in allen organischen Materialien vorkommt. Stirbt ein Tier oder eine Pflanze, kann kein Kohlenstoff mehr aufgenommen werden, so daß aus dem Grad des Zerfalls des Isotops auf das Alter des Fundes geschlossen werden kann. Die Halbwertzeit beträgt 5730 Jahre

Sahel aus dem arabischen ›Ufer‹ abgeleitete Bezeichnung für die Trockensavannen und Steppen südlich der Sahara

segmentäre Gesellschaft Gesellschaftsform ohne zentrale politische Organisationsform (auch ›akephal‹, wörtlich ›kopflos‹), die auf dem Austausch zwischen gleichberechtigten Gruppen (Segmenten) aufbaut. Solche Gruppen können z. B. Clans sein, die in Subclans unterteilt sind, die sich wiederum aus den Lineages zusammensetzen. Alle Teilgruppen der verschiedenen Größenordnungen einer segmentären Gesellschaft bestehen immer nebeneinander, was in der sozialen Realität jedoch nur in genau umschriebenen Situationen bemerkbar wird
→ Clan, → Lineage

Speckstein sehr weiches, gelblich bis grüngraues Mineral; Steatit

Sudan aus dem arabischen ›Land der Schwarzen‹ abgeleitete geographische Bezeichnung für die Savannen nördlich des tropischen Regenwaldes; heute auch Name des nordostafrikanischen Staates

Terrakotta gebrannte Tonerde, deren Farbe nach dem Brennen weiß, gelb, braun, hell- oder tiefrot wird

Thermolumineszenzdatierung Verfahren der chronometrischen Datierung von Gefäß- und anderer Keramik. Es beruht darauf, daß Keramik geringfügige Beimengungen radioaktiver Elemente bzw. Isotope enthält, die Strahlung aussenden und so Ionisation bewirken. Die dabei entstehenden Elektronen und sogenannten Löcher vereinigen sich, wenn das Material erhitzt wird, unter Energieabgabe in Form von Licht, was man als ›Wärmeleuchten‹ bezeichnet. Je mehr Elektronen eingefangen werden, um so intensiver ist das Wärmeleuchten. Unter der Voraussetzung, daß sich die Zahl der Elektronen im Lauf der Zeit erhöht, eignet sich diese Messung zur Altersbestimmung einer Keramik

Wachsausschmelzverfahren (franz. ›cire perdue‹, engl. ›lost wax‹) Technik des Messing- oder Bronzegusses, bei der ein Modell aus Wachs mit Ton eingekleidet wird. Nach dessen Trocknen wird das Wachs ausgeschmolzen und das flüssige Metall in die entstandene Hohlform geleitet. Nach dem Erkalten wird der Tonmantel zerschlagen, weshalb auch die Bezeichnung ›Guß in verlorener Form‹ gebräuchlich ist

Übersicht über die Ethnien

Bamiléké eine von drei Bevölkerungsgruppen des Kameruner Graslandes (→ Bamum, → Tikar); ca. 450 000 Menschen, die in fast 100 Fürstentümern leben. Die wichtigsten Kunstformen dienen repräsentativen Bedürfnissen der Herrscher (Stühle, Pfeifen, Schmuck, Textilien) oder werden von den Bünden verwendet (Masken etc.)

Bamum die das größte Fürstentum im Kameruner Grasland tragende Ethnie mit ca. 100 000 Menschen (Hauptstadt Fumban); hochentwickelte Architektur des Herrscherpalastes, zahlreiche, der Repräsentation dienende Objekte (Masken, Trommeln, Stühle, Pfeifen, Trinkhörner etc.); unter Sultan Njoya Ende des 19., Anfang des 20. Jh. allgemeine Blüte des Handwerks

Dan im nordöstlichen Liberia und der westlichen Elfenbeinküste (dort unter dem Namen ›Yacouba‹) lebende Bevölkerungsgruppe (ca. 200 000 Menschen); segmentäre Gesellschaft, die durch ein ausgeprägtes Bündewesen kontrolliert wird. Mit diesem sind zahlreiche Masken verbunden; Kunstformen hauptsächlich mit dekorativem Zweck oder zur Darstellung persönlicher Verdienste

Dogon im felsigen Bergland von Bandiagara in Mali und den östlich vorgelagerten Ebenen lebende Ackerbauern (ca. 225 000) ohne zentrale politische Organisation; langer, mythisch begründeter Initiationszyklus mit sehr umfangreichem Maskenwesen, daneben rituelle Auftritte der Masken bei Bestattungen und Totengedenkfeiern; anthropomorphe, häufig paarweise Ahnendarstellungen

Edo (Bini) etwa 200 000 Menschen umfassende Ethnie in Südnigeria; Träger des Reiches von Benin, das seine Blüte vom 16.–18. Jh. erlebte und 1897 von den Briten erobert wurde; repräsentative, höfische Kunstformen, die den Herrscher und sein Umfeld darstellen. Herausragend sind die zahlreichen, technisch hochstehenden Güsse aus Kupferlegierungen (Messing, ›Bronze‹); Gedenkköpfe verstorbener Könige und der Königsmütter, daneben Platten zum Schmuck des Palastes, die den König, sein Gefolge oder Fremde und Tiere zeigen, sowie vollplastische Arbeiten zu den gleichen Themen

Kongo Sammelbezeichnung für die einst das Königreich Kongo tragende Bevölkerung am unteren Zaïre-Fluß in Angola, Zaïre und der Volksrepublik Kongo; Blüte des Reiches im 15. und 16. Jh., in dieser Zeit auch erste Missionsversuche durch die Portugiesen, was zu christlich-traditionellen Mischformen im künstlerischen Bereich führte

Pende zwischen den Flüssen Kwango und Kasai in Zaïre lebende Ackerbauern; segmentäre Gesellschaft mit lokal stark variierendem Maskenwesen

San linguistische Sammelbezeichnung für wildbeuterisch lebende Ethnien des südlichen Afrika

Sandawe kleine Gruppe von Wildbeutern in Zentraltanzania, die heute ihre ursprüngliche Lebensweise zunehmend aufgibt; in der Vergangenheit Felsbilder, die meist rituelle Szenen wiedergeben

Senufo in der nördlichen Elfenbeinküste, dem südöstlichen Mali und dem südwestlichen Burkina Faso siedelnde Ackerbauern ohne eigene zentrale Organisationsformen. Mit dem *poro*-Bund sind zahlreiche Masken verbunden, daneben werden bei Bestattungen und in der Wahrsagerei anthropomorphe Figuren verwendet; kleinere Kunstgegenstände für den Haushalt und bei Festen

Tikar eine von drei Bevölkerungsgruppen des Kameruner Graslandes (→ Bamiléké, → Bamum), die in zahlreichen kleinen Fürstentümern leben. Das sehr ausdifferenzierte Bündewesen ist mit zahlreichen Masken verbunden. Repräsentative Kunstformen kennzeichnen Hof und Herrscher. Neben Baukunst, Pfeifen, Textilien und zeremoniellen Geräten wie Trinkhörnern sind besonders die großen Königsstühle bekannt

Yoruba mit etwa 15 Mio. Menschen im südwestlichen Nigeria, südlichen Benin und Togo die größte ethnische Gruppierung in Schwarzafrika. Dem Oni von Ife, der als einendes Element die Führung innehatte, blieb mit Beginn der Kolonisation nurmehr die rituell-religiöse Oberhoheit. Zwischen dem 11. und 14. Jh. wurde im kultischen Zentrum Ife eine für Afrika außergewöhnlich naturnahe Kunst hervorgebracht. Bekannt sind v. a. Köpfe und Figuren aus Terrakotta oder Kupferlegierungen, die vermutlich den Oni und Personen aus seinem Gefolge darstellen und bei Bestattungsfeierlichkeiten eingesetzt wurden

/Xam wildbeuterisch lebende Ethnie der → San in Lesotho und der Republik Südafrika, seit Ankunft der Europäer verfolgt und seit Ende des 19. Jh. nicht mehr existent. Überliefert sind zahlreiche und vielfältige Felsmalereien auf Überhängen und in Höhlen, die Menschen und Tiere, häufig in rituellen Situationen, darstellen

Wichtige Museen afrikanischer Kunst

Alle großen Völkerkundemuseen verfügen über Afrika-Abteilungen, die einen Überblick über die wichtigsten Zeugnisse künstlerischen Schaffens in Afrika bieten. Daneben besitzen auch viele allgemeine Kunstmuseen Sammlungen afrikanischer Kunst wie z. B. das Metropolitan Museum of Art in New York.

Regional begrenzte Sammlungen finden sich in den Nationalmuseen der verschiedenen afrikanischen Staaten. Außerhalb von Afrika sind einige auf bestimmte Regionen konzentrierte Kollektionen beachtenswert, so die im Musée Royal de l'Afrique Centrale in Brüssel.

Die folgende Liste bietet eine Übersicht über die wichtigsten Sammlungen von überregionaler Bedeutung.

Basel *Museum für Völkerkunde und Schweizer Volkskunde*
Afrika allgemein; westafrikanische Textilien

Berlin *Museum für Völkerkunde*
Afrika allgemein; Ife, Benin, Kamerun, Zaïre-Becken, südliches Afrika

Bremen *Überseemuseum*
Afrika allgemein; moderne künstlerische Ausdrucksformen

Brüssel *Musée Royal de l'Afrique Centrale*
Plastiken und Ethnographica v. a. aus Zaïre, Rwanda und Burundi

Cambridge, Mass. *Peabody Museum*
Plastiken und Ethnographica v. a. aus West- und Zentralafrika

Dakar *Institut Fondamental d'Afrique Noire*
Ethnographica v. a. aus den ehemaligen französischen Kolonialgebieten

Frankfurt/M. *Museum für Völkerkunde*
Afrika allgemein; Zentralafrika

Genf *Collection Barbier-Mueller*
Plastiken aus West- und Zentralafrika

Hamburg *Museum für Völkerkunde*
Afrika allgemein; westafrikanischer Sudan

Ife *Museum of Ife Antiquities*
Plastiken aus dem Besitz des Oni von Ife
Kinshasa *Musée National*
Zentralafrika, Zaïre
Köln *Rautenstrauch-Joest-Museum*
Afrika allgemein
Lagos *National Museum*
Nigeria
Leiden *Museum voor Volkenkunde*
Afrika allgemein; West- und Zentralafrika
Leipzig *Museum für Völkerkunde*
Afrika allgemein
Lissabon *Museo d'Ultramar*
Exponate aus den ehemaligen portugiesischen Kolonialgebieten
London *Museum of Mankind*
Afrika allgemein; Exponate aus den ehemaligen englischen Kolonialgebieten
Horniman Museum
Afrika allgemein; Kamerun
Los Angeles *County Museum of Art*
Plastiken aus West- und Zentralafrika
Luanda *Museo do Dundo*
Exponate aus Angola; Chokwe
München *Staatliches Museum für Völkerkunde*
Afrika allgemein
New York *The Metropolitan Museum of Art*
Plastiken aus West- und Zentralafrika
Center for African Art
Westafrika, Zentralafrika; Wanderausstellungen
Paris *Musée de l'Homme*
Ethnographica bes. aus den ehemaligen französischen Kolonialgebieten in West- und Nordostafrika
Musée des Arts Africains et Océaniens
Afrika allgemein; Exponate aus den ehemaligen französischen Kolonialgebieten
Stuttgart *Linden-Museum*
Afrika allgemein; Kamerun

Washington D.C. *The National Museum of African Art*
Afrika allgemein
Wien *Museum für Völkerkunde*
Afrika allgemein; westafrikanischer Sudan
Zürich *Museum für Völkerkunde der Universität Zürich*
Afrika allgemein
Museum Rietberg
West- und Zentralafrika

Literaturverzeichnis

Adepegba, C.

1982 Ife Art, in: West African Journal of Archaeology 12, S. 95–109

African Art and Leadership

1972 hg. v. D. Fraser u. H. Cole, Madison

The Art of Power, The Power of Art

1983 hg. v. P. Ben-Amos u. A. Rubin, Los Angeles

Bascom, W.

1973 African arts in cultural perspective, New York

de Barros, J.

1552–1613 Da Asia, Lisboa

Ben-Amos, P.

1968 Bibliography of Benin Art, New York

1976 Men and Animals in Benin Art, in: Man n. s. 2.2, S. 243–252

1980 The Art of Benin, London

1983 In Honor of Queen Mother, in: The Art of Power, The Power of Art, S. 79–83

Bent, J. T.

1893 The ruined cities of Mashonaland, London

Bildende Kunst als Zeichensystem

1979 Ikonographie und Ikonologie, hg. v. E. Kaemmerling, Köln, Bd. 1

Bleek, D.

1924 The mantis and his friends, Cape Town

Bleek, W.

1874 Remarks on Orpens ›Mythology of the Maluti Bushmen‹, in: Cape Monthly Magazine N. S. 9, S. 10–13

Bleek, W. u. L. Lloyd

1911 Speciments of Bushman folklore, London

Bochet, G.

1965 Les masques Sénoufo, de la forme à la signification, in: Bulletin de l'Institut Francais d'Afrique Noire, sér. B 27.3–4, S. 636–677

Boutin, P. u. J. Jamin
1977 Essai de bibliographie sur les sociétés sénoufo, in: Journal des Africanistes 47,1, S. 165–185
Bradbury, R.
1964 The historical uses of comparative ethnography with special reference to Benin and the Yoruba, in: The Historian in tropical Africa, hg. v. J. Vansina et al., London, S. 145–164
1969 Patriomonialism and Gerontocracy in Benin Political Culture, in: Man in Africa, hg. v. M. Douglas u. P. Kaberry, London
1970 The Benin Kingdom and the Edo-speaking peoples of south-western Nigeria, London (zuerst 1957)
1973 Benin Studies, London
Burland, C.
1968 The exotic white man: An alien in asian and african art, New York
The Bushmen
1978 hg. v. P. Tobias, Cape Town
Butzger, K. W. u. G. J. Fock, L. Scott, R. Stuckenrath
1979 Dating and context of rock engravings in Southern Africa, in: Science 203, S. 1201–1214

Calame-Griaule, G.
1965 Ethnologie et langage. La parole chez les Dogon, Paris
Caton-Thompson, G.
1931 The Zimbabwe culture, London
Chilver, E. u. P. Kaberry
1967 a Traditional Bamenda, Buea
1967 b The Kingdom of Kom in West Cameroon, in: West African Kingdoms in the nineteenth century, hg. v. D. Forde et al., London
Connah, G.
1972 Archaeology in Benin, in: Journal of African History 13.1, S. 25–38
1975 The Archaeology of Benin, Oxford
1987 African Civilizations, Cambridge
Contemporary Studies on Khoisan
1986 hg. v. K. Keuthmann, R. Vossen, Hamburg

Coulet-Western, D.
1975 Bibliography of the arts of Africa, Waltham, Mass.
Coulibaly, S.
1978 Le paysan sénoufo, Abidjan
Curnow, K.
1983 The afro-portuguese ivories. Classification and stylistic analyses of a hybrid art form, Ann Arbor (Diss.)

Dapper, O.
1671 Umbständliche und eigentliche Beschreibung Afrikas, Amsterdam
Dark, P.
1960 Benin Art, London
1962 The Art of Benin, Chicago
1973 An Introduction to Benin Art and Technology, London
1982 An Illustrated Catalogy of Benin Art, Boston
Denyer, S.
1978 African traditional architecture, Edinburgh
Duerden, D.
1975 African art and literature, London
Dieterlen, G.
1941 Les âmes des Dogons, Paris
Dieterlen, G. u. S. de Ganay
1942 Le génie des eaux chez les Dogons, Paris
Donner, E.
1939 Hinterland Liberia, London

Ebohon, O.
1972 Cultural Heritage of Benin, Benin City
Egharevba, J.
1968 A short history of Benin, Ibadan (zuerst 1934)
Einstein, C.
1915 Afrikanische Plastik, Berlin
Evans-Pritchard, E.
1968 Theorien über primitive Religionen, Frankfurt/M. (zuerst 1965)

Eyo, E.
1974 Recent excavations at Ife and Owo and their implications for Ife, Owo and Benin Studies, Ibadan
1977 Two thousand Years Nigerian Art, Lagos
Eyo, E. u. F. Willett
1983 Kunstschätze aus Alt-Nigeria, Mainz (zuerst 1980)

Fagg, B.
1977 Nok Terracottas, Lagos
Fagg, W.
1958 Die afrikanische Plastik, Köln
1959 Afro-portuguese ivories, London (dt.: Vergessene Negerkunst, Braunschweig 1960)
1963 Nigerian Images, London
1964 Afrika, 100 Stämme - 100 Meisterwerke, Berlin
1978 Divine Kingship in Africa, London (zuerst 1970)
Fagg, W. u. F. Willett
1960 Ancient Ife, in: Odu No. 8, S. 21–35
Ferretti, F.
1975 Afo-a-kom, New York
Fischer, E.
1963 Künstler der Dan, in: Baessler Archiv N. F. 10.2, S. 161–262
1967 Der Wandel ökonomischer Rollen bei den westlichen Dan in Liberia, Wiesbaden
1970 Selbstbildnerisches, Porträt und Kopie bei Maskenschnitzern der Dan in Liberia, in: Baessler Archiv N.F. 18, S. 15–41
1978 Dan forest spirits - Masks in Dan villages, in: African Arts 11.2, S. 16–23, 94
Fischer, E. u. H. Himmelheber
1976 Die Kunst der Dan, Zürich
Fock, G. J.
1979 Felsbilder in Südafrika, Köln, Bd. 1
Förster, T.
1985 Eine andere Perspektive. Senufo zum Weg ihrer Kunst in die Fremde, in: Trickster Nr. 14, S. 4–11
1987 a Glänzend wie Gold. Gelbguß bei den Senufo, Elfenbeinküste, Berlin

1987b Der Poro-Bund der Senufo heute, in: Baessler Archiv N.F. 35.1, S. 191–220
1988 Die Kunst der Senufo, Zürich
Funkkolleg Kunst
1987 hg. v. W. Busch, München

Garlake, P.
1975 Simbabwe. Goldland der Bibel oder Symbol afrikanischer Freiheit, Bergisch Gladbach (zuerst 1973)
1978 Pastoralism and Zimbabwe, in: Journal of African History 19.4, S. 479–493
Geary, C.
1981a Bamum thrones and stools, in: African Arts 14.4, S. 32–43
1981b The idiom of war in the Bamum court arts, Brookline (African Studies Center Working papers 51)
1983 Things of the palace. A catalogue of the Bamum Palace Museum in Foumban, Cameroon, Wiesbaden
Geary, C. u. A. Njoya
1985 Mandu Yenu, München
Gebauer, P.
1979 Art of Cameroon, Portland Oreg.
Gerbrands, A.
1957 Art as an element of culture, Leiden
Glaze, A.
1975 Woman power and the art in a Senufo village, in: African Arts 8.3, S. 24–29, 64–68, 90–91
1981 Art and death in a Senufo village, Bloomington
1986 Dialectics of gender in Senufo masquerades, in: African Arts 19.3, S. 30–39, 82
Goldwater, R.J.
1964 Senufo Sculpture from West Africa, New York
Griaule, M.
1938a Jeux Dogon, Paris
1938b Masques Dogon, Paris
1947 Arts de l'afrique noire, Paris
1948 Dieu d'eau, Paris (dt. Schwarze Genesis, Freiburg 1970)

Griaule, M. u. G. Dieterlen
1965 Le renard pâle, Paris

Hall, R.
1905 Great Zimbabwe, London
1909 Prehistoric Rhodesia, London
Harley, G. W.
1941 Notes on the Poro in Liberia, in: Papers of the Peabody Museum 19.2
1950 Masks as agents of social control in Northeast Liberia, in: Papers of the Peabody Museum 32.2.
Harter, P.
1969 Four Bamiléké masks: An attempt to identify the style of individual carvers or their workshops, in: Man n. s. 4, S. 410–418
1986 Arts anciens du Cameroun, Arnouville
Hauser, A.
1974 Soziologie der Kunst, München
Herbert, E.
1973 Aspects of the Use of Copper in pre-colonial West Africa, in: Journal of African History 14.2, S. 179–194
Herrmann, F.
1958 Die afrikanische Negerplastik als Forschungsgegenstand, Berlin
Himmelheber, H.
1960 Negerkunst und Negerkünstler, Braunschweig
1972 Das Porträt in der Negerkunst, in: Baessler Archiv N. F. 20, S. 261–311
1979 Masken und Beschneidung, Zürich
Himmelheber, H. u. U. Himmelheber
1958 Die Dan, ein Bauernvolk im westafrikanischen Urwald, Stuttgart
Hirsch, K.
1988 Bamiléké, Berlin
History of Central Africa
1983 hg. v. D. Birmingham u. P. Martin, London

Hufmann, T.
1972 The rise and fall of Zimbabwe, in: Journal of African History 13.3, S. 353–366
1977 Zimbabwe: Southern Africa's first town, in: Rhodesian Prehistory 7.15, S. 9–14
1984 Expressive space in Zimbabwe culture, in: Man n. s. 19, S. 593–612
1985 The soapstone birds from Great Zimbabwe, in: African Arts 18.3, S. 68–73, 99–100
1987 Symbols in stone. Unravelling the mystery of Great Zimbabwe, Witwatersrand
Hurault, J.
1962 La structure sociale des Bamiléké, Paris

Imperato, J. P.
1978 Dogon Cliff dwellers: The art of Malis mountain people, New York

Joseph, M.
1974 Dance masks of the Tikar, in: African Arts 7.3, S. 46–52

Kecskési, M.
1982 Kunst aus dem alten Afrika, Innsbruck
Kemp, W.
1987 Kunst kommt ins Museum, in: Funkkolleg Kunst, Bd. 1, S. 205–229
Kientz, A.
1979 Dieu et les génies, Paris
Ki-Zerbo, J.
1979 Die Geschichte Schwarz-Afrikas, Wuppertal
Kjersmeier, C.
1935–38 Centres de style de la sculpture nègre africaine, Paris
Knops, P.
1980 Les anciens Sénoufo 1923–1935, Berg-en-Daal
Koloß, H.-J.
1980 Kamerun: Könige, Masken, Feste, Stuttgart/Köln

1985a Opfer an die Königsahnen, Tikar (Kameruner Grasland)/ Göttingen

1985b Auftritt der Nachtmasken, Tikar (Kameruner Grasland)/ Göttingen

1987a Feyin und die Lehre von Keyus. Zum religiösen Weltbild in Oku (Kameruner Grasland), in: Baessler Archiv N. F. 35.2, S. 383–453

1987b Zaïre. Meisterwerke afrikanischer Kunst, Berlin

Kramer, F.

1987 Der rote Fes. Über Besessenheit und Kunst in Afrika, Frankfurt/M.

Kunstpsychologie

1978 hg. v. M. Schuster u. H. Beisl, Köln

Kunstsoziologie

1979 Bildende Kunst und Gesellschaft, hg. v. R. Wick u. A. Wick-Kmoch, Köln

Laude, J.

1973 African art of the Dogon: The Myth of the cliff dwellers, Brooklyn

Lavachery, H.

1954 Statuaire de l'afrique noire, Neuchâtel

Leakey, M.

1983 Africas vanishing art: the rock paintings of Tanzania, London

Le Coq, R.

1953 Les Bamiléké, Paris

Leiris, M.

1948 La langue secrète des Dogons de Sanga, Paris

1978 Die Neger Afrikas und die plastischen Künste, in: ders., Das Auge des Ethnographen, Frankfurt/M., S. 204–242 (zuerst 1953)

Leiris, M. u. J. Delange

1968 Afrika, die Kunst des schwarzen Erdteils, München (zuerst 1967)

Leuzinger, E.

1976 Die Kunst von Schwarzafrika, Recklinghausen (zuerst 1972)

Lewis-Williams, D.
1981 Believing and seeing: Symbolic meanings in southern San rock paintings, London
1983 The Rock art of Southern Africa, Cambridge
1987 Beyond style and portrait: A comparison of Tanzanian and southern african rock art, in: Contemporary Studies on Khoisan, hg. v. R. Vossen u. K. Keuthmann, Hamburg, Bd. 2

Lips, J.
1983 Der Weiße im Spiegel der Farbigen, Leipzig

von Luschan, F.
1919 Die Altertümer von Benin, Berlin

Marshall, L.
1976 The !Kungs of Nyae Nyae, Cambridge, Mass.

Mauch, C.
1874 Reisen im Innern von Südafrika 1865–1872, Gotha

de Mott, B.
1983 Dogon masks: A structural study of form and meaning, Ann Arbor

Munamuhega, N.
1975 Les masques Pende de Ngudi, Bandundu

Musik in Afrika
1983 hg. v. A. Simon, Berlin

Nkwi, P. N.
1976 Traditional government and social change, Fribourg

Northern, T.
1984 The Art of Cameroon, Washington D.C.

Pager, H.
1971 Ndedema: A documentation of the rock paintings of the Ndedema Gorge, Graz

Paudrat, J.-L.
1984 Aus Afrika, in: Primitivismus in der Kunst des 20. Jahrhunderts, S. 134–183

Paulme, D.
1940 Organisation sociale des Dogons, Paris

Pitt-Rivers, A.
1976 Antique works of Art from Benin, New York (zuerst 1900)
Posnansky, M.
1977 Brass-casting and its antecedents in West Africa, in: Journal of African History 18.2, S. 287–300
Primitivismus in der Kunst des 20. Jahrhunderts
1984 hg. v. A. Rubin, München
Prouteaux, M.
1918 Notes sur certains rites magico-religieux de la Haute Côte d'Ivoire, in: L'Anthropologie 29, S. 37–52

Radin, P. u. J. Sweeney
1952 African folktales and skulpture, New York
Randall-MacIver, D.
1906 Mediaeval Rhodesia, London
Randles, W.
1968 L'ancien royaume du Congo des origines à la fin du XIXe siècle, Paris
1975 L'empire du Monomotapa du XVe au XIXe siècle, Paris
Richardson, J.
1977 Speculations on Dogon iconography, in: African Arts 11.1, S. 52–57, 92
Richter, D.
1979 Senufo mask classification, in: African Arts 12.3, S. 66–73, 93–94
1980 Art, economics and change, La Jolla, California
Ritzenthaler, P.
1966 The Fon of Bafut, New York
Ritzenthaler, P. u. R. Ritzenthaler
1962 Cameroon village: An ethnography of the Bafut, Milwaukee
Roth, H. Ling
1903 Great Benin, Halifax
Rubin, W.
1984 Pablo Picasso, in: Primitivismus in der Kunst des 20. Jahrhunderts, S. 248–344
Rudner, J. u. I. Rudner
1978 Bushman Art, in: The Bushmen, S. 57–75

Rudy, S.
1972 Royal Sculpture in the Cameroon Grasslands, in: African Art and Leadership, hg. v. D. Fraser u. H. Cole, Madison, S. 123–136
Ryder, A.
1964 A note on the Afro-Portuguese Ivories, in: Journal of African History 5.3, S. 363–365
1969 Benin and the Europeans 1485–1897, London

Schaefer, S.
1983 Benin Commemorative Heads, in: The Art of Power, The Power of Art, S. 71–78
Scherz, E.
1970–1986 Felsbilder in Südwestafrika, Wien
Scherz, E. u. A. Scherz
1974 Afrikanische Felskunst, Köln
Segy, L.
1975 African Sculpture speaks, New York (zuerst 1952)
Shelter in Africa
1971 hg. v. P. Oliver, London
Sieber, R.
1972 African textiles and decorative arts, New York
1980 African furniture and household objects, Bloomington
Silbermann, A.
1979 Soziologie der Künste, in: Handbuch der empirischen Sozialforschung, hg. v. R. König, Stuttgart, Bd. 13, S. 117–345
Sinclair, P.
1984 Some aspects of the economic level of the Zimbabwe state, in: Zimbabwea 1, S. 48–53
Sindzingre, N.
1985 Aspects de l'aînesse sociale dans les communautés villageoises Fodonon (Sénoufo de Côte d'Ivoire), in: Age, pouvoir et société en afrique noire, hg. v. M. Abeles u. C. Collard, Paris, S. 33–57
Sommerlatte, H.
1987 Gold und Ruinen in Zimbabwe. Aus den Tagebüchern und Berichten des Schwaben Carl Mauch (1837–1875), Gütersloh

de Sousberghe, L.
1959 L'art Pende, Brüssel
1963 Les Pende: Aspects des structures sociales et politique, Tervuren
Spini, T. u. S. Spini
1978 Togu Na: The african Dogon House of men, house of words, Mailand (zuerst 1976)
Summers, R.
1963 Zimbabwe: A Rhodesian mystery, Johannesburg
1971 Ancient ruins and vanished civilizations in Southern Africa, Kapstadt

Tardits, C.
1960 Les Bamiléké de l'Ouest Cameroun, Paris
1980 Le royaume Bamoum, Paris
Ten Raa, E.
1971 Dead art and living society: A study of rock paintings in a social context, in: Mankind 8, S. 42–58
Theal, G.
1898–1903 Records of south-eastern Africa, London
Thompson, R. F.
1974 African art in motion, Berkeley
Thorbecke, F.
1914–19 Im Hochland von Mittelkamerun, Hamburg
Thurn, H.
1973 Soziologie der Kunst, Stuttgart
Tradition and Creativity in Tribal Art
1969 hg. v. D. Biebuyck, Berkeley
Tunis, I.
1981 A study of two cire-perdue cast copper-alloy stools found in Benin City, Nigeria, in: Baessler Archiv N. F. 29.1, S. 1–66

Vandenhoute, P. J. L.
1948 Classification stylistique du masque Dan et Guéré de la Côte d'Ivoire, in: Mededelingen van het Rijksmuseum voor Volkenkunde 4

Vansina, J.
1966 Kingdoms of the Savanna, Madison, Wisc.
Vinnicombe, P.
1972 Myth, motive, and selection in southern african rock art, in: Africa 42.3, S. 192–204
1976 People of the Eland, Pietermaritzburg

Werner, O.
1970 Metallurgische Untersuchungen der Benin-Bronzen des Museums für Völkerkunde Berlin, in: Baessler Archiv N.F. 18, S. 71–153
Werner, O. u. F. Willett
1975 The composition of brasses from Ife and Benin, in: Archaeometry 17.2, S. 141–156
Willcox, A.
1963 The rock art of Southern Africa, London
1973 Rock paintings of the Drakensberg, Cape Town
1984 The rock art of Africa, Johannesburg
Willett, F.
1967 Ife, Metropole afrikanischer Kunst, Bergisch Gladbach
1971 African art, London
1972 Ife, the art of an ancient nigerian aristocracy, in: African Art and Leadership, hg. v. D. Fraser u. H. Cole, Madison, S. 209–226
1977 Banbles, Bangles and Beads: Trade Contacts of medieval Ife, Edinburgh
Willett, F. u. S. Fleming
1976 A Catalogue of important nigerian copper-alloy castings dated by Thermoluminescence, in: Archaeometry 18.2, S. 135–146
Wittmer, M.K.
1979 Bamum village masks, in: African Arts 12.4, S. 58–63, 92

Zemp, H.
1971 Musique Dan, la musique dans la pensée et la vie sociale d'une société africaine, Paris
Zwernemann, J.
1973 Masken und Figuren der Dogon im Linden-Museum, in: Tribus 22, S. 55–78

Abbildungsnachweis

Umschlagvorderseite: Fabby K. J. Nielsen
Frontispitz: The British Museum, London

Farbaufnahmen

Eberhard Fischer, Zürich 10; 11; 19 (Fischer/Himmelheber)
Till Förster, Berlin/Bayreuth 5–7; 12; 16–18
Hans-Joachim Koloß, Berlin 8; 9; 13–15
Metropolitan Museum of Art, New York 2
Museum für Völkerkunde, Berlin 1 (W. Schneider-Schütz); 3 (A. Voigt)
Museum Rietberg, Zürich 5 (Wettstein/Kauf)

Schwarzweißaufnahmen

Eberhard Fischer, Zürich 5 (Fischer/Himmelheber); 102–108
Till Förster, Berlin/Bayreuth 89; 90; 92–98
Frobenius-Institut, Frankfurt/M. 28
Hans Himmelheber, Heidelberg 99; 100
Hans-Joachim Koloß, Berlin 83; 86–88
Linden-Museum, Stuttgart 79; 80 (A. Diehl); 81; 82; 84 (H. Ramsay); 85 (R. Oldenburg)
Bernhard Moosbrugger, Zürich 77
Musée de l'Homme, Paris 32 (G. Fourrier); 33 (M. Griaule); 34; 35 (G. Fourrier); 66 (M. Griaule); 67 (D. Pales); 68; 70–73 (M. Griaule); 75; 76 (M. Griaule); 78 (F. Christol)
Musée Royal de l'Afrique Centrale, Brüssel 31 (C. Lamote)
Museum für Völkerkunde, Berlin 1–3; 5; 8; 10; 11; 27; 38–40; 44–46; 48–52; 53 (W. Schneider-Schütz); 54–56; 59 (D. Graf); 60
Museum Rietberg, Zürich 4; 7; 9; 43; 91 (Wettstein/Kauf)
National Museum Lagos 36; 37; 41; 42
Rautenstrauch-Joest-Museum, Köln 58; 61; 64

Sammlung Mestach 65 (B. Piazza)
Herbert Sommerlatte, Zug/Schweiz 22; 23 (Schmid-Tannwald); 24–26; 29 (Schmid-Tannwald)
Staatliches Museum für Völkerkunde, München 57; 62; 63

Privatsammlung 101; 109 (Wettstein/Kauf)

Die Abbildungen 12 und 13 wurden entnommen aus Lewis-Williams 1983 (s. Literaturverzeichnis), die Abbildungen 14–21 aus Lewis-Williams 1987; Zeichner: Paul de Hoed (mit freundlicher Genehmigung des Buske Verlags, Hamburg).
Die Abbildungen 69 und 74 wurden nach Vorlagen aus M. Griaule 1938 gezeichnet.

Alle Karten nach Vorlagen des Autors von DuMont Buchverlag, Köln.

Register

Afrika im Schmuck

Von Angela Fisher. 304 Seiten mit 403 farbigen und 35 einfarbigen Abbildungen, 8 Landkarten, Bibliographie, Register, Leinen mit Schutzumschlag

»Es handelt sich hier um eine einzigartige Dokumentation über die Völker Afrikas im Schmuck und die damit verbundenen Traditionen eines Kontinents, der im Umbruch begriffen ist. In prachtvollen Bildern werden Exotik und Ästhetik Afrikas festgehalten!« *Sender Freies Berlin*

»Eine faszinierende Kulturdokumentation. Das Buch ›Afrika im Schmuck‹ ist ein Erlebnis für jeden volkstümlich und kunsthandwerklich Interessierten.« *Wiener Zeitung*

Senegal, Mauretanien, Mali, Niger

Islamische und traditionelle schwarzafrikanische Kultur zwischen Atlantik und Tschadsee

Von Thomas Krings. 430 Seiten mit 51 farbigen und 93 einfarbigen Abbildungen, 151 Zeichnungen, Karten und Plänen, 22 Seiten praktischen Reisehinweisen, Register, kartoniert (DuMont Kunst-Reiseführer)

»Der Band behandelt sämtliche Aspekte dieses alten, nahezu vergessenen Kulturraumes; er schildert die Gebirgsmassive von Air und Iforas, die weiten Steppen und Savannen, die Ströme Niger und Senegal. Darauf folgt die ethnologische Beschreibung verschiedener Sahel-Völker, die nomadischen Mauren, Tuareg und Teda sowie die teils viehzüchtenden, teils seßhaften sudanesischen Stämme Fulbe, Haussa, Dogon, Malinke und Mande. Detailliert vollzieht der Autor die historische Entwicklung von der Altsteinzeit bis zur Gegenwart. Religion, Architektur und Kunsthandwerk werden ebenso dargestellt wie bedeutende kulturelle Stätten, übersichtlich entlang von Reiserouten geordnet und ergänzt durch zahlreiche praktische Hinweise.« *Deutsch-Arabische Gesellschaft*

DuMont Taschenbücher

Stand Herbst '88

Band 2 Horst W. und Dora Jane Janson
Malerei unserer Welt

Band 3
August Macke – Die Tunisreise

Band 4 Uwe M. Schneede
René Magritte

Band 6 Karin Thomas
DuMont's kleines Sachwörterbuch zur Kunst des 20. Jahrhunderts

Band 8 Christian Geelhaar
Paul Klee

Band 12 José Pierre
DuMont's kleines Lexikon des Surrealismus

Band 13 Joseph-Émile Muller
DuMont's kleines Lexikon des Expressionismus

Band 14 Jens Christian Jensen
Caspar David Friedrich

Band 15 Heijo Klein
DuMont's kleines Sachwörterbuch der Drucktechnik und grafischen Kunst

Band 18 Horst Richter
Geschichte der Malerei im 20. Jahrhundert

Band 23 Horst Keller
Marc Chagall

Band 25 Gabriele Sterner
Jugendstil

Band 26 Jens Christian Jensen
Carl Spitzweg

Band 27 Oto Bihalji-Merin
Die Malerei der Naiven

Band 28 Hans Holländer
Hieronymus Bosch

Band 29 Herbert Alexander Stützer
Die Etrusker und ihre Welt

Band 30 Johannes Pawlik (Hrsg.)
Malen lernen

Band 31 Jean Selz
DuMont's kleines Lexikon des Impressionismus

Band 32 Uwe M. Schneede
George Grosz

Band 33 Erwin Panofsky
Sinn und Deutung in der bildenden Kunst

Band 35 Evert van Uitert
Vincent van Gogh

Band 38 Ingeborg Tetzlaff
Romanische Kapitelle in Frankreich

Band 39 Joost Elffers (Hrsg.)
DuMont's Kopfzerbrecher
TANGRAM

Band 44 Fritz Baumgart
DuMont's kleines Sachlexikon der Architektur

Band 45 Jens Christian Jensen
Philipp Otto Runge

Band 47 Paul Vogt
Der Blaue Reiter

Band 55 Kurt Schreiner
Kreatives Arbeiten mit Textilien

Band 56 Ingeborg Tetzlaff
Romanische Portale in Frankreich

Band 57 Götz Adriani
Toulouse-Lautrec und das Paris um 1900

Band 59 Hugo Munsterberg
Zen-Kunst

Band 60 Hans H. Hofstätter
Gustave Moreau

Band 62 Karl Clausberg
Die Manessische Liederhandschrift

Band 63 Hans Neuhaus
Werken mit Ton

Band 65 Harald Küppers
Das Grundgesetz der Farbenlehre

Band 66 Sam Loyd/Martin Gardner (Hrsg.)
Mathematische Rätsel und Spiele

Band 67 Fritz Baumgart
»Blumen-Brueghel«

Band 69 Erich Burger
Norwegische Stabkirchen

Band 70 Ernst H. Gombrich
Kunst und Fortschritt

Band 71 José Pierre
DuMont's kleines Lexikon der Pop Art

Band 72 Michael Schuyt/Joost Elffers/Peter Ferger
Rudolf Steiner und seine Architektur

Band 73 Gabriele Sterner
Barcelona: Antoni Gaudi

Band 74 Eckart Kleßmann
Die deutsche Romantik

Band 76 Werner Spies
Max Ernst 1950–1970

Band 77 Wolfgang Hainke
Siebdruck

Band 78 Wilhelm Rüdiger
Die gotische Kathedrale

Band 80 Rainer Wick/Astrid Wick-Kmoch (Hrsg.)
Kunst-Soziologie

Band 81 Klaus Fischer
Erotik und Askese in Kult und Kunst der Inder

Band 83
Ekkehard Kaemmerling (Hrsg.)
Ikonographie und Ikonologie

Band 84 Hermann Leber
Plastisches Gestalten

Band 85 Sam Loyd/Martin Gardner (Hrsg.)
Noch mehr Mathematische Rätsel und Spiele

Band 87 Hans Giffhorn
Kritik der Kunstpädagogik

Band 88 Thomas Walters (Hrsg.)/
Gabriele Sterner
Jugendstil-Graphik

Band 89 Ingeborg Tetzlaff
Griechische Vasenbilder

Band 90 Ernesto Grassi
Die Theorie des Schönen in der Antike

Band 91 Hermann Leber
Aquarellieren lernen

Band 93 Joost Elffers/Michael Schuyt
Das Hexenspiel

Band 94 Kurt Schreiner
Puppen & Theater

Band 95 Karl Hennig
Japanische Gartenkunst

Band 98 Karl Clausberg
Kosmische Visionen

Band 99 Bernd Fischer
Wasserburgen im Münsterland

Band 100 Peter-T. Schulz
Der olle Hansen und seine Stimmungen

Band 101 Felix Freier
Fotografieren lernen – Sehen lernen

Band 103 Kurt Badt
Die Farbenlehre van Goghs

Band 104 Wilfried Hansmann
Die Apokalypse von Angers

Band 105 Rolf Hellmut Foerster
Das Barock-Schloß

Band 107 Joost Elffers/
Michael Schuyt/Fred Leeman
Anamorphosen

Band 109 Bernd Fischer
Hanse-Städte

Band 110 Günter Spitzing
Das indonesische Schattenspiel

Band 111 Gerd Presler
L'Art Brut

Band 114 Peter-T. Schulz
Der Kuckuck und der Esel

Band 115 Angelika Hofmann
Ton – Finden, Formen, Brennen

Band 116 Sara Champion
DuMont's Lexikon archäologischer Fachbegriffe und Techniken

Band 117 Rosario Assunto
Die Theorie des Schönen im Mittelalter

Band 119 Joachim Petsch
Geschichte des Auto-Design

Band 120 Gabriele Grünebaum
Buntpapier

Band 121 Renate Berger
Malerinnen auf dem Weg ins 20. Jahrhundert

Band 122 Horst Schmidt-Brümmer
Wandmalerei zwischen Reklamekunst, Phantasie und Protest

Band 123 Fritz Winzer
DuMont's Lexikon der Möbelkunde

Band 124 Walter Dohmen
Die Lithographie

Band 125 Ulrich Vielmuth/
Pierre Kandorfer (Hrsg.)
Fachwort-Lexikon
Film · Fernsehen · Video

Band 126 Christian Kellerer
Der Sprung ins Leere

Band 127 Peter-T. Schulz
Rapunzel

Band 128 Lu Bro
Wie lerne ich Zeichnen

Band 130
Bettina Gruber/Maria Vedder
DuMont's Handbuch der Video-Praxis

Band 131 Anneliese und Peter Keilhauer
Die Bildsprache des Hinduismus

Band 132 Reinhard Merker
Die bildenden Künste im Nationalsozialismus

Band 133 Barbara Salberg-Steinhardt
Die Schrift:
Geschichte – Gestaltung – Anwendung

Band 134 Götz Pochat
Der Symbolbegriff in der Ästhetik und Kunstwissenschaft

Band 135 Karlheinz Schüssler
Die ägyptischen Pyramiden

Band 136 Rainer Harjes
Handbuch zur Praxis des Freien Theaters

Band 137 Nikolaus Pevsner
Wegbereiter moderner Formgebung

Band 139 Peter-T. Schulz
Guten Tag! Eine Gulliver-Geschichte

Band 140 Horst Schmidt-Brümmer
Alternative Architektur

Band 141 Herbert Alexander Stützer
Die Kunst der römischen Katakomben

Band 142 Rudolf Wittkower
Allegorie und der Wandel der Symbole in Antike und Renaissance

Band 143 Martin Warnke (Hrsg.)
Politische Architektur

Band 144 Miriam Magall
Kleine Geschichte der jüdischen Kunst

Band 145 James F. Fixx
Rätsel und Denkspiele mit Seitensprung

Band 146 Rose-Marie und Rainer Hagen
Meisterwerke europäischer Kunst
als Dokumente ihrer Zeit erklärt

Band 147 Astrid und Joachim Knuf
Amulette und Talismane

Band 148 Renée Violet
Kleine Geschichte der japanischen Kunst

Band 149 Lawrence Treat
Detektive auf dem Glatteis

Band 150 Alexandra Lavizzari-Raeuber
Thangkas Rollbilder aus dem Himalaya

Band 151 Hartmut Kraft
Psychoanalyse, Kunst und Kreativität heute

Band 152 Peter F. Dunkel
Schattenfiguren – Schattenspiel

Band 153 Ingeborg Ebeling
Masken und Maskierung

Band 154 Hans Biedermann
Höhlenkunst der Eiszeit

Band 155 Ulrich Namislow
Oktagram

Band 156 Herbert Alexander Stützer
Kleine Geschichte der römischen Kunst

Band 157 Paul Maenz
Die 50er Jahre

Band 158 Jack B. Rochester/John Gantz
Der nackte Computer

Band 159 Anita Rolf
Kleine Geschichte der chinesischen Kunst

Band 160 Felix Freier/Norbert Sarrazin
Fotos: Selbst entwickeln – Selbst vergrößern

Band 161 Wilhelm Fraenger
Von Bosch bis Beckmann

Band 163 Harald Küppers
Die Farbenlehre der Fernseh-, Foto- und Drucktechnik

Band 164 Nora Gallagher
Wohnzimmerspiele – alt und neu

Band 165 Renate Berger/ Daniela Hammer-Tugendhat (Hrsg.)
Der Garten der Lüste

Band 166 Karl Graak
Künstler-Spielkarten des 20. Jahrhunderts

Band 167 Eckhard Neumann (Hrsg.)
Bauhaus und Bauhäusler

Band 169 Wolfgang Kemp (Hrsg.)
Der Betrachter ist im Bild

Band 170 Hans Sedlmayr
Die Revolution der modernen Kunst

Band 171 Ernst H. Gombrich
Eine kurze Weltgeschichte für junge Leser

Band 172 Peter Schickele
Die endgültige Biographie des P. D. Q. Bach

Band 173 Eve-Marie Helm
555 Teekessel

Band 174 Abbie Salny/Marvin Grosswirth m. d. Mitgliedern von Mensa
Phantastische Mensa-Rätsel

Band 175 Beatrice Frehn/Thomas Krings
Afrikanische Frisuren

Band 177 Vittorio Lampugnani
Architektur als Kultur

Band 178 Michael Koulen
Go

Band 179 Ingeborg Kappler
Gestalten mit Sand

Band 180 Walter Dohmen
Der Tiefdruck

Band 181 Stephan Schmidt-Wulffen
Spielregeln

Band 182 Martin Schuster
Kunsttherapie

Band 183 Bazon Brock/Hans Ulrich Reck/ Internationales Design Zentrum Berlin e. V. (Hrsg.)
Stilwandel

Band 184 Wilfried Hansmann
Balthasar Neumann

Band 185 Manfred Görgens
Kleine Geschichte der indischen Kunst

Band 186 Veruschka und Gábor Bódy (Hrsg.)
Video in Kunst und Alltag

Band 187 Michael Laver
Jeder gegen jeden

Band 188 Ralph Tegtmeier
Tarot

Band 189 Marie Luise Syring
Kunst in Frankreich

Band 190 Peter Bolz/Bernd Peyer
Indianische Kunst Nordamerikas

Band 191 Abbie Salny/Marvin Grosswirth m. d. Mitgliedern von Mensa
Das endgültige Mensa-Quiz-Buch

Band 192 Karl-Heinz Koch
. . . lege Spiele!

Band 193 Gerald Kahan
$E = mc^2$

Band 194 Bernhard Streck
Wörterbuch der Ethnologie

Band 195 Wolfgang Hautumm
Die griechische Skulptur

Band 196 Wolfgang Max Faust
Bilder werden Worte

Band 197 Andreas Mäckler (Hrsg.)
Was ist Kunst . . .?

Band 198 Veruschka Bódy/Peter Weibel (Hrsg.)
Clip, Klapp, Bum

Band 199 Ingeborg Tetzlaff
Romanische Engelsgestalten in Frankreich

Band 200 Peter-T. Schulz
Ein Glück!

Band 201 Ernst Kitzinger
Kleine Geschichte der frühmittelalterlichen Kunst

Band 202 Lucius Burckhardt/Internationales Design Zentrum Berlin e.V. (Hrsg.)
Design der Zukunft

Band 203 Wolfgang Müller
Kleine Geschichte der altamerikanischen Kunst

Band 204 John Sladek
Auf heißer Spur . . .

Band 205 Joachim Knuf
Unsere Welt der Farben

Band 206 Peter Sager
Unterwegs zu Künstlern und Bildern

Band 207 Klaus Lankheit
Revolution und Restauration

Band 208 Robert Wolf
Konfliktsimulations- und Rollenspiele: Die neuen Spiele

Band 209 Hinnerk Topf
Rätsel-Reime Reim-Rätsel

Band 210 Alfred Stolz
Schamanen – Ekstase und Jenseitssymbolik

Band 211 Marion Milner
Zeichnen und Malen ohne Scheu: Ein Weg zur kreativen Befreiung

Band 212 Toshihiko und Toyo Izutsu
Die Theorie des Schönen in Japan

Band 213 Scot Morris
Rätsel für Denker und Tüftler

Band 214 Karlheinz Schüssler
Kleine Geschichte der ägyptischen Kunst

Band 215 Andreas Mäckler
Was ist Liebe . . .?

Band 216 Internationales Design Zentrum Berlin e.V. (Hrsg.)
Simulation und Wirklichkeit